Hannes Neumann

Basketballtraining

Taktik - Technik - Kondition

Hannes Neumann

Basketballtraining

Taktik - Technik - Kondition

Meyer & Meyer Verlag

CIP-Titelaufnahme der Deutschen Bibiliothek

Neumann, Hannes:
Basketballtraining: Technik-Taktik-Kondition / Hannes Neumann.
- Aachen: Meyer u. Meyer, 1990
ISBN 3-89124-095-3

Einbandgestaltung: F.-J. Mehlkopp, Schwalmtal
Foto Titelseite: Horst Müller, Düsseldorf
Layout und Satz: Dieter Vorbeck, Giessen
Druck: Druckerei Queck, Jüchen
Printed in Germany 1990

Inhaltsverzeichnis

Vorwort

Das vorliegende Buch "Training im Basketball" wendet sich in erster Linie an Trainer, Übungsleiter, Lehrer und interessierte Spieler, die sich für das Basketballspiel als Leistungssport engagieren. Angesprochen sind auch Lehrende und Studierende an den Universitäten, die sich im weiteren oder engeren Sinne mit Training befassen.

Verzichtet wurde auf eine Darstellung der Basketball-Grundschule. Diese Entscheidung war aus Platzgründen erforderlich. Außerdem gibt es hierzu eine Fülle ausgezeichneter amerikanischer und deutscher Literatur (vgl. NIEDLICH/CZWALINA 1971 und 1979).

Das Buch ist so konzipiert, daß den einzelnen Teilen zunächst theoretische Erkenntnisse und Überlegungen vorangestellt werden, aus denen dann Konsequenzen für die Trainingspraxis gezogen werden. Das Hauptaugenmerk liegt dabei auf der Trainingspraxis. Für ein weiterführendes Studium der theoretischen Grundlagen werden an den entsprechenden Stellen Literaturhinweise gegeben.

Der Leser möge Verständnis dafür haben, daß ich manchmal eigene Erfahrungen und Präferenzen mitteile, die ich als Spieler und Trainer gewonnen habe. Dies scheint mir angesichts einer langjährigen Trainertätigkeit durchaus legitim zu sein, zumal zu diesen Erfahrungen eine Reihe hervorragender Trainer und Spieler beigetragen haben, denen noch heute meine Wertschätzung gilt.

Um Verständnis möchte ich auch dafür bitten, daß nur vom "Trainer", "Spieler" usw. gesprochen wird. Selbstverständlich sind damit auch immer die "Trainerin" und die "Spielerin" gemeint. Eine Schreibweise mit Schrägstrich (z.B. Spieler/Spielerin) wäre sicher keine bessere Lösung gewesen.

Danken möchte ich den Herren Dr. GISSEL, FRANZ, VÖLKSCH und DEISTER für ihre kritisch-konstruktive Begleitung der Arbeiten an diesem Buch. Besonderen Dank schulde ich Herrn VORBECK, der mich mit großer Geduld in die "Anfangsgeheimnisse" bei der Arbeit mit einem Computer eingewiesen hat und das Layout des Buches besorgte, und Frau Eckert für die Herstellung der Grafiken.

Einleitung

Wenn ein Buch den Titel "Training im Basketball" trägt, ist es sinnvoll, daß der Autor mitteilt, was er unter Training verstehen will. In der allgemeinen Trainingslehre wird Training beispielsweise als ein "Verfahren zur Optimierung oder Stabilisierung der konditionellen Eigenschaften und koordinativen Fähigkeiten, der technischen und taktischen Fertigkeiten sowie taktischen Fähigkeiten" verstanden (LETZELTER 1987, 16). Bei MARTIN (1977, 21) ist sportliches Training ein planmäßig gesteuerter Prozeß, bei dem "... Zustandsänderungen der komplexen sportmotorischen Leistung, Handlungsfähigkeit und des Verhaltens entwickelt werden sollen." In dieser Definition wird Training als ein gesteuerter Prozeß aufgefaßt. In den letzten Jahren haben Aspekte der Steuerung und Regelung verstärkt Beachtung gefunden, um den Trainingsprozeß zu effektivieren. Dem soll auch in diesem Buch Rechnung getragen werden. Training wird in den folgenden Ausführungen als ein Prozeß verstanden, durch den ein Basketballspieler bzw. eine Mannschaft von einem "Ist-Zustand" in einen "Soll-Zustand" geführt werden soll. Man kann demnach Training als Ansteuerung des als Soll-Wertes vorgesehenen Leistungszustandes auffassen (vgl. BALLREICH/BAUMANN 1982). Soll-Wert meint hier die Ausbildung und Erhaltung der leistungsbestimmenden Faktoren des Basketballspiels. Solche leistungsbestimmenden Faktoren sind Technik, Taktik und Kondition, aber auch psychische und soziale Fähigkeiten und Eigenschaften. Man darf Training nun aber nicht etwa als bloße Addition der leistungsbestimmenden Faktoren ansehen. Das Basketballspiel ist in erster Linie ein Taktikspiel, bei dem technische Fertigkeiten und konditionelle Fähigkeiten keinen Selbstzweck haben, sondern im Dienst der Lösung taktischer Aufgaben stehen. Dies heißt nicht, daß die konditionellen Anforderungen gering eingeschätzt werden dürfen, aber sie stellen eine von der Spielfähigkeit "abhängige" Größe dar und stehen mit ihr in Wechselwirkung.

Aus der Auffassung, daß das Basketballspiel ein Technik-Taktik-Spiel ist, kommt der Handlungsregulation (hierzu werden später noch Ausführungen gemacht) für die Ausbildung der Spielfähigkeit und Spielleistung eine besondere Bedeutung zu (vgl.STIEHLER/KONZAG/DÖBLER 1988, 44ff.). Zentrale Aufgabe des Trainings im Basketball muß es daher sein, die Handlungsfähigkeit der Spieler zu verbessern.

Ähnlich wie andere Sportspiele ist das Basketballspiel durch den sehr komplexen Charakter der Leistungsfaktoren geprägt (und dies stärker als in den meisten Sportarten). Im Basketball wird eine Vielzahl von Fähigkeiten, Fertigkeiten und Eigenschaften gleichzeitig gefordert. Würden also die Elemente Technik, Taktik und Kondition unabhängig voneinander oder nacheinander trainiert, wäre dies problematisch, um nicht zu sagen verhängnisvoll. Man liefe bei einer solchen Vorgensweise nämlich Gefahr, die gegenseitige Abhängigkeit der Faktoren zu übersehen, die für die Spielleistung bestimmend sind. Dies wird uns besonders im Verhältnis von technischer und konditioneller Entwicklung klar. Betrachten wir nämlich den Basketballspieler unter dem Gesichtspunkt von Steuerung und

Regelung, so bemerken wir, daß das "System" Mensch bei eintretenden Störungen zuerst versucht, diese innerhalb des Systems zu regulieren. Dies gelingt bei größeren Störungen nicht ohne weiteres. Bei kleineren Störungen innerhalb technischer Fertigkeiten (Passen, Fangen, Dribbeln und Korbwurf) übernehmen noch andere Elemente der technischen Fertigkeitsstruktur gleichsam eine Kompensationsfunktion. Bei größeren Störungen wird dieser Ausgleich durch höhere konditionelle Anstrengungen hergestellt. Technische Mängel gehen also fast immer zu Lasten der Kondition. Umgekehrt schlagen konditionelle Defizite oft sehr schnell auf die Technik zurück. Konditionelle Mängel können für die Bewegungsausführung folgende negativen Auswirkungen haben: Störung der Bewegungskoordination, Nachlassen der Bewegungsgenauigkeit (gerade im Basketball stark leistungsmindernd), gehäuftes Auftreten von Fehlern usw. Diese Symptome wiegen umso schwerer, wenn man den ebenfalls auftretenden Mangel, entsprechende Bewegungskorrekturen vorzunehmen, berücksichtigt. Hinzu kommt eine erhebliche Verringerung der Konzentrationsfähigkeit und eine verlängerte Reaktionszeit.
Es ist aber in diesem Zusammenhang auch eine Bemerkung zur Wechselbeziehung zwischen konditioneller und technischer Vorbereitung zu machen: verbessert man einseitig vor allem die konditionellen Grundlagen der Spieler, vernachlässigt aber die Steigerung des technischen Könnens, so entsteht ein Mißverhältnis zwischen den vermehrten physischen Möglichkeiten eines Spielers und dem sich stabilisierenden technischen Können. Haben sich nämlich Bewegungsfertigkeiten auf einem bestimmten konditionellen Niveau gefestigt, so können sie bei deutlich zunehmenden physischen Möglichkeiten nicht in sportartspezifische Leistungen umgesetzt werden. Es ist also wichtig, bei der Ansteuerung des konditionellen Leistungszustandes auf das "Prinzip der dynamischen Übereinstimmung" zu achten. Damit ist gemeint, daß die kinematische und dynamische Struktur von Konditionsübungen mit den Wettkampfübungen übereinstimmen sollen. Dies führt (vgl. BALLREICH 1982, 50) zu einer schnelleren Ansteuerung der erforderlichen Kondition. Dies ist einer der Gründe dafür, daß Kraft, Schnelligkeit und Ausdauer möglichst oft innerhalb basketballspezifischer Bewegungsabläufe trainiert werden sollen. Weitere Gründe liegen in der Trainingsökonomie und der Motivation der Spieler. Ökonomie in dem Sinne, daß nicht beliebig häufig trainiert werden kann und Motivation in dem Sinne, daß spielnahes Üben und Trainieren einen höheren Aufforderungscharakter für die Spieler darstellen.
Abgeleitet von der zentralen Aufgabe der Verbesserung der Handlungsfähigkeit der Spieler, muß Training Lernen und Üben (Technik und Taktik) und "Trainieren" (im Sinne biologischer Anpassung für die Spielleistung) möglichst integriert enthalten. Daß es dennoch manchmal sinnvoll sein kann, konditionelle Aspekte mit Reizsetzungen und Belastungen anzusteuern, die nicht direkt mit basketballspezifischen Übungs- und Spielformen im Zusammenhang stehen, wird bei der Besprechung der konditionellen Fähigkeiten deutlich werden.
Handlungsorientierte Sportdidaktiker formulieren gelegentlich, daß die Betrachtung des Sportspiels als zielgerichtetes Entscheidungshandeln die verhängnis-

volle Trennung von Technik und Taktik, von Fertigkeiten und Fähigkeiten usw. aufhebe. Wenn in diesem Buch Technik, Taktik und Kondition dennoch nacheinander abgehandelt werden, so geschieht dies einmal aus Gründen der Übersichtlichkeit und besseren Lesbarkeit. Zum anderen sollen dadurch die Schwerpunkte verdeutlicht werden, unter denen "Training im Basketball" jeweils zu sehen ist. Der Trainer wird in seiner praktischen Arbeit ebenfalls Schwerpunkte setzen wollen und müssen. Der Leser wird sicher bemerken, daß die einzelnen Teile des Buches dem übergeordneten Ziel - Verbesserung der Spielfähigkeit - verpflichtet sind.

Teil I: Technik

Techniktraining und Bewegungslernen

In den einleitenden Bemerkungen zum Training im Basketball wurde bereits darauf hingewiesen, daß Lernen und Üben Bestandteile des Trainings sind. Die Erarbeitung, Stabilisierung und variable Anwendung technischer und taktischer Elemente des Basketballspiels schließen entsprechende Lernvorgänge und das Üben von Gelerntem zwingend ein. Ein Trainer muß daher über Kenntnisse verfügen, wie ein Spieler Bewegungsabläufe und Bewegungshandlungen erlernt und wie das Training lernwirksam gestaltet werden kann.

Im folgenden werden Hinweise zum Bewegungslernen unter dem Gesichtspunkt der Technik des Basketballspiels gegeben. Dabei werden auch theoretische Erkenntnisse so weit angesprochen, wie sie für das Verständnis des Textes erforderlich sind. Zum weiterführenden Studium wird auf die angegebenen Literaturhinweise verwiesen. Unter einer sportlichen Technik versteht man ein (meist) in der Sportpraxis entwickeltes und erprobtes Verfahren zur optimalen Lösung von Bewegungsaufgaben.
Zur Basketball-Technik zählen die für das Basketballspiel charakteristischen Bewegungsabläufe und Fertigkeiten mit und ohne Ball. Alle Techniken im Basketball sind dabei auf konkrete Spielsituationen in Angriff und Verteidigung zu beziehen (vgl. HAGEDORN 1985, 139). HAGEDORN gibt hierfür ein ebenso einfaches wie einleuchtendes Beispiel: "Der Angreifer dribbelt hoch oder tief, weil der Gegner fern oder nah ist; er paßt, weil er bedrängt wird oder/und ein Mitspieler frei steht" (a.a.O.).
Für die Methodik des Techniktrainings ist zu berücksichtigen, daß es im Basketball geschlossene und offene Fertigkeiten gibt, wobei die offenen deutlich überwiegen. Offen bedeutet hier, daß der Basketballspieler auf sich ständig verändernde Bedingungen trifft (Mit- und Gegenspieler, unterschiedliches Bewegungstempo usw.), die eine Eindeutigkeit der Lösungsmöglichkeiten erschwert und verschiedene Aktionen zur Lösung zuläßt. Bei einer geschlossenen Fertigkeit handelt es sich um eine Bewegung, die "stets in der gleichen Form, möglichst präzise und stabil reproduziert werden" muß (ROTH 1989, 25). Eine geschlossene Fertigkeit ist beispielsweise ein Freiwurf bzw. ein Sprungwurf aus einem vorher festgelegten Spielzug aus einer ebenso festgelegten Entfernung zum Korb. Es ist einleuchtend, daß eher offene Fertigkeiten anders erlernt und trainiert werden als geschlossene.
STIEHLER/KONZAG/DÖBLER (1988, 86) betonen, daß die Qualität der Technik - als motorische Komponente der Spielhandlung - vor allem bestimmt ist von der Fähigkeit zur bewußten Steuerung und psychischen Regulierung motorischer Abläufe in einem zielgerichteten taktischen Handlungsfeld. Diese Fähigkeit zur bewußten Steuerung und Regulierung ist auch deshalb erforderlich, weil eine bestimmte technische Lösung einer Spielaufgabe (fast) immer von vorausgegangenen Handlungen abhängt und neue Handlungen auslöst. Bei der Erarbeitung der technischen

Elemente sind die Gesetzmäßigkeiten des motorischen Lernens zu berücksichtigen. Zwar darf man Bewegungslernen und Techniktraining nicht völlig gleichsetzen, aber beides hat viel miteinander zu tun (vgl. MARTIN 1989, 9).
Der Grundvorgang des motorischen Lernens wird von MEINEL/SCHNABEL (1987, 173ff.) sehr praxisnah erläutert und kann in wesentlichen Punkten durchaus auf das Techniktraining im Basketball übertragen werden.
SCHNABEL versteht unter motorischem Lernen die Aneignung - die Entwicklung, Anpassung und Vervollkommnung - von Handlungen und Fertigkeiten, deren Hauptinhalt die motorische Leistung ist (a.a.O.173). In dieser Definition wird der Handlungscharakter sportlicher Vollzüge besonders herausgestellt. Der motorische Lernprozeß gliedert sich bei SCHNABEL in drei charakeristische Phasen, welche die Verbesserung der Bewegungskoordination beschreiben:

1. *Entwicklung der Grobkoordination,*
2. *Entwicklung der Feinkoordination und*
3. *Stabilisierung der Feinkoordination und Entwicklung der variablen Verfügbarkeit.*

Diese Phaseneinteilung, deren Übergänge fließend sind, kann das methodische Vorgehen beim Techniktraining leiten. Denn es geht im Basketballtraining um Technikerwerb und Technikanwendung.
Die **Entwicklung der Grobkoordination** (als 1. Lernphase bezeichnet) beginnt mit dem Kennenlernen der Bewegung und endet mit dem Erreichen der Grobkoordination. Dieses Stadium ist dann erreicht, wenn der Lernende das Ziel einer Übung unter günstigen Bedingungen erreicht. Gemeint sind dabei auch die Bedingungen, unter denen die jeweilige Bewegung gelernt wurde. Die Bewegungsausführung weist aber noch deutliche Mängel auf.
Die **Entwicklung der Feinkoordination** (als 2. Lernphase bezeichnet) umfaßt den Lernverlauf zwischen Grobkoordination einer Bewegung (als Ergebnis der 1. Lernphase) und Feinkoordination (als Ergebnis der 2. Lernphase). Der Lernende kann in diesem Stadium die Bewegung annähernd fehlerfrei ausführen. Die technische Ausführung entspricht dem Bewegungszweck in weitgehendem Maße. Es ist jedoch noch keine Wettkampfstabilität erreicht, d.h. daß die an sich gekonnten Bewegungen bei ungewohnten Bedingungen (situative Anforderungen) und Störeinflüssen, wie sie im Wettspiel auftreten, nicht immer fehlerfrei gelingen, sondern daß sich dann wieder Fehler einstellen können.
Die **Stabilisierung der Feinkoordination und Entwicklung der variablen Verfügbarkeit** (als 3. Lernphase bezeichnet) ist so eingegrenzt, daß sie"... den Lernverlauf vom Erreichen des Stadiums der Feinkoordination bis hin zu einem Stadium, in dem der Lernende die Bewegung auch unter schwierigen und ungewohnten Bedingungen sicher ausführen und jederzeit erfolgreich anwenden kann" ausdrückt (MEINEL/SCHNABEL 1987, 217). Variable Verfügbarkeit meint hier, daß der Spieler seine erlernten Fertigkeiten und Fähigkeiten auch situationsadäquat anwenden kann. Beispiel: Block für rechts, der Verteidiger reagiert entsprechend, der An-

greifer zieht jedoch überraschend links vorbei. Charakteristisch für diese dritte Lernphase ist, daß die Bewegungen Störeinflüssen aller Art, wie sie vor allem im Spiel ständig vorkommen, entsprechend angepaßt werden können.

Informationsaufnahme und -verarbeitung

Diese Charakterisierung des motorischen Lernprozesses müssen wir nun in Beziehung setzen zur Aufnahme, Verwertung und Speicherung von Informationen. Beim Techniktraining (dies gilt übrigens auch für das Training der Taktik) spielen informationelle Prozesse eine wichtige Rolle (vgl. Pöhlmann 1986, 33ff.). Wichtig für das Erwerben, Verbessern und Stabilisieren der Technik ist auch, daß dem Spieler Rückinformationen über den Erfolg oder Mißerfolg seiner Lernbemühungen zur Verfügung stehen, damit sich die Motivation zu weiterem Lernen aufrecht erhalten oder sogar noch verbessern läßt. Außerdem ist der ständige Vergleich von Ist- und Sollwert für die Bewegungsqualität unerläßlich. Zwar gibt es Auffassungen, daß Bewegungsausführungen auch ohne sensorische Rückmeldungen möglich sind, weil z.B. die Prozesse der Informationsverarbeitung zu langsam seien, um noch für eine gerade ablaufende Bewegung genutzt werden zu können (vgl. hierzu Roth 1989, 27), doch wird die grundsätzliche Bedeutung von Rückmeldungen nach Auffassung von Meinel/Schnabel damit nicht in Frage gestellt.
Einen Teil der erforderlichen Rückmeldungen gewinnt der Spieler aus eigener Erfahrung (etwa durch Versuch und Irrtum). Dies reicht aber nicht aus. Es können nämlich falsche Rückmeldungen sein, oder der Spieler kann die Informationen, die er beim "Trial-and Error-Learning" erhält, noch nicht richtig nutzen. Und schließlich ist auch der Zeitfaktor zu berücksichtigen, da auch Umwege in Kauf genommen werden müssen. Es ist also die Aufgabe des Trainers, dem Spieler Informationen zu geben, die dessen Lernerfolg betreffen.

Im folgenden wird die Informationsaufnahme und -verarbeitung aus der Sicht des Spielers beleuchtet:
Im **Stadium der Grobkoordination** (Anfängerstadium) ist die Verwertung der afferenten und reafferenten Signale (Informationen) noch unzureichend. Da für die weitere Betrachtung des Lernprozessen das Prinzip der Reafferenz von großer Bedeutung ist, wird kurz erläutert, was mit Afferenz und Reafferenz gemeint ist. Vor, während und nach einem sportlichen Bewegungsakt treffen bei einem Spieler laufend sensorische Informationen ein. Diese Informationen werden von Rezeptoren (Nervenenden) aufgenommen und an die sensorischen Zentren weitergeleitet und dort verarbeitet. Diese Informationsaufnahme und die Übermittlung an die Steuerungszentralen bezeichnet man als Afferenz (von afferre = hinführen). Um eine sportliche Bewegung (Technik) ausführen zu können, bedarf es eines Bewegungsprogramms. Wenn nun eine sportliche Bewegung beginnt, ist im allgemeinen die Grobprogrammierung abgeschlossen. Doch treffen dann bei der

Bewegung selbst laufend neue sensorische Informationen ein. Mit diesen kann der Bewegungsablauf geregelt werden.
Die grobe Programmierung (dies wäre Steuerung) reicht meist allein nicht aus, um ein Bewegungsziel auch auf alle Fälle zu erreichen. Es können nämlich Umstände eintreten, die eine Abweichung vom Sollzustand, auf den hin programmiert wurde, bedeuten. Will man eine Tür öffnen, die etwas klemmt, wird man den Druck oder Zug verstärken. Will ein Spieler einen Mitspieler anspielen, der plötzlich wegläuft, wird er kräftiger passen. Es bedarf also einer Regelung im Sinne einer Anpassung an die Spielsituation. Diese Regelung erfolgt mittels Reafferenz. Damit sind Rückmeldungen gemeint, also auf afferentem Wege übermittelte Informationen während oder nach einer Bewegung. Man kann Reafferenz als zurückgekoppelte Information bezeichnen.
Warum ist aber im Stadium der Grobkoordination die Verwertung afferenter und reafferenter Signale noch unzureichend? Ein Spieler, der sich in diesem Stadium befindet, kann noch nicht richtig zwischen den für die Bewegungsausführung wichtigen bzw. unwichtigen Informationen unterscheiden. Die Informationsaufnahme ist also noch undifferenziert. Wenn es einem Spieler noch nicht möglich ist, die Vielzahl von eintreffenden Informationen in ihrer Wertigkeit einzuordnen und zu nutzen, so ist klar, daß die Bewegung unvollkommen sein muß.

Wie erhält ein Spieler seine Informationen? Er nutzt 5 unterschiedliche Analysatoren (optischer, akustischer, taktiler, kinästhetischer und statico-dynamischer). Mit Analysator sind spezifische Rezeptoren, afferente Nervenbahnen und sensorische Zentren gemeint, also Einheiten, die Reize aufnehmen können.
Durch den **optischen Analysator** erhält der Spieler Informationen über seine eigene Bewegungsausführung, die Bedingungen der Umwelt und das Verhalten von Gegnern, aber auch seiner Mitspieler. Sehr bedeutsam sind die optischen (visuellen) Informationen für die Ausbildung einer Bewegungsvorstellung.
Durch den **akustischen Analysator** kann der Spieler Signale aufnehmen, die beim Bewegungsvorgang entstehen, z.B. beim Dribbling. Sehr wichtig ist er für die Aufnahme verbaler Informationen in der Spielhandlung und im Training. Die Bedeutung des akustischen Analysators im Spiel liegt darin, daß der Spieler durch ihn Zurufe, Ansagen von Spielzügen oder Verteidigungsaufstellungen usw. aufnehmen kann. Und schließlich dient dieser Analysator auch der Aufnahme von Bewegungserklärungen und Bewegungskorrekturen durch den Trainer.
Der **taktile Analysator** nimmt mechanische Reize auf. Er kommt bei allem zur Geltung, was ein Spieler berührt oder greift, z.B. beim Dribbling, beim Fangen eines Balles, beim Fühlen eines Gegenspielers in Angriff und Verteidigung usw.
Der **kinästhetische Analysator** (bewegungsempfindende), dessen Rezeptoren in den Muskeln, Sehnen und Gelenken liegen, gibt dem Spieler Auskunft über den Verlauf einer Bewegung bzw. über die eingenommene Glied- und Körperstellung. Ein guter Werfer "spürt" meist schon beim Abwurf eines Balles, ob der Ball in den Korb gehen wird oder nicht.

Der **statico-dynamische Analysator** gibt dem Spieler Informationen über die Lage des Kopfes in Bezug zu den anderen Körperteilen. Solche Informationen können vor allem bei Drehbewegungen und Gleichgewichtsveränderungen eine große Rolle spielen. Ich empfehle beispielsweise, daß ein Spieler, der in vollem Lauf einen langen Paß aufnehmen soll, kurz vor dem Fangen den Kopf hochnehmen soll. Die Ballannahme macht dann kaum Schwierigkeiten.

Die optischen (visuellen), taktilen und akustischen Informationen rechnet man dem **"äußeren"** Regelkreis zu. Die kinästhetischen Empfindungen gehören zum **"inneren"** Regelkreis.

Wichtig ist nun, daß diese beiden Regelkreise ineinandergreifen. Sie wirken nicht alternativ, sondern gemeinsam, wobei jeweils ein Regelsystem dominiert, d.h. die Führungsrolle übernimmt. Verdeutlichen wir dies an einem guten Basketballspieler. Er hat seine Wurfbewegung bereits automatisiert. Trainiert er nun ständig in einer relativ kleinen Halle, wo die Körbe fast direkt an der Wand hängen, so wird er in einem Spiel in einer ungewohnt großen Halle, wo die Körbe von der Decke kommen und auch viel Platz bis zur Wand ist, sehr wahrscheinlich erst zu kurz werfen, obwohl - oder weil er - die Wurfbewegung automatisiert hat. Erst nach einer Weile wird er sich an das neue optische Umfeld gewöhnen und seine Wurfbewegung entsprechend anpassen. Von daher gesehen ist das Aufwärmen mit Wurfübungen in der Spielhalle geradezu eine unabdingbare Pflicht.

Im Anfängerstadium ist der äußere Regelkreis - und hier eindeutig der optische Analysator - dominierend. Es wird zuerst auch noch keine Verbindung zwischen dem kinästhetischen Analysator und verbalen Informationen hergestellt, weil der Spieler Erklärungen nicht richtig umsetzen kann. Dies ist darauf zurückzuführen, daß noch kaum gespeicherte Bewegungserfahrungen vorliegen. Weil der äußere Regelkreis in dieser Phase vorrangig ist (und damit der Spieler eine Hilfe für seine Bewegungsvorstellung hat), muß der Spieler optische Informationen erhalten. Allerdings soll die Aufgabenstellung durchaus mit Verbalisation (also Bewegungsbeschreibung und -erklärung) in Verbindung mit Demonstration geschehen, damit der Spieler seine für ihn noch neuen Bewegungsempfindungen auch auf bewußte Empfindungen beziehen kann.

Im **Stadium der Feinkoordination** (Fortgeschrittenenstadium) wird nun die Informationsaufnahme differenzierter und auch komplexer. Es kommt zu einer Verschiebung des optischen Analysators hin zum kinästhetischen. Es gelingt einem Spieler jetzt zusehends, eine Verknüpfung zwischen sprachlichen Zeichen und seinen motorischen Empfindungen und Wahrnehmungen vorzunehmen.

Vom Gesichtspunkt der Bewegungskoordination her, ist nun eine richtige Verwertung der afferenten und reafferenten Signale eher gegeben. Demonstration und Verbalisation können besser "verstanden" werden. Die Bewegungsvorstellung präzisiert sich. Dabei wird auch die bewegungslenkende Reafferenz deutlich ausgebildet.

Hierzu eine Erläuterung: Können Rückinformationen erst nach einer Bewegung genutzt werden, spricht man von resultativer Reafferenz (Ergebnisinformation).

Wirft beispielsweise ein Spieler den ersten Freiwurf zu kurz, so wird er dieses "Ergebnis" nutzen und den zweiten Wurf entsprechend stärker ausführen. Diese resultative Reafferenz erfolgt bei Teilabschnitten einer Bewegung oder dann nach der Gesamtbewegung. Den zweiten Fall - in dem schon während einer Bewegung eine ständige Meldung über deren Verlauf genutzt wird - nennt man bewegungslenkende Reafferenz (Ablaufinformation). Ein geübter Spieler kann oft seine Bewegung noch verändern, wenn er Abweichungen vom Sollwert erkennt. Will er beispielsweise einen Sprungwurf ausführen, bemerkt aber im Sprung, daß der Center unter dem Korb plötzlich frei ist, kann er u.U. noch im Sprung zum Center passen. Der Anfänger kann aber noch kaum mit dieser bewegungslenkenden Reafferenz arbeiten. Dies liegt an den Bewegungserfahrungen, die erst vorhanden sein müssen, bevor die bewegungslenkende Reafferenz genutzt werden kann.
Im Stadium der **Stabilisierung der Feinkoordination und Entwicklung der variablen Verfügbarkeit** (Könnensstadium) hat der kinästhetische Analysator die Führungsrolle übernommen. Damit geht auch einher, daß der Spieler verbalen Informationen jetzt voll zugänglich ist. Insgesamt kann man zu dieser 3. Lernphase sagen, daß der Spieler nun in der Lage ist, die von allen Analysatoren gelieferten Informationen optimal zu nutzen.

Effektivierung motorischer Lernprozesse (Technik)

Wie kann nun der Trainer die Erkenntnisse über die Informationsaufnahme,-verarbeitung und-speicherung für sein methodisches Vorgehen nutzen, um das Technik-Lernen seiner Spieler positiv zu beeinflussen?
Hierzu einige Hinweise, die in Form von Statements erfolgen und nachfolgend erläutert werden. Dabei werden z.T. "Leitsätze", wie sie PÖHLMANN (1977 und 1986) im Zusammenhang mit Fragen der Effektivierung motorischer Lernprozesse aufstellte, auf das Sportspiel Basketball bezogen.

- *"Im Verlauf des Lernprozesses kommt es zu Verschiebungen im Anteil des "äußeren" und "inneren" Regelkreises als Folge von Lernprozessen. Der Anfänger arbeitet mehr mit Informationen des äußeren Regelkreises (Auge, Ohr), der Könner zunehmend auch mit dem inneren Regelkreis (Kinästhesie)" (PÖHLMANN 1986, 109).*

Daraus folgt, daß der Trainer zunächst optische Informationen bereitstellen muß. Dies kann durch Vormachen, Film oder Videomaterial usw. geschehen. Wird eine Bewegung demonstriert, soll die Aufmerksamkeit der Spieler auf wenige Beobachtungsschwerpunkte gelenkt werden und nur auf solche, die eindeutig zu erkennen sind.
Eine verlangsamte Demonstration durch den Trainer oder einen Spieler ist nicht unproblematisch, weil die dynamische Struktur einer Bewegung verändert werden könnte. Besser ist eine verlangsamte Darbietung durch Zeitlupe.
Ein Trainer, der eine Technik selbst vormacht (eine durchaus erstrebenswerte Forderung), sollte bedenken, daß er richtig vormacht. Richtig meint auch, daß die Demonstration dem Ziel angemessen ist. Das optische Bewegungsleitbild des

Spielers kann nämlich zunächst nicht besser sein, als das "Bild", das der Trainer durch sein Vormachen zeigt. Einem Spieler, der sich in der Entwicklung der Grobkoordination befindet, nutzt es wenig, wenn man ihm stets nur die "perfekte" Bewegung demonstriert. Das Vormachen soll nicht zur Selbstdarstellung des Trainers dienen, sondern dem Spieler eine Hilfe für seinen Lernprozeß geben.
Mit zunehmendem Lernen kommt der Sprache eine gesteigerte Bedeutung zu. Lag die Funktion der Sprache zunächst vor allem in der Unterstützung der optischen Informationen, so kommt ihr dann eine gesteigerte Bedeutung für die Veranschaulichung der kinästhetischen Empfindungen (Bewegungswahrnehmungen) zu.

- *Das verbale (zweite) Signalsystem baut auf dem sensorischen (ersten) Signalsystem auf.*

Das heißt, daß der Spieler eigentlich erst dann verbale Informationen richtig nutzen kann, wenn er sie in Beziehung zu von ihm gemachten sensorischen Erfahrungen setzen kann.
Hierzu eine Erläuterung: Pöhlmann orientiert sich hier an Pawlows Modell von den **zwei Signalsystemen.** Zum ersten Signalsystem gehören kinästhetische, taktile, optische, akustische und statico-dynamische Informationen. Aufbauend auf diesem ersten Signalsystem verfügt der Mensch noch über ein zweites, das verbale Signalsystem. Es hat sich auf der Grundlage des ersten Systems gebildet. Wenn ein Basketballspieler das Wort "Ball" hört, so werden bei ihm sofort Vorstellungen über diesen Gegenstand wach. Wahrscheinlich wird er sich einen Basketball vorstellen, vielleicht auch "innerlich" mit ihm umgehen. Der Fußballspieler wird dagegen kaum an einen Basketball denken, es sei denn, er hat gerade damit gespielt. Das Wortsignal "Ball" ist der Träger einer abstrakten Information, die sich je nach Erfahrung des einzelnen mit diesem Gegenstand unterscheiden kann. Erfahrungen, die aus dem ersten Signalsystem stammen, verbinden sich mit diesem Wortsignal. Die Bedeutung verbaler Signale liegt nun darin, daß der Mensch durch dieses System eine Möglichkeit hat, eine einheitliche und auch vereinfachte Informationsübertragung zu nutzen. Das Wortsignal stellt nämlich eine Reduzierung der Informationen dar, die ursprünglich einmal auf der Grundlage anderer Analysatoren gewonnen und übertragen wurden. Erhält beispielsweise ein Spieler beim Wurftraining den Hinweis "follow through" (Nachfolgen der Hand beim Werfen mit "Brechen" des Handgelenks), so ist der Anfänger auf zusätzliche Erklärungen angewiesen. Der Könner verbindet dagegen diesen Hinweis mit den kinästhetischen Empfindungen, die er in vielen Wurfversuchen erfahren hat.
Als Konsequenz daraus ist abzuleiten, daß der Spieler seine sensorischen Erfahrungen möglichst bald sprachlich darstellen soll, um schneller zu einer Verknüpfung der beiden Signalsysteme zu kommen.

- *Der Lernende darf nicht immer nur am empfangenden Ende der Verbalisation sein.*

Viele Trainer führen mit ihren Spielern zwar Gespräche über Taktik, den Einsatz einzelner Spieler im Spiel usw. Wichtig ist aber auch, daß ein Spieler sein Tun (im Bewegungsverhalten) in Worte fassen kann, also zuweilen auch am sendenden

Ende der Verbalisation ist. Er lernt dabei oft sehr viel, weil er kritisch analysieren muß.

Die sprachliche Durchdringung und Formulierung einer Bewegungshandlung hat zudem große Bedeutung für das mentale Training. Diese Trainingsform arbeitet mit einem bewußten Vorstellen der Bewegungsaktivität bei verbaler Steuerung, ohne daß die Bewegung selbst aktiv ausgeführt wird.

- *"Vom Bewegungskönnen des Lernenden hängt ab, wieviele Informationen er aus einem Informationsstrom entnehmen kann. Der Anfänger nimmt nur vereinzelte, grob unterschiedene Informationen auf, der Könner dagegen erfaßt eine bedeutend größere Informationsmenge, weil er feine Unterschiede registriert" (*PÖHLMANN *1977, 198).*

Ein Spieler kann zunächst - vor allem in der Anfangsphase des Lernens - von sich aus noch nicht unterscheiden, welche der ständig eintreffenden Informationen wichtig sind. Der Trainer soll daher die Aufmerksamkeit der Spieler auf die jeweils wichtigen Informationen lenken. Dies beschleunigt den Lernvorgang. Auch soll der Trainer keine langen einleitenden Erklärungen abgeben, da sie die Kanalkapazität zunächst blockieren, weil man sie für wichtig hält (zur Aufnahmekapazität vgl. HOTZ/WEINECK 1983,35). Besser ist es, erst die wichtigen Informationen und dann die Erläuterungen dazu zu geben.

- *"Von Vorteil sind Informationen, die die Sinne komplex und dabei besonders den Bewegungsanalysator ansprechen" (*PÖHLMANN *1986, 110).*

In diesem Statement wird die Bedeutung der "Bewegungsinformation" hervorgehoben, die eine Art Grundlagenfunktion besitzt. Diese Grundlagenfunktion bezieht sich auf die wichtige Rolle der kinästhetischen Wahrnehmung für die bewegungslenkende Reafferenz. Je früher kinästhetische Empfindungen genutzt werden, um so eher verbessert sich auch die Bewegungsqualität.

Als methodische Konsequenz ergibt sich, daß der Trainer die Ausbildung der kinästhetischen Empfindungen erleichtern soll, indem er solche Übungsangebote bereitstellt, in denen der Spieler die wesentlichen Bewegungserfahrungen machen kann. Der Spieler muß ausreichend Gelegenheit haben, die gewünschte Bewegung zu üben.

- *"Ein günstiges Empfindungsniveau bildet sich beim Anfänger rasch durch sich wiederholende, hochfrequente Handlungsserien heraus" (*PÖHLMANN *1986, 110).*

Es ist z.B. beim Wurftraining durchaus sinnvoll, mehrere Serien von jeweils ca. 10 Würfen durchzuführen. Dies gilt auch für die Freiwürfe, obwohl im Spiel nur maximal 3 Würfe in Serie benötigt werden. Auch Dribbeln, Passen usw. ist in Serien zu üben. Der Trainer kommt ohne solche Übungsformen ("Drills") nicht aus. Nur mit ihrer Hilfe kann er technische Fertigkeiten so entwickeln, daß sie für taktisches Handeln fruchtbar werden.

Man muß zu diesem Üben aber noch einige Erläuterungen geben, was mit dem nächsten Statement eingeleitet wird:

- *"Gleichbleibende Reize bzw. Signale führen in den meisten Fällen zu einer Erhöhung der Ansprechschwelle der Sinnesorgane, so daß diese gleichsam abstumpfen, sich "anpassen". Standardisierte Wiederholungen führen nur in der Anfangsphase des*

*Lernens zu einer Verfeinerung der Bewegungsempfindungen. Im weiteren Verlauf kann es zu einer "Stereotypbarriere" kommen, die sich hemmend auf weitere Fortschritte auswirkt" (*Pöhlmann *1986, 111).*

Wenn auch das Üben weiter von zentraler Bedeutung ist, so soll dieses Üben aber nicht nur ein ständiges Wiederholen desselben sein. Nach der ersten Lernphase bilden sich Bewegungsempfindungen am besten heraus, wenn man wiederholt, ohne sich zu wiederholen, d.h. das Prinzip der Variation anwendet. Ein stereotypes Wiederholen derselben Übungen würde zu Monotonie und Sättigungseffekten führen, die weiteres Lernen eher behindern. Man soll demnach im Übungsangebot variieren.

Dies läßt sich so erklären, daß das variierende Üben zu einer Soll-Ist-Differenz führt, die einen Widerspruch darstellt. Dieser Widerspruch ist Ausgangspunkt für eine Weiterentwicklung. Ein Trainer, der keine Widerspruchsdifferenz einbringt, kann nach Pöhlmann zwar lebhaft beschäftigen, es wird aber kaum noch etwas gelernt. Diese Widerspruchsdifferenz läßt sich beispielsweise durch das Einbinden der Technik in wechselnde taktische Situationen herstellen.

Für das variierende Üben sprechen auch Erkenntnisse, die aus der **Schema-Theorie** von Schmidt (beschrieben bei Willimczik/Roth 1986) abgeleitet werden. Schmidt spricht von einer "Variability of Practice" Hypothese. Nach dieser Theorie des motorischen Lernens sollen sportmotorische Fertigkeiten, die im Wettkampf oder in wechselnden Situationen variiert werden müssen, von Anfang an (hierzu später noch eine Anmerkung) auch variabel gelernt werden.

Was heißt nun Schema-Theorie? Bei diesem Konzept geht man davon aus, daß beim motorischen Lernen motorische Schemata gebildet werden. Dinge, die wir wahrnehmen, behalten wir nicht einzeln im Gedächtnis (dies würde unsere Gedächtniskapazität weit überschreiten), sondern wir fassen sie zu Kategorien zusammen. Wir bilden Regeln, die eine Grundlage dafür sind, welche Objekte wir einer bestimmten Kategorie zuordnen können und welche nicht. Zur Bildung solcher Regeln müssen nach Schmidt mit jeder Bewegung Informationen aus verschiedenen Bereichen gespeichert, miteinander verglichen und auf Abhängigkeiten untersucht werden. Es handelt sich dabei um Informationen über die Stellung des Körpers und der Körperteile im Raum oder der Umgebung, um Details der ausgeführten Bewegung, über Reafferenzen und das Ergebnis der Bewegung. Es werden damit nach Ansicht Schmidts nicht die einzelnen erfolgreichen Versuche gespeichert, sondern die aus vielen Versuchen gewonnenen Abhängigkeiten in Regeln bzw. Schemata gefaßt, die dann allgemeingültig sind und auch in veränderten Situationen angewendet werden können. Damit wird klar, warum - zumindest sehr bald - variiert geübt werden soll, denn die Qualität der gebildeten Regeln ist nicht nur abhängig von der Zahl der durchgeführten Versuche und der Informationen über das erreichte Ergebnis, sondern auch von den Variationen der durchgeführten Versuche. Abhängigkeiten können nur festgestellt werden, wenn einzelne Variablen verändert wurden. Der Trainer benötigt demnach eine Vielzahl von Übungsformen, mit denen im Grunde das gleiche geübt wird.

Die Forderung nach variiertem Üben von Anfang an darf aber nicht mißverstanden werden. Hierauf hat ROTH (1987, 217) pointiert hingewiesen: "Technikvariationen können erst dann vermittelt werden, wenn das entsprechende motorische Grundmuster beherrscht wird. Sportliches Training nach der "Variability of Practice" Hypothese meint demnach, daß nicht vor dem, sondern direkt im Anschluß an das Programmlernen mit dem systematischen Üben vielfältiger Parameterkombinationen zu beginnen ist."
Es spricht demnach nichts dagegen, daß die für das Basketballspiel entscheidenden Techniken bis zur Automatisation gefestigt werden. Die Automatisation der Technik ist wichtig, weil sie dann gegen Störeinflüsse weitgehend gesichert ist. Bei einer automatisierten Technik (Bewegung) sind die höheren Regulationsebenen entlastet. Der Spieler hat seine Aufmerksamkeit frei für andere Aspekte der Spielhandlung. Die höheren Regulationszentren sind dabei jedoch keineswegs "ausgeschaltet", weil automatisierte Bewegungen jederzeit wieder "bewußtseinsfähig" sind. Aus dieser Aussage folgt auch, daß man eine falsche Technik, die durch häufigen Gebrauch bereits automatisiert ist, im Grunde nur aufbrechen kann, wenn es einem Spieler gelingt, diese falsche Technik wieder auf die Höhe des Bewußtseins zu heben und sich gedanklich am Umbau der Fertigkeit zu beteiligen.

Der Trainer kann das variierende Üben beispielsweise durch folgende Maßnahmen berücksichtigen.

1. *Veränderung von Bewegungsparametern (Bewegungsschnelligkeit, Bewegungsumfang, Krafteinsatz usw.) Darunter fallen Paßübungen mit zunehmender und abnehmender Entfernung zwischen den Partnern, Pässe zum weglaufenden oder herannahenden Mitspieler (dabei muß der Paßgeber den Krafteinsatz variieren), Sprungwürfe gegen einen Verteidiger, der mit unterschiedlich starkem Absprung mitspringt usw.*

2. *Anpassung der Technikvariationen an unterschiedliche Aufgaben und situative Bedingungen.*

Hierfür einige Beispiele, aufgezeigt am Korbleger und/oder Sprungwurf aus der Nah-und Mitteldistanz.

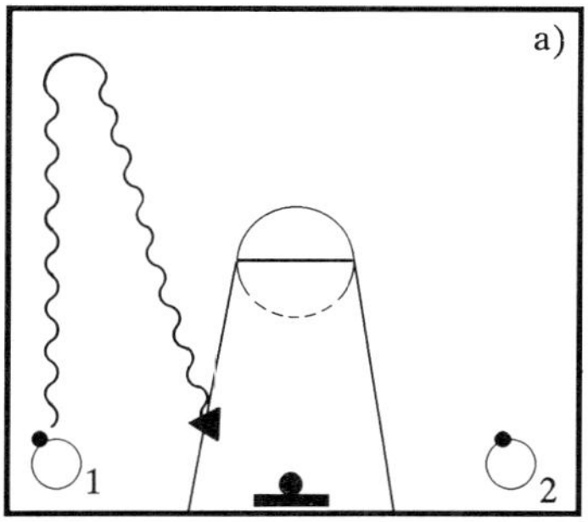

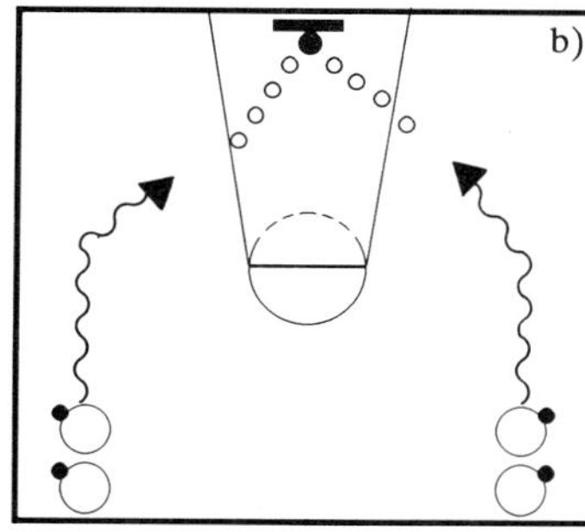

a) Korbleger oder Sprungwurf aus dem Dribbling; O 1 dribbelt zur Mittellinie und zurück; Korbleger und Sprungwurf im Wechsel. Wenn O 1 die Mittellinie erreicht hat, startet O 2 usw.

b) Abwechselnd von links und rechts: schnelles Dribbling bis zur verlängerten Freiwurflinie, dann Richtungswechsel von ca. 45°, Korbleger und Sprungwurf im Wechsel.

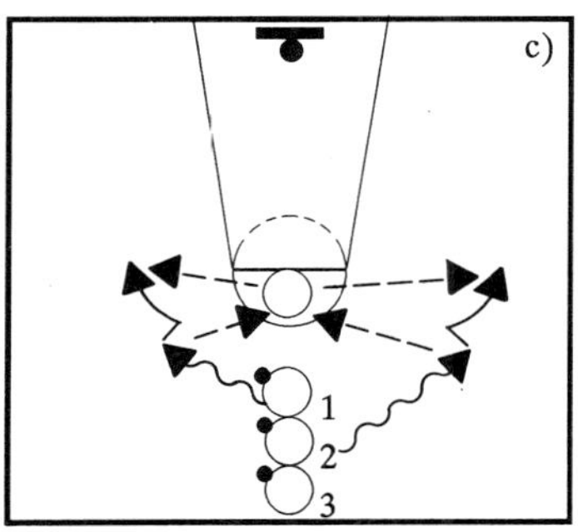

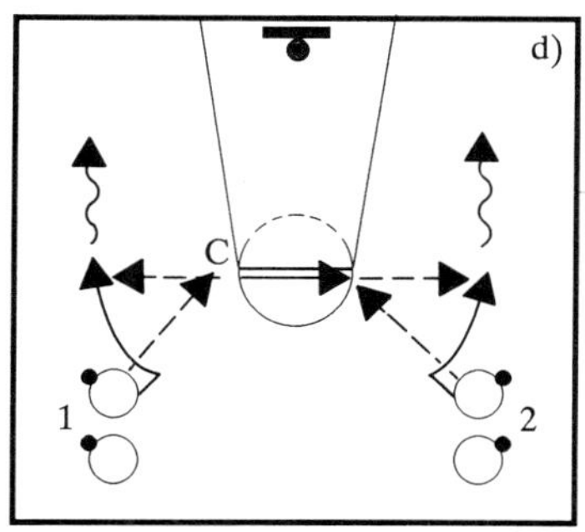

c) Sprungwurf nach Parallelstopp: O 1 dribbelt nach links, dann Paß zum High-Post; Rückpaß vom Post, Ballannahme mit Parallelstopp und Wurf. Danach dribbelt O 2 nach rechts usw.

d) Sprungwurf nach Ballannahme und Dribbling: O 1 zu C, dann Antäuschen nach innen und Lauf nach außen; Rückpaß von C, Dribbling in Richtung Grundlinie und Wurf. Danach O 2 zu C, der die Seite gewechselt hat usw.

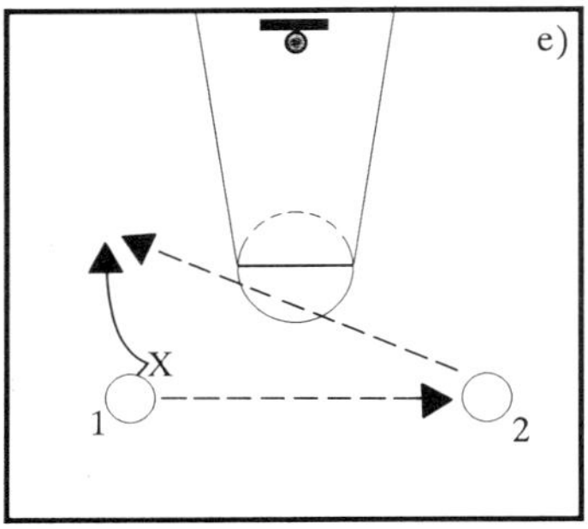

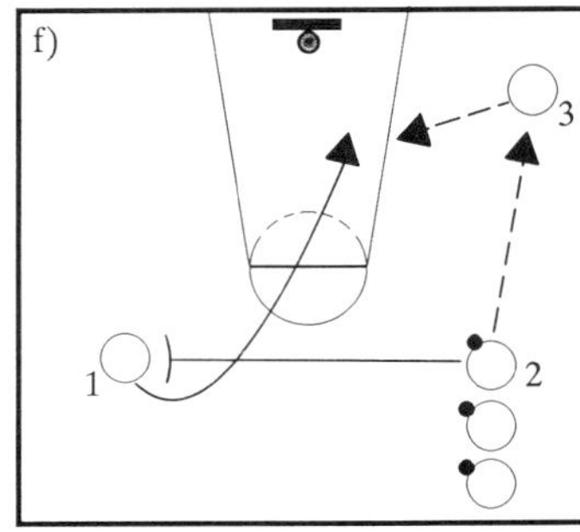

e) Korbleger nach Überlaufen eines Verteidigers: O 1 paßt zu O 2 und überläuft X innen oder außen (nach entsprechender Schrittfinte); Rückpaß von O 2 und Korbleger.
f) Korbleger nach Ausnutzen eines Blocks (ohne Verteidiger):
O 2 paßt zu O 3 und stellt einen Block für O 1; O 1 nutzt den Block aus, erhält einen Rückpaß von O 3 und führt einen Korbleger aus. O 2 wird nächster O 1; O 3 bleibt.
g) Korbleger nach Ausnutzen eines Blocks (mit Verteidiger):

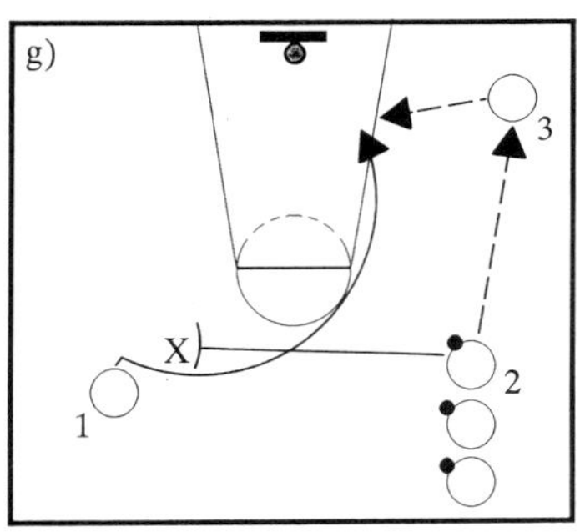

Gleiche Übungsform, jetzt mit einem Verteidiger. Nach der Aktion wird O 1 der nächste Verteidiger usw.

- *Das Techniktraining muß zuweilen auch unter konditioneller Belastung durchgeführt werden.*

Die Entwicklung der Technik stellt hohe Anforderungen an die Bewegungskoordination. Von daher verbietet sich eigentlich eine Technikschulung, wenn die Spieler ermüdet sind. Es wäre falsch, nach einem Trainingsabschnitt, bei dem nach der intensiven Intervallmethode gearbeitet wurde, ein Techniktraining zu plazieren. Koordinative Arbeit (und dies ist Techniktraining) ist bei hoher Säuerung der Muskulatur problematisch. Dies hat Liesen am Beispiel des Fußballtrainings überzeugend belegt (LIEßEN 1983). Dennoch muß man zuweilen von den Spielern nach anstrengenden Trainingsteilen technische Leistungen abverlangen bzw. basketballtechnische Übungs-und Spielformen unter hoher Belastung durchführen. Diese Notwendigkeit ergibt sich aus den Erfordernissen eines Spiels, in dem technische Leistungen trotz starker Ermüdung gefordert werden. Der Trainer soll aber nur solche Übungen und Spielformen auswählen, bei denen die geforderten Technikteile bekannt sind und gut beherrscht werden.

- *Beim Techniktraining muß zuweilen auf die psychische und emotionale Situation, die im Wettkampf auftritt, vorbereitet werden.*

Jeder Trainer hat schon festgestellt, daß die sonst gute technische Ausführung mancher seiner Spieler im Spiel plötzlich Mängel aufweist, die nur durch psychische Ursachen zu erklären sind. Bei psychischen Überforderungen - oft in Auswärtsspielen - kann man beobachten, daß manche Spieler eine Phase durchlaufen, in der sie zu überhasteten Fehlreaktionen neigen (unnötige Fehlpässe, "Hoffnungswürfe" usw.) und affektiven Entladungen anheimfallen. Erst allmählich wird über elementare Verhaltensweisen wieder ein gewisser Leistungsstand erreicht. Es scheint so zu sein, daß eine Überforderung zunächst das biologische System aus seiner Gleichgewichtslage bringt. Bei vielen Spielern schaltet das vegetative Nervensystem von ergotroper (mobilisierender) zu trophotroper (wiederherstellender) Funktionslage um. Man könnte auch von einer Umstellung vom Sympathikus zum Parasympathikus sprechen. Es handelt sich im Grunde um einen überkompensatorischen Schongang (Regression). Für die Bewegungstechnik des Basketballspielers kann dies bedeuten, daß Unsicherheiten in der Feinkoordination - vor allem bei komplexen Bewegungen - auftreten. Nach der durch diese Umstellung eingetretenen Entspannung folgt das Wiedereinschwingen auf die ursprüngliche Funktionslage. Der Spieler bringt jetzt wieder die gewohnte Leistung (vgl. hierzu: NITSCH J./UDRIS I 1976).

Patentrezepte zur Abmilderung dieser Erscheinung gibt es leider nicht. Viele Trainer, die um diese Zusammenhänge wissen, bevorzugen z.B. zuerst eine etwas abwartende, abtastende Taktik, mit deren Hilfe Ruhe und Sicherheit vermittelt werden soll. Bei manchen Spielern erreicht man dadurch freilich eher das Gegenteil. Sie werden noch gehemmter, weil sie zu bemerken glauben, daß auch der Trainer die "Bedrohung" verspürt und entsprechend handelt.

Ich meine, daß man diese emotionalen Situationen im Training ab und an simulieren soll. Hier ist z.B. an Trainingsgestaltungen zu denken, in denen im Training mit Lautsprechern gearbeitet wird und eine Geräuschkulisse simuliert wird, die etwa dem Auswärtsspiel entsprechen soll. Trainer, die so vorgehen, berichten über eine geringere Anfälligkeit ihrer Spieler bei "feindlich" eingestelltem Publikum in Auswärtsspielen.

Ein anderes Beispiel: gegen Ende des Trainings wird ein Spieler herausgepickt und muß zwei Freiwürfe ausführen. Trifft er, wird das Training beendet. Trifft er nicht, wird das Training für die ganze Mannschaft mit einer notwendigen aber als unangenehm empfundenen Trainingsmaßnahme fortgesetzt (etwa Verteidigungsübungen). Anschließend kommt ein anderer Spieler an die Reihe usw. Durch eine solche Maßnahme wird der betreffende Spieler zum Teil hohem emotionalem und sozialem Druck ausgesetzt. Wichtig bei dieser oder ähnlicher Vorgehensweisen ist aber, daß es sich bei den "Sanktionen" um sinnvolle Trainingsinhalte handelt. Es geht nicht um "Kollektivstrafe". Fraglich bleibt aber, inwieweit tatsächlich ein Transfer vom doch letztlich folgenlosen Training zum Wettspiel gegeben ist. Hier sind sicher noch weitere Erfahrungen zu sammeln.

Methodik der Technikschulung

Ausgehend von der Forderung, daß alle Techniken im Basketball auf konkrete Spielsituationen in Angriff und Verteidigung zu beziehen sind, darf die Technik nicht zum Selbstzweck werden. STIEHLER/KONZAG/DÖBLER fordern zu Recht, daß die spieltechnische Ausbildung schrittweise mit der spieltaktischen Ausbildung verbunden werden muß. In den folgenden Aussagen soll dem Rechnung getragen werden. Der Leser wird an manchen Stellen eine Vermischung von Technik und Taktik bemerken. Diese "mangelnde" Trennschärfe ist gewollt. Es wird aber deutlich werden, daß der Schwerpunkt in diesen Ausführungen auf der technischen Arbeit liegt.

Bei der Schulung der Technik bietet sich an, Grundsätze, Maßnahmen und Verfahren zu nutzen, wie sie in der allgemeinen Sportmethodik beschrieben werden. Hierunter fallen methodische Gesichtspunkte wie "vom Leichten zum Schweren", "vom Bekannten zum Unbekannten", "vom Einfachen zum Komplexen", methodische Verfahren wie "Ganzheitsmethode", "Ganz-Teil-Ganz-Methode" und "Teilmethode" (in ihren unterschiedlichen Ausprägungsformen), Übungserleichterungen, Verdeutlichungsmaßnahmen, Rhythmushilfen usw. Das Ziel solcher methodischen Vorgehensweisen ist, Erleichterungen für das Lernen bereitzustellen. Erleichterungen sollen aber nur dort eingebracht werden, wo sie wirklich nötig sind. Der Korbleger kann beispielsweise mit der Ganzheitsmethode erarbeitet werden, weil er eine relativ einfache motorische Fertigkeit ist. Der Vorteil der Ganzheitsmethode besteht darin, daß eine Technik in einem Zug als Ganzes erlernt wird und ihre zielgerichtete Bewegungsstruktur erhalten bleibt. Führt man den Korbleger nach der Teilmethode ein, braucht man mehr Zeit und läuft Gefahr, zu einer Überbetonung einzelner Teile zu kommen, was der dynamischen Struktur der Bewegung nicht entspricht. Allerdings kann man dann zur Teilmethode greifen, wenn sich zeigt, daß einige Spieler mit der Ganzheitsmethode nicht zurechtkommen. Dies ist oft der Fall, wenn ein Rechtshänder den Korbleger oder Hakenwurf mit links erlernen soll.
Handelt es sich um eine komplexe (oder schwierige Fertigkeit), empfiehlt sich die Verwendung der Teilmethode. So läßt sich der Sprungwurf aus dem Lauf oder Dribbling besser mit der Teilmethode erarbeiten, weil hier das Abstoppen mit dem dann anschließenden Absprung und Wurf koordiniert werden muß. Als ersten Teilschritt erlernt und übt man das Abstoppen aus dem Lauf oder Dribbling mit Parallelstopp oder Schrittstopp. Wird dies beherrscht, wird der Wurf im Sprung

angeschlossen. Eine zusätzliche Aufgliederung in Sprung und Wurf ist nicht sinnvoll, da der Sprungwurf eine nicht zu reduzierende zeitliche Einheit darstellt.
Bei der Verwendung der Teilmethode ist zu beachten, daß die Einzelteile nicht zu lange geübt werden. Man soll die Teile so schnell wie möglich miteinander verbinden, um die ganzheitliche Struktur der eigentlich angestrebten Technik zu erreichen. Dies gilt vor allem dann, wenn ein Einzelteil charakteristische Verbindungen zum nächsten hat. Das Abstoppen aus dem Lauf oder Dribbling kann beim Sprungwurf als Auftaktbewegung für den Wurf im Sprung dienen.
Zur Erarbeitung einer neuen technischen Fertigkeit sind die Übungsbedingungen so zu erleichtern, daß die angestrebte Technik recht bald gelingen kann. Hierfür erweist sich folgende Reihung als sinnvoll:
1. Üben unter standardisierten Bedingungen, 2. Üben unter variablen Bedingungen und 3. Verbindung mit anderen Techniken (z.B. Dribbling-Wurf).
Bei der Schulung der Angriffstechniken soll zunächst ohne Verteidigung, dann mit Verteidigung gearbeitet werden, wobei die Verteidiger in ihren Lösungsmöglichkeiten noch eingeschränkt sind, bis sie dann schließlich "voll" verteidigen dürfen.
Daß zunächst ohne Verteidigung gearbeitet wird, widerspricht zwar dem Spielgedanken und den Erfordernissen in den meisten Spielsituationen, erfüllt aber den Zweck, eine technische Fertigkeit relativ schnell so weit zu erlernen, daß sie - bei entsprechend veränderten Übungsbedingungen - auch in der (taktischen) Spielsituation gelingt und angewendet werden kann. Dies setzt aber voraus, daß möglichst früh Spielbedingungen - sprich Auseinandersetzung mit dem Gegner - eingebracht werden. Die anfängliche Beschränkung der Lösungsmöglichkeiten der Verteidiger hat den Zweck, den Angreifer nicht zu abrupt mit zu vielen Störeinflüssen zu konfrontieren (vgl. die Ausführungen zu den Charakteristika der einzelnen Lernphasen).
Das methodische Vorgehen bei der Erarbeitung der Technik wird im folgenden am Beispiel des Dribblings erläutert. Die verwendeten Übungsformen sind dabei als Vorschlag und Auswahl gedacht, die nicht unbedingt auf eine Trainingseinheit beschränkt bleiben müssen. Vielmehr sollen in jeder Trainingseinheit Übungen zum Dribbeln angeboten werden.
Wir beginnen mit dem Dribbling am Ort: hohes und tiefes Dribbeln, Wechsel der Dribbelhand (der Ball wird dabei schnell vor dem Körper zur freien Hand gedrückt), Lösen des Blicks vom Ball. Der Trainer achtet auf die richtige Körperhaltung und Ausführung des Dribblings.
Danach wird mit zwei Bällen und dann mit geschlossenen Augen gedribbelt. Beim Dribbeln mit geschlossenen Augen wird der optische Analysator kurzzeitig ausgeschaltet, wodurch andere Analysatoren (vor allem der kinästhetische) besonders angesprochen werden.
Danach dribbeln wir in der Bewegung.
Aus organisatorischen Gründen wird bei sehr vielen Übungsformen in Längsbahnen gedribbelt, um eine gegenseitige Behinderung zu vermeiden. Günstig ist,

wenn jeweils 3 Spieler eine Gruppe bilden (bei Vierergruppen hat der Trainer keine ausreichende Übersicht mehr).

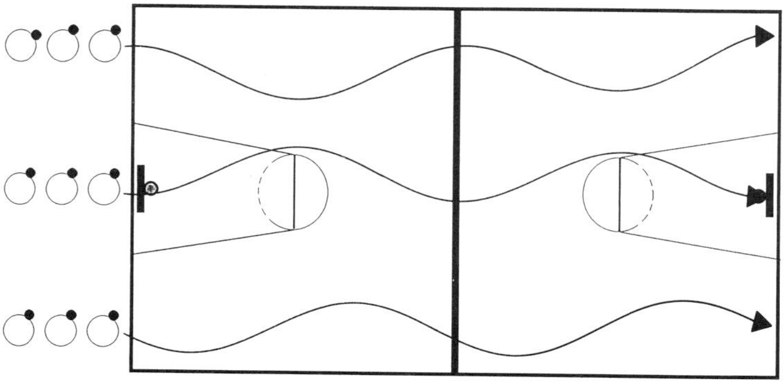

Es wird beispielsweise eine Längsbahn in Dreiergruppen gedribbelt. Wenn die letzte Dreiergruppe durch ist, beginnt die erste Gruppe mit dem Rückweg usw. In dieser Organisationsform wird nun mit der bevorzugten Hand, der schwächeren Hand, Hand- und Richtungswechsel und hohem und tiefem Dribbling gedribbelt. Eingeflochten wird auch ein fließender Übergang von Vorwärts-in Rückwärts-und wieder Vorwärtsdribbeln, Dribbeln mit geschlossenen Augen und Dribbling um Hindernisse usw.

Es schließen sich Übungsformen mit Verteidiger (bzw. Gegner) an:

Eine Übungsform, bei der der Dribbler schnell den Sinn von Hand-und Richtungswechsel und das Lösen des Blicks vom Ball erkennt, ist das Fangen und Abschlagen:

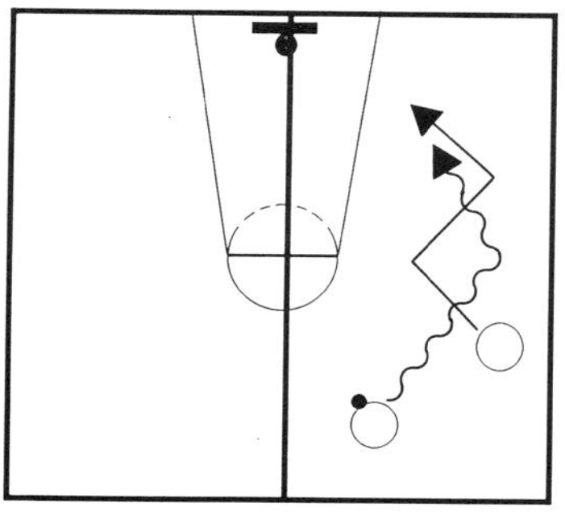

Das Spielfeld wird in mehrere (jedoch nicht zu große) Felder eingeteilt. Ein Dribbler soll nun einen Gegenspieler, der ohne Ball ist, abschlagen. Er darf dabei sein Dribbling nicht unterbrechen, muß also immer in Ballkontrolle bleiben. Sein Gegenspieler darf innerhalb des Feldes weglaufen und ausweichen. Nach erfolgreichem Abschlagen werden die Rollen getauscht, ebenso nach längerem erfolglosem Bemühen.

Dribbeln gegen Verteidiger:

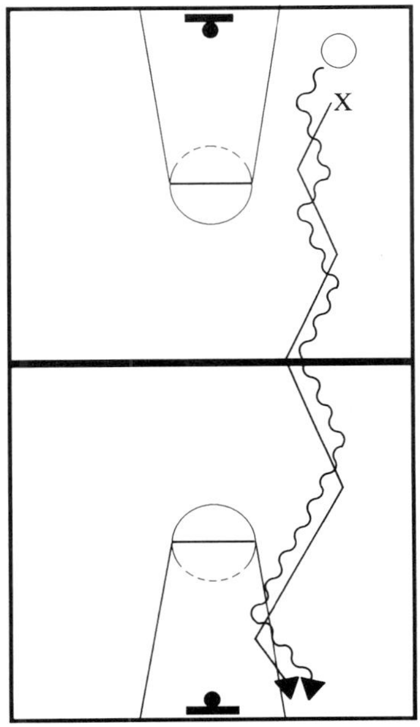

Die Spieler stellen sich in Paaren auf. Der Angriffsspieler eines Paares dribbelt, der Verteidiger weicht in Verteidigungsstellung zurück und öffnet immer zur Ballseite. Beim Rückweg werden die Rollen getauscht. Zuerst wird langsam begonnen, dann wird bei den nächsten Versuchen das Tempo gesteigert. Die Verteidiger nehmen als Einschränkung ihrer Lösungsmöglichkeiten zunächst die Hände auf den Rücken. Dadurch kann ihre Beinarbeit und das Öffnen zur Ballseite besonders geschult werden, wobei der Dribbler noch nicht befürchten muß, daß ihm ein Verteidiger den Ball wegschlägt. In den nächsten Versuchen dürfen die Verteidiger ihre Hände bei der Abwehrarbeit benutzen.

Dribbling mit Hand-und Richtungswechsel (crossover dribbling):

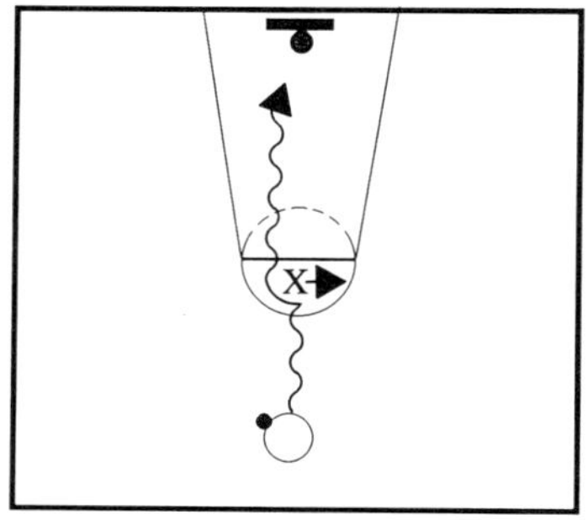

Der Dribbler täuscht einen Durchbruch zur rechten Seite an. Während des Dribblings mit der rechten Hand wird der rechte Fuß mit einem großen Schritt nach rechts vorn aufgesetzt, dann erfolgt ein kräftiges Abdrücken vom rechten Bein. Der Ball wird dabei mit der rechten Hand vor dem Körper im Winkel nach links geprellt (diese Aktion ähnelt einem V). Dann wird mit der linken Hand weitergedribbelt, der Ball mit dem Körper abgedeckt und anschließend auf den Korb geworfen.
Es wird von beiden Seiten geübt. Bei einem angetäuschten Durchbruch zur linken Seite wird der Ball von der linken zur rechten Hand gewechselt.

Durchbruch des Dribblers gegen Verteidiger:

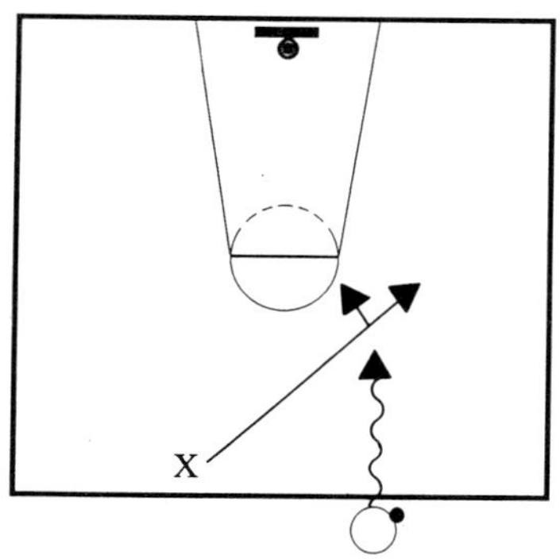

Der Dribbler startet hinter der Mittellinie, der Verteidiger hat zwei Schritte Vorsprung. Der Angreifer muß das Verhalten des Verteidigers erkennen und sich entscheiden, ob er rechts oder links durchbricht.

Nach der Technikerwerbsphase eignen sich auch:

1. Übungsformen, in denen die Verteidigung gegen den Dribbler geschult werden soll. Auch wenn der Schwerpunkt auf das Verteidigungsverhalten gelegt wird, wird das Dribbling automatisch mitgeübt.

   Beispiel: "Drehen" des Dribblers (turning the dribbler).

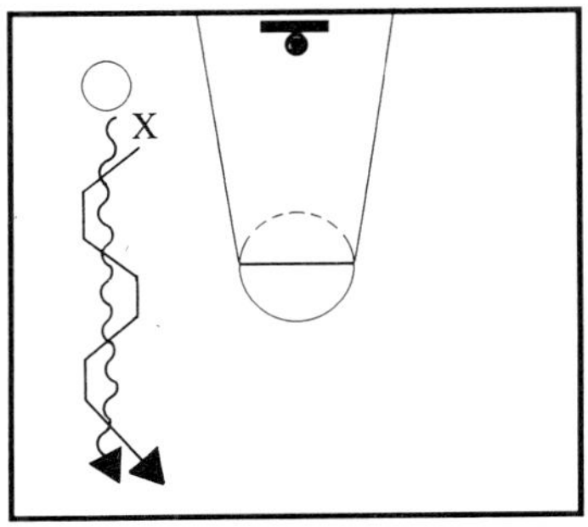

   Der Verteidiger weicht zunächst zurück und läuft dann dem Dribbler in den Weg; wenn der Dribbler die Richtung wechselt, pivotiert der Verteidiger, sprintet kurz zurück und läuft dem Dribbler wieder in den Weg usw. Hierbei wird Hand-und Richtungswechsel beim Dribbler und die korrekte Abwehrarbeit beim Verteidiger geschult.

2. Komplexe Übungen, in denen das Dribbling eine Funktion für eine anschließende Angriffshandlung hat, wie z.B. Dribbling, Abstoppen, Wurf oder das Durchziehen aus einer 1-1 Situation usw.

Teil II: Taktik

Taktik als situatives Entscheidungshandeln

In den einleitenden Bemerkungen wurde bereits darauf hingewiesen, daß das Basketballspiel in erster Linie ein Taktikspiel ist. NIEDLICH spricht zu Recht vom Primat der Taktik vor der Technik (NIEDLICH 1978, 59). In der Sportspielliteratur wird häufig ein Unterschied zwischen Strategie und Taktik gemacht (vgl. auch BARTH 1980). Von Strategie spricht man im allgemeinen, wenn mit einem taktischen Konzept ein mittel- oder langfristiges Ziel (über mehr als einen Wettkampf hinaus) erreicht werden soll. Taktik wäre dann auf kurzfristige Ziele (z.B. ein einziges Spiel) gerichtet. Allerdings sind diese beiden Begriffe in ihrer Bedeutung für die Praxis nicht immer sauber voneinander zu trennen. Wenn im folgenden nur von "Taktik" gesprochen wird, so sind dabei auch mittel- und langfristig wirkende (beabsichtigte) Prägungen des Spiels einbezogen, die sich aus der grundsätzlichen Auffassung des Trainers zum Basketballspiel ergeben. Der "Stil" einer Mannschaft ist oft durch diese grundsätzliche Auffassung des Trainers geprägt. Wer an die These glaubt, daß ein Spiel in der Verteidigung entschieden wird, wird die gesamten taktischen Maßnahmen an dieser "Philosophie" ausrichten. Bei amerikanischen Collegemannschaften weiß man schon, wie eine Mannschaft spielen wird, wenn man den Namen des Trainers hört.

Mit Taktik im Basketball meinen wir die individuellen und mannschaftlichen Verhaltensweisen, Handlungen und Maßnahmen, die der Erreichung des Spielziels dienen.

Taktik im Basketball ist im Grunde immer **situatives Entscheidungshandeln**. Diese Behauptung läßt sich mit zwei beliebig herausgegriffenen Spielsituationen, wie sie in jedem Spiel vorkommen, belegen:

1. *Ein Angreifer sichert sich nach einem Wurfversuch eines Mitspielers den Offensivrebound. Er muß nun entscheiden, ob er sofort einen Wurf versuchen soll. Dazu muß er erkennen, ob dies sinnvoll ist (weil er frei ist, weil er glaubt, daß er sich gegen einen Verteidiger durchsetzen kann, weil sein Verteidiger schon mit Fouls hoch belastet ist usw.), oder ob er besser einen Mitspieler anspielen soll (weil er schon ein paar Fehlversuche hatte, weil der Mitspieler frei ist usw.) oder ob der Spielstand eher nahe legt, den Ball herauszuspielen, um Zeit verstreichen zu lassen.*

2. *Ein Flügelspieler wird bei einem Schnellangriff angespielt. Er muß nun entscheiden, ob er zum Korb ziehen kann und soll, ob er abstoppen und aus der Halbdistanz werfen soll, ob er den Ball abspielen und sich dann wieder anbieten soll oder ob es besser ist, den Angriff abzubrechen, weil sich keine Überzahl oder günstige Wurfgelegenheit ergibt usw.*

In beiden Beispielen wird deutlich, daß die zu treffenden Entscheidungen unter Zeitdruck zu fällen sind und daß sie von der "taktischen" Situation abhängig sind (Gegner, Mitspieler, Erfolgswahrscheinlichkeit, Spielstand usw.). Es wird auch deutlich, daß die Spieler in der Lage sein müssen, die jeweilige Situation zu erkennen und aus den ihnen zur Verfügung stehenden Lösungsmöglichkeiten (auch technisches Können) das Richtige auszuwählen.

Im folgenden werden theoretische Annahmen zur Taktik in den Sportspielen erläutert, die auf das Basketballspiel übertragen werden können. Nach der Darstellung solcher theoretischer Annahmen werden dann Folgerungen für das Taktiktraining gezogen. Daran schließen taktische Maßnahmen an, die ein Trainer vor und während eines Spiels ergreifen kann.

Das Zustandekommen der Lösung einer Spielaufgabe wird in jüngerer Zeit aus handlungstheoretischer (handlungspsychologischer) Sicht analysiert und begründet. Diese Betrachtungsweise ergänzt das bereits 1965/1966 veröffentlichte "Taktikmodell" von Mahlo, das das Zustandekommen einer spieltaktischen Handlung in drei Hauptphasen beschreibt:

1. *die Wahrnehmung und Analyse der Spielsituation mit dem Ergebnis: Erkennen der Situation.*
2. *die gedankliche Lösung der Spielaufgabe mit dem Ergebnis: Vorstellung über den Lösungsweg.*
3. *die motorische Lösung der Spielaufgabe mit dem Ergebnis: praktische Lösung.*

Dabei wird davon ausgegangen, daß Erfolg oder Mißerfolg der jeweils gewählten Lösung zum Gedächtnis zurückgekoppelt werden. Es bilden sich entsprechende Verhaltensmuster aus, die je nach Bedarf abrufbar sind, also in späteren Spielsituationen zur Geltung kommen können. In der Theorie stehen die drei genannten Phasen hintereinander, sind aber in der praktischen Anwendung miteinander verbunden. In der Fähigkeit der Lösung dieses komplexen Geschehens unterscheidet sich der gute vom weniger guten Spieler, vorausgesetzt, beide verfügen über ein vergleichbares technisches Fertigkeitsniveau.

Ein Trainer, der sich dieses Modell zu eigen macht, kann die spieltaktische Handlung seiner Spieler dadurch schulen, daß er die Eigeninformation der Spieler im Prozeß der Wahrnehmung, der gedanklichen und motorischen Lösung durch Hilfen wie Zurufe, Vormachen des richtigen Lösungsweges, Auswertung häufig vorkommender Spielsituationen, Verwendung von Videoaufnahmen (auch im Training selbst) usw. ständig verbessert. Besondere Aufmerksamkeit wäre dabei der gedanklichen Lösung einer Spielaufgabe zu widmen, denn "... die gedankliche Lösung einer Aufgabe wird in einer höheren Entwicklungsstufe festes und schnell reproduzierbares Wissen und bei entsprechend langer Übung als Assoziationslösung das Fundament weit höherer taktischer Verhaltensweisen sein" (Mahlo 1966, 25). Dieser Entwicklungsprozeß kann und muß durch den Trainer planvoll unterstützt werden.

Stiehler/Konzag/Döbler befassen sich mit der Handlungsregulation in den Sportspielen. Sie gehen davon aus, daß jede Spielhandlung bewußt reguliert wird. Dies schließt ein, daß der Spieler ständig Rückmeldungen über Verlauf und Ergebnis einer Handlung erhält und nutzt. Besondere Bedeutung kommt dabei den Wahrnehmungs-, Denk- und Gedächtnisprozessen (kognitive Prozesse) zu, weil Handlungen in Angriff und Verteidigung situativ zu lösende Entscheidungshandlungen sind. Die Struktur der Handlungen unterscheiden STIEHLER/KONZAG /DÖBLER (1988, 55 ff.) in:

- *die Orientierungsregulation,*
- *die Antriebs- und Entscheidungsregulation,*
- *die Ausführungs- und Kontrollregulation.*

Diese "Funktionseinheiten" der Handlungsregulation "stellen kein zeitliches Nacheinander ... dar, sondern laufen gleichzeitig ab und gelangen in allen Handlungsphasen zur Wirkung" (a.a.O. 55).
Bei der **Orientierungsregulation** handelt es sich im wesentlichen um Wahrnehmungsprozesse, die sich auf eigene und fremde Bewegungen oder Handlungen beziehen (Situationswahrnehmung). Im weiter oben erwähnten Beispiel - Offensivrebound - orientiert sich der Spieler im Hinblick auf seinen Abstand zum Korb, zum Gegenspieler, zu Mitspielern usw.
Bei der **Antriebs- und Entscheidungsregulation** kommt es auf der Grundlage der Orientierungsregulation zu der Entscheidung für eine bestimmte Handlung aus mehreren Lösungsmöglichkeiten. Beim oben erwähnten Beispiel - Flügelspieler erhält einen Paß bei einem Schnellangriff - wird der Spieler den Ball zu einem Mitspieler passen, wenn er angegriffen wird und vorher wahrgenommen hat, daß eine Überzahlsituation gegeben ist. An dieser häufig wiederkehrenden Situation wird deutlich, daß die richtige Entscheidung von der Qualität der Wahrnehmung abhängt. Falsche Entscheidungen (in diesem Falle Abstoppen und Werfen) sind nicht zuletzt die Folge falscher oder ungenauer Wahrnehmungen.
Die **Ausführungs- und Kontrollregulation** beschreibt die psychischen Komponenten (Steuerung und Kontrolle), welche die Ausführung der Spielhandlung garantieren. Sehr häufig ist damit eine Spielhandlung aber nicht völlig abgeschlossen, da bei der Ausführung bereits wieder Wahrnehmungs- und Entscheidungsprozesse für sich anschließende Situationen anfallen. Der Flügelspieler, der bei einem Schnellangriff den Ball zu einem Mitspieler gepaßt hat, muß erkennen, ob er sich erneut anbieten oder defensiv orientieren soll.

Auch andere handlungstheoretische Ansätze gehen - wenn auch mit anderer Schwerpunktsetzung - von einer "triadischen (dreistufigen) Grundstruktur" aus. So unterscheidet NITSCH (1982) in eine Antizipationsphase (Wahrnehmung und Analyse der Situation), eine Realisationsphase und eine Interpretationsphase, die sich überlappen. Dabei kann eine Gesamthandlung durchaus in Teilhandlungen unterteilt werden.
Welche Folgerungen sich aus solchen Modellvorstellungen der Handlungsregulation für die Methodik ergeben, wird im Anschluß an die theoretischen Erläuterungen zur Taktik erörtert.

Roth (1987) stellt ein Zweistufen-Modell zur Struktur spieltaktischer Auswahlprozesse vor, bei dem er in Entscheidungen 1. und 2. Art unterscheidet. Damit ist gemeint, daß ein Spieler zu Beginn eines Entscheidungsprozesses zunächst auswählt, "was" er tun will. Dies ist die Entscheidung 1. Art. Danach legt der Spieler fest, "wie" er die Situation lösen will. Dies ist die Entscheidung 2. Art. Roth hebt als wesentlichen Aspekt dieser Trennung in "was" und "wie" hervor, "daß die Spezifikationen 2. Art zeitlich erst nach denen 1. Art sinnvoll realisierbar sind" (Roth 1987, 28).
Daraus folgt, daß Fehler bei den Entscheidungen 1. Art eine komplette Neu-Festlegung auf beiden Ebenen erforderlich macht, während Veränderungen bei den (variablen) Bestandteilen der Entscheidung 2. Art auch ohne Korrekturen 1. Art möglich sind (vgl. Roth 1987, 204 ff.). Er will dabei die besondere Bedeutung des "Parameterlernens" (Technikvariationslernen) und der Parameterselektion (Taktische Fertigkeiten) hervorheben, wobei diese Aspekte voraussetzen, daß Technik immer im Zusammenhang mit der Taktik zu sehen ist.

Alle Modellvorstellungen (Mahlo, Stiehler/Konzag/Döbler und Roth) haben eines gemeinsam: ein Spieler muß sich für das "was" und "wie" entscheiden. Diese Entscheidungsfähigkeit erwirbt ein Spieler im Training und im Spiel, wobei die Qualität des "was" und "wie" auch von der Art des Trainings abhängt.

Schulung des taktischen Verhaltens

Wie läßt sich das taktische Verhalten von Basketballspielern schulen?
Hierzu scheinen zwei unterschiedliche Auffassungen zu bestehen:

1. *Eine Vorgehensweise, wie sie in der amerikanischen Basketballiteratur ersichtlich wird. Hier werden häufig feststehende (vorprogrammierte) Spielabläufe eingeübt. Auch die Optionen (Variationen des Spielsystems), die an bestimmten Entscheidungspunkten vorgesehen sind, also wie es weitergeht, wenn sich der Gegner in einer bestimmten Weise verhält, sind vorher schon geplant und entsprechend geübt. Oft meint man, daß manche Spieler die Fähigkeit haben, sich geschickt vom vorgegebenen Konzept zu lösen. Es ist jedoch nicht auszuschließen, daß sie stattdessen über sehr viele Unterprogramme verfügen.*

2. *Ein möglichst frühzeitiges Verlassen des Programmlernens zugunsten einer Erweiterung des situativen Entscheidungshandelns.*

Beide Vorgehensweisen haben Vor- und Nachteile.
Als Vorteil der ersten Verfahrensweise wäre eine große Verhaltenssicherheit der Spieler in immer wiederkehrenden Spielsituationen anzusehen. Die Nachteile sind freilich offenkundig: es wäre ein zu großer Zeitaufwand erforderlich, um möglichst viele Programme zu erlernen und auch in der Spielsituation richtig auszuwählen. Außerdem ist eine Übertragung des Gelernten auf neue Situationen bei einem solchen Vorgehen sehr zweifelhaft.

Bei genauerer Betrachtung der amerikanischen Trainingspraxis zeigt sich allerdings, daß das beschriebene Vorgehen - Übergewicht des Programmlernens und der Programmauswahl - in dieser "reinen" Form kaum vorkommt. Die sehr spielnahen Übungsformen haben durchaus die Variation - also die Entscheidung über das "wie" - zum Gegenstand. Auch profitiert der amerikanische Basketballsport von der langjährigen Wettkampferfahrung der Spieler, die sich in den High School- und College-Jahren eingestellt hat. Ein guter amerikanischer Universitätsspieler hat nach seinem "Senioryear" sicherlich eine Spielerfahrung, wie sie wohl in kaum einem anderen Land (sicherlich nicht in Deutschland) erreicht wird.
Als Nachteil der zweiten Vorgehensweise wäre anzusehen, daß u.U. nicht genügend Zeit für das doch erforderliche Programmlernen verwendet wird. Manch ein Spieler löst sich nur scheinbar von einem vorgegebenen Konzept, sondern hat die erforderlichen Programme und deren Auswahl nie richtig erfaßt. Basketball ist ein Mannschaftsspiel, dessen Erfolg von der für die Spieler überschaubaren Kooperation abhängt. Schert ein Spieler ständig aus, weil er nicht weiß, um was es geht, ist er langfristig eine Gefahr für die Mannschaft.
Als Vorteil der zweiten Vorgehensweise erweist sich, daß Spieler lernen, situationsangemessene "Was"- und "Wie"-Entscheidungen zu treffen und variabel zu spielen, was wiederum das richtige Verhalten des Gegners erschwert. Auch wird die Übertragung von Gelerntem auf neue Situationen durch ein Training, das der zweiten Vorgehensweise folgt, erleichtert. Dies schließt auch die Fähigkeit ein, trainerunabhängig agieren zu können, wenn sich dies im Spiel als erforderlich erweist.
Die angedeuteten Vor- und Nachteile der beiden Vorgehensweisen legen es nahe, zu einer Kombination der beiden "Methoden" zu kommen, um die jeweiligen Vorteile zu nutzen.

Für die Schulung der Taktik gelten zunächst die Grundsätze, Maßnahmen und Verfahren, wie sie bei der Technikschulung bereits behandelt wurden. Auch hier geht es - vor allem in der Phase der Erstvermittlung - um Erleichterungen für das Lernen und Verinnerlichen.

Individual- und Gruppentaktik

Voraussetzung für das taktische Handeln im Mannschaftsverband sind Individual- und Gruppentaktik. Hier werden die Grundlagen für ein situationsangemessenes Spiel 5-5 geschaffen und ständig weiterentwickelt. **Individualtaktik** meint hier alle basketballspezifischen Mittel des einzelnen Spielers. **Gruppentaktik** im Basketball bezieht sich auf das gemeinsame Handeln von zwei oder drei Spielern. "Voraussetzung" darf aber nicht so interpretiert werden, als müßten Individualtaktik (Spiel 1-1) und Gruppentaktik (Spiel 2-2 und 3-3) zunächst in allen erdenklichen Ausprägungsformen erlernt und stabilisiert sein, bevor man überhaupt zu einer Mannschaftstaktik (Spiel 5-5) übergehen kann.
Mit "Voraussetzung" ist vielmehr gemeint, daß die Qualität und die Vielseitigkeit der Mannschaftstaktik von der Qualität und Vielseitigkeit der Individual- und

Gruppentaktik abhängt. So kommen Verbesserungen im individual- und gruppentaktischen Verhalten, wie sie auch nach langjährigem Training immer noch erfolgen, der Mannschaftstaktik zugute. Hat beispielsweise ein Trainer keine Spieler, die den Ball gegen eine aggressive Verteidigung vorbringen können, so wird er in seinem Angriffskonzept deutlich eingeengt. Wissen seine Spieler nichts darüber, wann sie bei der Mann-Mann-Verteidigung am Mann bleiben bzw. "switchen" (übernehmen) sollen, so wird sich der Trainer die Haare raufen, wenn die gegnerische Mannschaft mit Blocks mit Abrollen arbeitet. Er wird sehr wahrscheinlich zu einer Ball-Raum-Verteidigung greifen müssen.
An diesen Beispielen wird deutlich, daß der Grad der Beherrschung des Spiels 1-1, 2-2 und 3-3 wesentlich für die Auswahl der Mannschaftstaktik ist. Dies kommt auch in der amerikanischen Fachliteratur zum Ausdruck, wo von "Building an Offense (Defense)" oder "Individual Offense and Defense" vor "Team Offense" und "Team Defense" die Rede ist.

Die folgenden Ausführungen zum Taktiktraining beziehen sich auf grundsätzliche Aspekte, wobei Beispiele zur Verdeutlichung herangezogen werden. Die Angriffs- und Verteidigungstaktik wird in den Abschnitten behandelt, die sich mit verschiedenen Angriffs- und Verteidigungskonzepten befassen.
Die Ausbildung der Individual- und Gruppentaktik erfolgt zunächst (für kurze Zeit) unabhängig von den späteren Positionen und Aufgaben innerhalb des Spiels 5-5. Das heißt, daß z.B. die Center in das 1-1 von der Flügelposition ebenso einbezogen werden, wie die Flügelspieler und Spielmacher in die Centerarbeit. Dies hat den Vorteil, daß Spieler lernen, auf mehreren Positionen zu spielen (Center - Flügel; Flügel - Aufbauspieler) bzw. eine Vorstellung dafür entwickeln, welche Besonderheiten jede Position hat. Die Berechtigung dieser Vorgehensweise sei an einem Beispiel verdeutlicht: viele Center beklagen sich, daß sie den Ball nicht zum richtigen Zeitpunkt erhalten. Flügelspieler und Spielmacher entgegnen, daß sich die Center nicht gut freimachen und ein Anspiel daher riskant und schwierig sei. Der vorgeschlagene Rollentausch kann beiden Seiten das Gefühl für die Aufgaben und Möglichkeiten der jeweils anderen Position vermitteln. Dieser Rollentausch ist deshalb auch bei hohem Spielniveau ab und zu einzubringen.
Der Schwerpunkt der taktischen Ausbildung soll aber auf den Erfordernissen der "Spezialposition" liegen.

Im **methodischen Vorgehen** können zuerst Erleichterungen und Vorgaben vorgesehen werden, damit das, was erarbeitet werden soll, gelingt. Hierzu ein Beispiel für die Verteidigung in der 1-1 Situation, die in ein Spiel 2-2 übergeht:

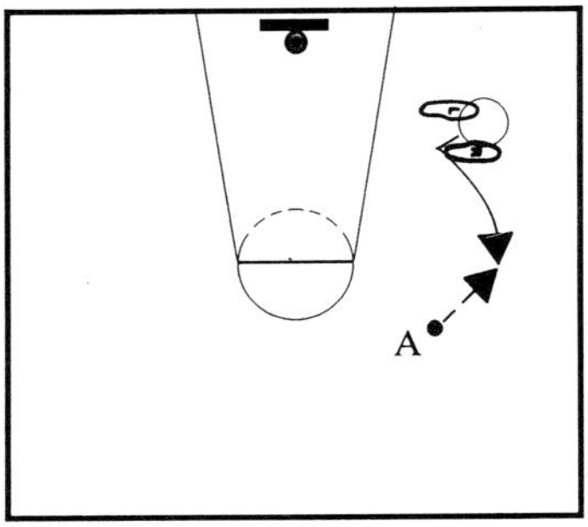

Die Aktion beginnt, wenn A (der Paßgeber) auf den Ball schlägt. Der Verteidiger X versucht durch Overplay-Stellung (zwischen Ball und Mann) ein Anspiel zum Angreifer O fünf Sekunden lang zu verhindern. Erhält O doch den Ball, soll er 1-1 gegen X spielen. X versucht in diesem Fall sofort, die Grundlinie zuzumachen. Diese Maßnahme ist angezeigt, weil ein Angreifer, der bei dem beschriebenen Deckungsverhalten den Ball erhalten hat, in den meisten Fällen zu der Seite geht, die nicht abgesperrt ist.
Sehr bald wird O versuchen, den Ball "back door" zu erhalten, also im Rücken des Verteidigers zum Korb schneiden. Damit nun X das Anspiel trotzdem konsequent aus einer Overplay-Position zu verhindern lernt, kann ein zusätzlicher Verteidiger hinzugegeben werden, der nur eingreift, wenn die Angreifer mit "back door" agieren.

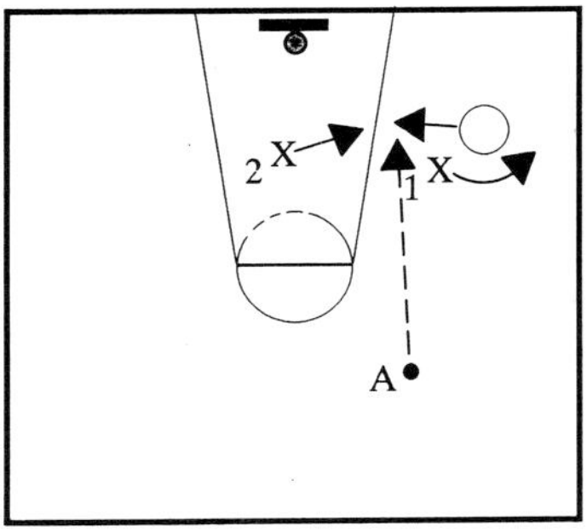

Danach wird dieses Deckungsverhalten in der Situation 2-2 geübt, um auch das Aushelfen von der schwachen Seite ("weak-side help") zu schulen.

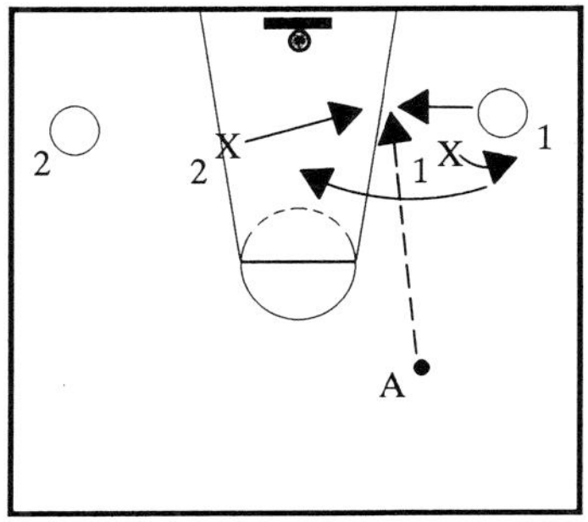

Gelingt der "back door"-Paß, hilft X 2 aus und X 1 übernimmt O 2. Wird O 1 ohne Ausnutzung der "back door" angespielt, läßt X 2 keinen Paß zu O 2 zu, falls dieser zum Korb schneidet. Dieses Deckungsverhalten von X 2 kann in einer gesonderten Übungsform geschult werden:

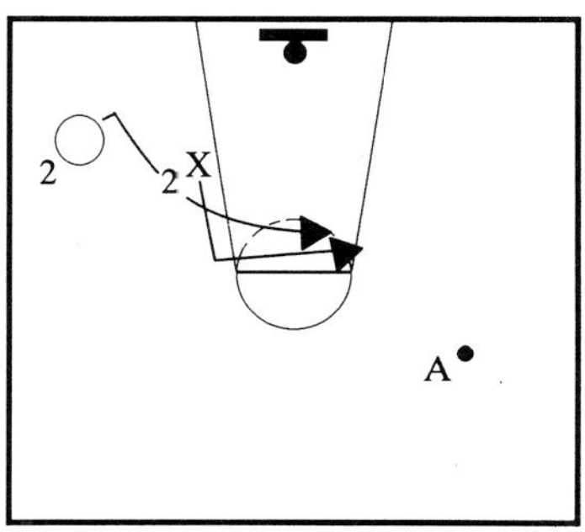

X 2 soll verhindern, daß O 2 vor ihm zum Ball kommt.

HAGEDORN/LORENZ/MESECK (1981) haben bei einer Analyse spieltaktischer Aktivitäten im Basketball herausgefunden, daß von einem mehrstufigen Kombinationsspiel auszugehen ist. Nach der 1. Stufe (Ballvortrag) erfolgt als 2. Stufe das Spiel in die "Verteilungsposition" (gemeint ist hier zum Flügel), aus der dann das Spiel in Korbnähe gesucht wird. Gelingt es der verteidigenden Mannschaft, den ersten Paß zu einem Flügelspieler entscheidend zu stören, kommt das eigentlich geplante Angriffsmuster ins Stocken, da viele Mannschaften den ersten Paß zum Flügelspieler als Angriffseröffnung benutzen. Das Ziel der folgenden Übungsform ist es, die 2. Stufe des Angriffs zu behindern. Bei dem dafür geeigneten Deckungsverhalten in der 2-2 Situation mit Aushelfen von der schwachen Seite ist besonders auf das richtige Timing beim Absinken des Helfers zu achten:

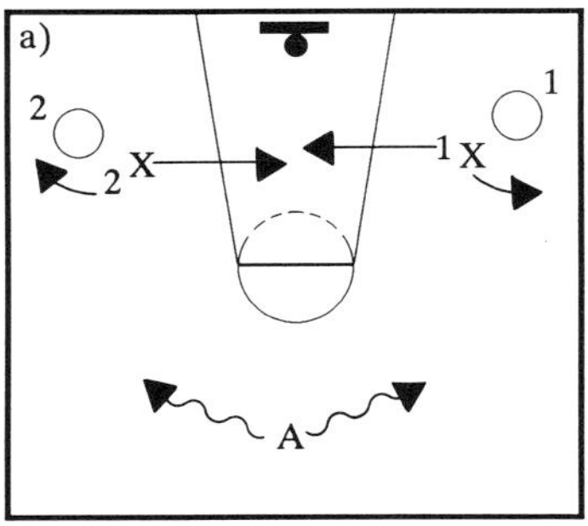

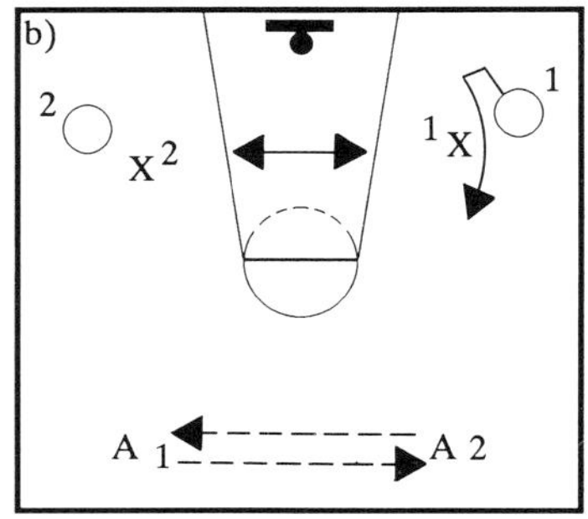

A dribbelt nach links oder rechts. Der Verteidiger auf der starken Seite nimmt eine Overplay-Position ein, der Verteidiger auf der schwachen Seite orientiert sich zur Mitte des Drei-Sekunden-Raums (a). Danach werden zwei Anspieler eingesetzt, die sich den Ball zupassen. Die Verteidiger verhalten sich entsprechend. Kommt der Ball zu einem Flügelspieler, spielt dieser 1-1 gegen seinen Verteidiger. Der Verteidiger auf der ballfernen Seite muß nun je nach Situation entscheiden, ob er aushelfen oder seinen Gegenspieler vom Ball weghalten soll (b).

Auch bei der Schulung des individual- und gruppentaktischen Angriffsverhaltens wird mit Erleichterungen und Vorgaben gearbeitet. Das Spiel 1-1 kann zunächst ohne Gegner vorbereitet werden, wenn es um Täuschbewegungen, Richtungswechsel, Ziehen zum Korb und ähnliches geht. Als Orientierunghilfen können Fähnchen, Plastikhüte, Spielfeldmarkierungen usw. dienen.

Im folgenden werden einige Beispiele gegeben.

Richtungswechsel und Abdrehen zum Korb:

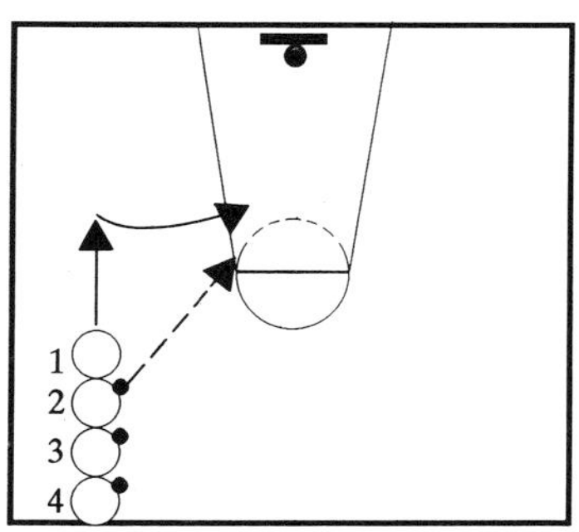

Die Spieler stehen mit Ball hintereinander, nur der erste Spieler der Reihe hat keinen Ball. O 1 läuft zu einer Markierung (z.B. Trikot) an der verlängerten Freiwurflinie, stoppt kurz ab und dreht sich um das innere Bein (hier das rechte) zum Korb. Er erhält den Ball von O 2 in den Lauf gespielt, zieht zum Korb und wirft. Sofort danach führt O 2 das gleiche Manöver aus. Beidseitig üben.
Übungsform für Flügelspieler und Center nach dem gleichen Prinzip:

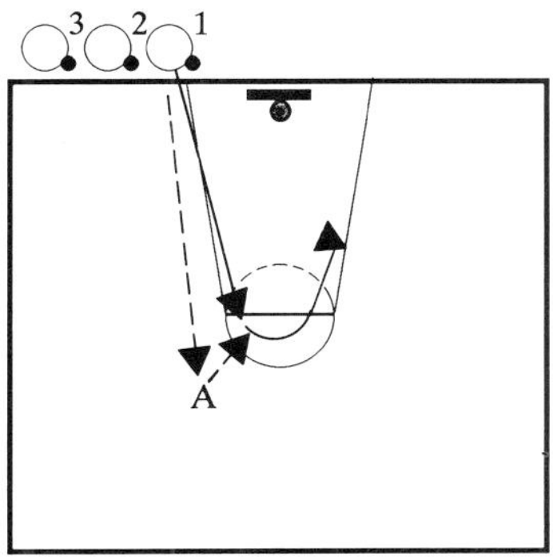

O 1 paßt zum Anspieler, läuft zur Freiwurflinie, erhält den Rückpaß, wobei er mit Parallelstopp abstoppt. Er täuscht einen Durchbruch zur einen Seite an, dann erfolgt der Durchbruch zur anderen Seite. Danach führt O 2 das gleiche Manöver aus usw. Anschließend wird ein Verteidiger (X) hinzugegeben, der den Paß von A zu den Angreifern zuläßt. X erhält zunächst noch die Vorgabe, auf die Täuschbewegung "hereinzufallen". Nach einigen Versuchen darf X voll verteidigen, läßt aber den Paß von A zu.

Freimachen für ein Anspiel (V-cut):

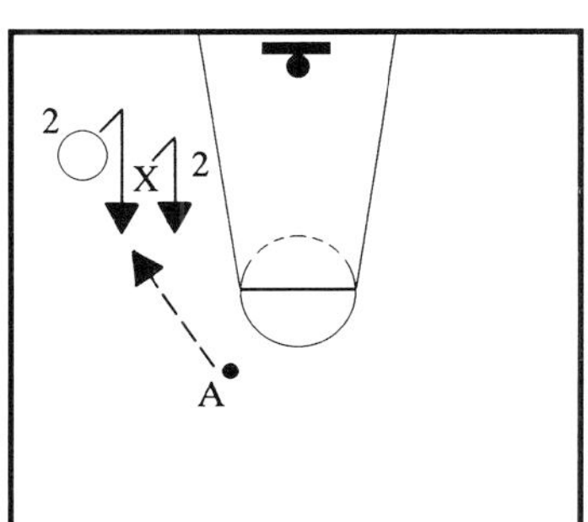

Der Angreifer O 2 täuscht ein Schneiden zum Korb an (oft genügt schon eine Schrittfinte). Weicht der Verteidiger X 2 etwas zurück, um das Schneiden zum Korb zu

verhindern, drückt sich O 2 kräftig vom vorderen Fuß ab und kommt dann dem Ballbesitzer entgegen. Diese Aktion ähnelt einem V (daher V-cut). Nach dem Anspiel wird 1-1 gespielt. Der Verteidiger soll zuerst auf die Täuschbewegung eingehen. Wird der V-cut beherrscht, soll der Verteidiger voll verteidigen. Der Trainer muß darauf achten, daß sich der Angriffsspieler nicht mit der Hand vom Verteidiger abdrückt (Foulgefahr)! Als Variation kann O 2 auch mit einer Täuschung zum Ball hin arbeiten und dann zum Korb schneiden ("back door").
Zur Erleichterung des Spiels 1-1 kann O 2 zum Anspieler zurückpassen und sich erneut anbieten. Der Anspieler dient aber nur als An- und Rückspielstation.
Diese Beispiele sollten das methodische Vorgehen bei der Entwicklung der Individualtaktik aufzeigen (vgl. hierzu auch NIEDLICH 1985, 196 ff.):

1. *Erleichterungen in situativen aber standardisierten Bedingungen schaffen. Dabei mit Vorgaben arbeiten (z.B. Verteidiger darf sich zunächst nur in einer bestimmten Weise verhalten), die immer mehr abgebaut werden.*
2. *Variierende Bedingungen bereitstellen.*
3. *Angreifer und Verteidiger selbst entscheiden lassen, wie sie die Spielsituation 1-1 lösen wollen.*
4. *Das "Repertoire" der Angreifer und Verteidiger durch Verstärkung und Aufzeigen guter Lösungsmöglichkeiten ständig erweitern.*

Anzumerken ist, daß das Spiel 1-1 auf allen Könnensstufen stets weiterentwickelt werden muß. Zwar ist Basketball ein Mannschaftsspiel, doch wird der Erfolg einer Mannschaft letztlich von der Fähigkeit abhängen, 1-1 Situationen zu schaffen und auszunutzen (Angriff) bzw. zu verhindern oder zu bewältigen (Verteidigung). Das Spiel 1-1 ist nämlich nach der Überzahlsituation die optimalste Form des Angriffs.
Die **Gruppentaktik** stellt den Übergang zur Mannschaftstaktik dar, ist aber gleichzeitig deren Voraussetzung. "Das schwierigste sind die Übergänge", so beschreibt HAGEDORN (1985, 195) das Problem der Einordnung der Gruppentaktik zwischen Individual- und Mannschaftstaktik. Das Spiel 2-2 und 3-3 bildet den Kern für die meisten Angriffshandlungen, wobei die Spieler, die im Augenblick nicht "direkt" am Angriff beteiligt sind, die Aufgabe haben, ihre Gegenspieler zu binden, abzulenken und vom Ort des Geschehens fernzuhalten. Dies gilt für das Spiel gegen eine Mann-Mann-Verteidigung und eine Ball-Raum-Verteidigung gleichermaßen. Folgerichtig muß die Verteidigung versuchen, das Spiel 2-2 und 3-3 einzuschränken bzw. dessen Erfolg durch gruppentaktisches Abwehrverhalten möglichst klein zu halten.

Das bei der Erarbeitung der Individualtaktik beschriebene methodische Vorgehen gilt grundsätzlich auch für die Erarbeitung der Gruppentaktik. Eine sehr schöne und übersichtliche Darstellung hat COUSY (1970) vorgelegt, dessen Buch auch noch heute eine Fundgrube für Basketballtrainer und -spieler darstellt. Er untergliedert in das Spiel ohne Partnerhilfen (also ohne Block und Schirm) und das Spiel mit Partnerhilfe (also unter Ausnutzung verschiedener Block- und Schirmarten).

Es ist empfehlenswert, die unterschiedlichen gruppentaktischen Maßnahmen im Angriff - wobei auch Mischformen zwischen Spiel ohne und mit Partnerhilfe verwendet werden - zuerst ohne Verteidigung zu erarbeiten. Es soll aber möglichst bald zum Spiel gegen Verteidigung übergegangen werden, damit das richtige Timing erfahren wird. Oft wird vorgeschlagen, daß sich die Verteidiger zunächst passiv verhalten sollen und dann immer aktiver. Ich empfehle eher, mit Vorgaben für die Verteidiger zu arbeiten, die das Gelingen der Angriffsaktionen erleichtern. Diese Vorgaben werden in dem Maße abgebaut, indem die Angreifer erweiterte Lösungsmöglichkeiten verwenden können. So wird beispielsweise der Block mit Abrollen erleichtert, wenn die Verteidiger zunächst versuchen, bei ihrem Mann zu bleiben. Können dann die Angreifer den Block mit Abrollen als spieltaktische Maßnahme nutzen, "dürfen" sich die Verteidiger variabel verhalten, z.B. übernehmen, über den Block gehen usw. Das Problem bei der Verwendung "passiver" Verteidiger liegt darin, daß die Angreifer auch bei unkorrekt gestelltem Block zum Erfolg kommen können. Dies gilt auch für die zeitliche Abstimmung zwischen Block und Abrollen. Im folgenden Beispiel wird der direkte Block mit und ohne Abrollen kurz ohne Verteidigung geschult, danach ein vorgetäuschter Block. Dann wird mit Verteidigung gespielt, wobei die Angreifer entscheiden, ob sie den direkten Block mit und ohne Abrollen oder den vorgetäuschten Block nutzen wollen:

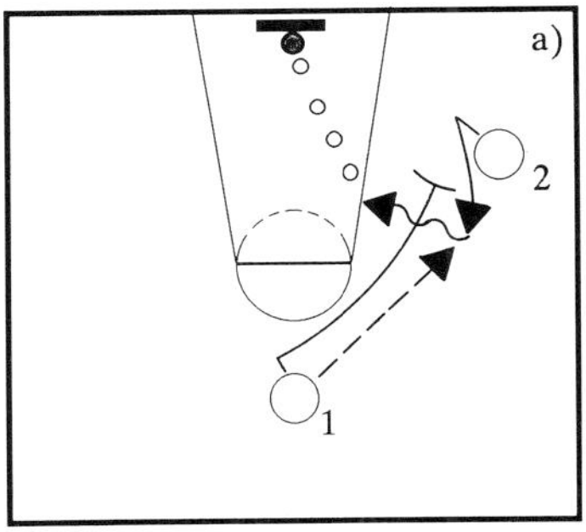

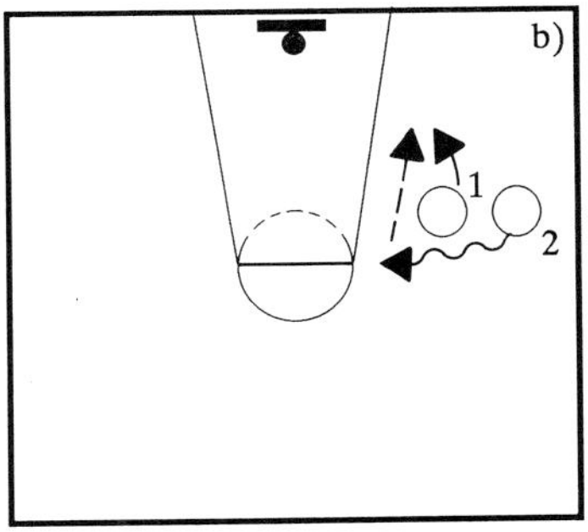

a) O 2 nutzt den direkten Block von O 1 aus, dribbelt kurz und wirft.
b) O 2 paßt zu O 1, der nach dem Block zum Korb abgerollt ist.

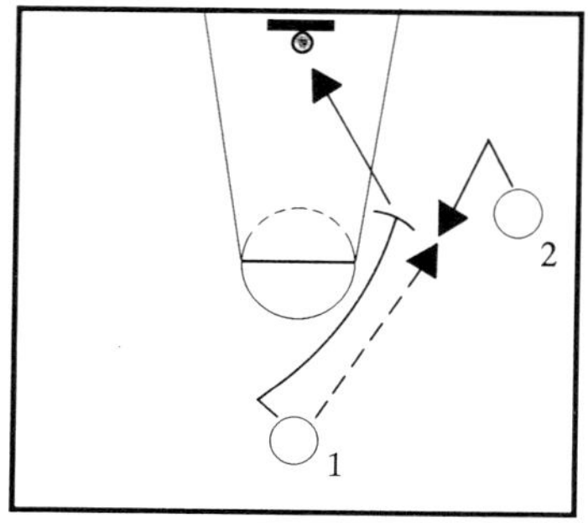

O 1 täuscht einen direkten Block an, läuft dann aber weiter zum Korb. O 2 entscheidet, ob er diesen angetäuschten Block ausnutzen oder zu O 1 spielen kann.
Danach werden diese Manöver auf beiden Seiten gegen Verteidigung ausgeführt.
Der vorgeschlagene methodische Weg wird nun für andere Arten von Blocks angewendet. Dabei soll großes Gewicht auf indirekte Blocks (für einen Mitspieler, der nicht im Ballbesitz ist) und Blocks im Rücken des Verteidigers gelegt werden. Vor allem der Block im Rücken eines Verteidigers ist schwer zu bekämpfen, weil der betroffene Verteidiger im allgemeinen den Block nicht (oder sehr spät) sehen kann und auf Partnerhilfe angewiesen ist. Bei dieser Partnerhilfe kommt es oft zu Mißverständnissen, die von den Angreifern genutzt werden können.

Ein Beispiel für einen passiven Block im Rücken eines Verteidigers:

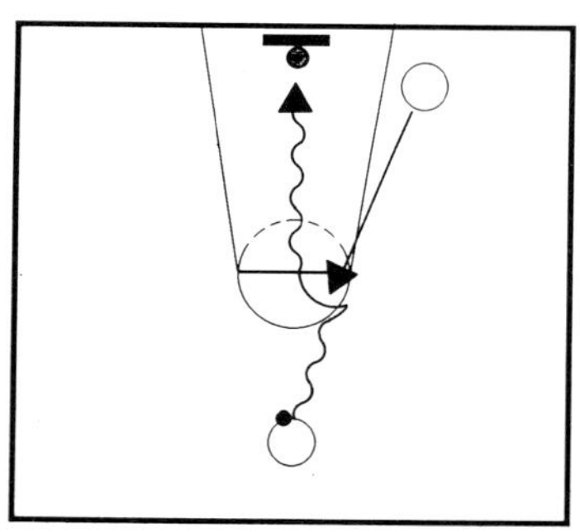

O 3 kommt hoch auf die Freiwurflinie. O 1 streift seinen (gedachten) Verteidiger ab. Danach wird ein Verteidiger zu O 1 gegeben. Haben die Angreifer die wesentlichen gruppentaktischen Maßnahmen (ohne und mit Partnerhilfe) erarbeitet, kann die Vertiefung und Anwendung im Spiel 3-3 erfolgen.

Beispiel für eine variable Anwendung gruppentaktischer Maßnahmen:

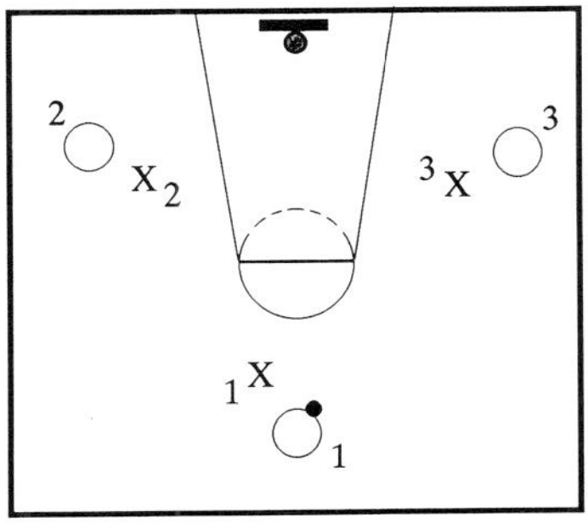

Die Angreifer führen alle Blocks vom Ball weg aus oder schneiden zum Korb und kommen wieder in freie Räume zurück. Kein Angreifer steht länger als 3 Sekunden. Nach 5 Angriffsversuchen tauschen die Angreifer und Verteidiger die Rollen.
Danach werden alle Arten von Blocks gewählt. Die Verteidiger üben dabei Overplay-Techniken, Absinken, Aushelfen, Übernehmen usw. Nach 5 Angriffsversuchen tauschen die Angreifer und Verteidiger wieder die Rollen.
Auch das Erarbeiten der gruppentaktischen Maßnahmen in der Verteidigung erfolgt zuerst mit Erleichterungen. Jetzt erhalten die Angreifer entsprechende Vorgaben, damit die Verteidiger ohne Überforderung handeln können. Bei der Verteidigung gegen direkte und indirekte Blocks darf beispielsweise der Angreifer, der den Block stellt, zunächst nicht abrollen. Wenn die Verteidiger gelernt und ein Gefühl dafür entwickelt haben, wann und wie sie am Mann bleiben, über den Block gehen oder übernehmen können, werden den Angreifern zusätzliche Lösungsmöglichkeiten gestattet.
Auch ein Spiel in Überzahl zugunsten der Verteidiger bietet sich an, um das Aushelfen besonders zu betonen. Wird dieses Aushelfen beherrscht und auch als Deckungsgrundsatz eingehalten, wird wieder mit Gleichzahl gearbeitet, um die Verbindung von "Aushelfen und Zurück zum Mann" oder "dem Helfer helfen" zu üben. Wichtig für das Spiel 2-2 und 3-3 ist, daß der Trainer solche Situationen bereitstellt, in denen das erwünschte Verhalten von Angreifern und Verteidigern auch erforderlich wird.

Nach der Erarbeitung der wichtigsten taktischen Handlungsmöglichkeiten sollen offenere Situationen gewählt werden, die eine variable Beantwortung zulassen und auch Entscheidungen der Spieler "provozieren". Ein wichtiges Ziel des Taktiktrainings im Hinblick auf individual- und gruppentaktisches Verhalten ist nämlich, daß Spieler lernen, wie man Situationen schaffen kann, die den eigenen Lösungsmöglichkeiten entsprechen. Hierfür ist erforderlich, daß der Trainer gezielt Einfluß auf Wahrnehmungs- und Entscheidungsprozesse der Spieler nimmt. Damit ist nicht gemeint, daß der Trainer die Spieler in ein festes Rollensystem zwingt, aus dem sie

nicht ausbrechen können. Vielmehr ist damit gemeint, daß er so mit den Spielern interagiert, daß er durch die Aufgabenstellung im Training die Wahrnehmungs- und Entscheidungsfähigkeit von Spielern ständig verbessert.
Westphal/Gasse/Richtering (1987) weisen zu Recht darauf hin, daß das Wissen über die eigenen Handlungsmöglichkeiten und die des Gegners im Zusammenhang mit den gelernten Bedingungen zum Erkennen und zur Ausführung der Handlung "gelernt" wird.
Was kann der Trainer in diesem Zusammenhang noch tun? Er kann im Training das "Spiel" von Zeit zu Zeit anhalten und die beteiligten Spieler fragen: "was habt Ihr eben wahrgenommen"; "von wo kam der Ball"; "von wem kam der Ball"; "wohin wird sich Dein Mitspieler (Gegner) als nächstes begeben"; "warum hat es gerade (nicht) geklappt" usw. Spieler lernen sehr viel, wenn sie ihr Tun in Worte fassen müssen. Allerdings muß der Trainer auch Antworten auf die meisten seiner und der Spieler Fragen haben. Sehr wichtig erscheint mir, daß der Trainer gute Lösungsmöglichkeiten, die die Spieler gefunden haben, aufgreift und verstärkt. Dies kann für Spieler sehr motivierend sein. Sie erkennen, daß der Trainer das Training auch zu "ihrem" Training macht und sie intellektuell am Trainingsprozeß beteiligt. Nur Narren können behaupten, daß diese Vorgehensweise die Autorität des Trainers untergräbt. Das Gegenteil ist richtig. Gerade wenn der Trainer nicht in der Lage ist, Impulse der Spieler aufzugreifen und weiterzuentwickeln, erkennen die Spieler, daß seine fachliche Autorität deutliche Grenzen hat.

Antizipation

Weiter oben haben wir Taktik im Basketball im Zusammenhang mit situativem Entscheidungshandeln gesehen und betont, daß die zu treffenden Entscheidungen meist unter Zeitdruck zu fällen sind. Bei der Lösung dieses Problems kommt der Antizipation eine große Bedeutung zu. Vereinfacht ausgedrückt ist **Antizipation** die gedankliche Vorwegnahme möglicher kommender Ereignisse. Es leuchtet ein, daß ein gutes Antizipationsvermögen die Schnelligkeit und Qualität der zu treffenden Entscheidungen begünstigt. Ein Spieler, der künftige Aktionen (und Reaktionen) von Mitspielern und Gegenspielern erahnt, kann dies bereits bei seinen Entscheidungen berücksichtigen und eine Reduzierung von Alternativen vornehmen.

Die Antizipation hängt wesentlich ab:

a) *von der* **Wahrnehmung**. *Wenn ein Spieler einen freien Mitspieler nicht sieht, wird er gar nicht auf die Idee kommen, ihn anzuspielen. Nicht immer sind Spieler eigensinnig, wenn sie sich nicht vom Ball trennen, sondern weisen Mängel in der Orientierungsregulation auf. Dies wird auch durch eine Untersuchung von Schmidt (1987) bestätigt, nach der die erfahreneren bzw. hochqualifizierten Spieler bei der Erfassung von Signalen und deren Verarbeitung bessere Ergebnisse erzielten als Spieler mit geringerer Erfahrung.*

b) *von der* **Spielerfahrung**. *Spieler bemerken in ihrem "Entwicklungsprozeß", daß sich bestimmte Situationen ständig wiederholen und daß sich das Verhalten von*

Mit- und Gegenspielern immer besser voraussagen läßt. Spielerfahrung kann also antizipative Entscheidungen erleichtern. Der Trainer kann diesen Prozeß unterstützen und effektivieren, wenn er Hinweise gibt, wie sich Spieler in bestimmten Situationen verhalten werden (ja müssen). Wenn er weiß, daß ein bestimmter Spieler der gegnerischen Mannschaft nicht gut zum Korb ziehen kann, dafür aber einen guten Wurf aus der Distanz hat, wird er seinen Verteidigern raten, diesen Spieler eng zu decken. Im umgekehrten Fall wird er anregen, daß man diesem Spieler Platz läßt, um einen Durchbruch zu erschweren.

Die Antizipation des gegnerischen Verhaltens ist auch die Grundlage für alle **Finten** und **Täuschungen** im Basketball. Eine Wurffinte soll den Gegner zu einer "falschen" Reaktion verleiten, z.B. hochzuspringen, um den Wurf zu blockieren. Hat sich der Gegner auf eine falsche Entscheidung festgelegt, ist der eigentliche Plan, nämlich zum Korb zu ziehen, leicht auszuführen. Voraussetzung für Finten und Täuschungen ist aber, daß das Vorgetäuschte realistisch ist und auch durchgeführt werden kann, wenn der Gegner nicht darauf eingeht. Eine Wurffinte sehr weit vom Korb entfernt, wird den Verteidiger kaum zur erwünschten Reaktion verleiten. Auch soll gewährleistet sein, daß der Gegenspieler die auf eine Täuschung folgenden Handlungen kennt und antizipieren kann. Führt beispielsweise ein guter Spieler gegen einen unerfahrenen Gegenspieler eine sehr komplizierte Täuschung aus, so wird er oft verblüfft feststellen, daß der Gegenspieler keineswegs auf die Täuschung hereinfällt. Dies liegt nicht etwa daran, daß der Gegner gut reagiert, sondern daran, daß dieser gar nicht bemerkt hat, daß er getäuscht wurde.

Auch in der Verteidigung "leben" Finten und Täuschungen von der Antizipation. Dem Gegner wird ein Verhalten vorgetäuscht, durch das er einen scheinbaren Vorteil erhält. Während viele Spieler im Angriff ständig Finten verwenden, wird in der Verteidigung oft zu wenig Wert darauf gelegt. Diese Feststellung gilt überraschenderweise auch für die Fachliteratur. Im folgenden werden daher einige Situationen und Möglichkeiten genannt, die in der Verteidigung angewendet werden können, manchmal sogar erforderlich sind:

In der Unterzahl (z.B. 1-2) kann der Verteidiger einen Angriff auf den Ball vortäuschen und sofort wieder zurücksinken. Je nach Situation kann auch zunächst ein Zurückweichen zum freien Spieler und ein plötzlicher Angriff auf den Ballbesitzer erfolgreich sein, wenn dieser etwas nachlässig geworden ist. Ziel dieses Deckungsverhaltens ist vor allem, Zeit zu gewinnen, bis die eigenen Spieler zurückgeeilt sind.

Bei einem normalen Positionsangriff kann man den Anspielweg zu einem Gegenspieler zum Schein öffnen und dann bei einem Paß versuchen, den Ball herauszufangen. Man kann seinen Gegenspieler zum Durchziehen verleiten, in dem man vortäuscht, ihn eng anzugreifen, aber sofort wieder zurückweicht. Oft verbraucht der Angreifer dadurch seine Dribbelmöglichkeit.

Neben den verschiedenen individualtaktischen Möglichkeiten lassen sich auch gruppentaktische Maßnahmen verwenden. Beispiele hierfür sind vorgetäuschtes Doppeln des Ballbesitzers und sofort wieder zurück zum eigenen Mann oder

Raum; vorgetäuschtes Übernehmen bei Blocks und wieder zurück zum eigenen Mann; vorgetäuschte Preßdeckung nach eigenem Korberfolg, um den Gegner zu einer eigentlich ungewollten Aufstellung zu verleiten usw.

Beispiel für ein vorgetäuschtes Übernehmen bei einem Block:

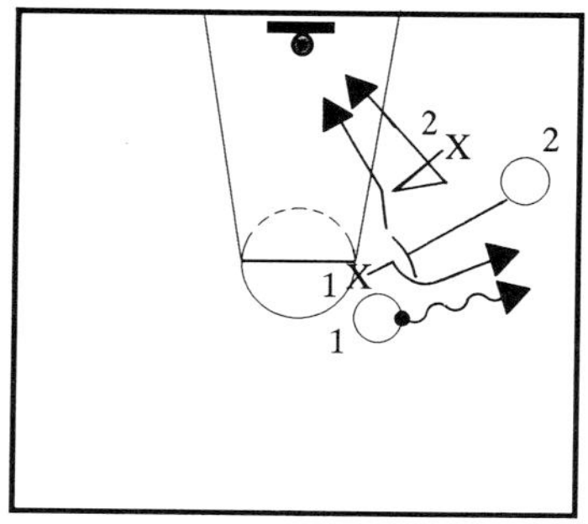

O 2 stellt einen Block für O 1; X 2 täuscht ein Übernehmen von O 1 vor, um das Dribbling von O 1 zu stoppen, deckt dann aber sofort wieder seinen Mann O 2. X 1 geht über den Block und bleibt bei O 1.

Die beschriebenen Verhaltensweisen der Verteidiger müssen im Training häufig gezielt behandelt werden, da ein Scheitern im Spiel häufig direkte und schwerwiegende Folgen hat. Die Angreifer haben es da etwas leichter. Haben sie keinen Erfolg mit einer bestimmten Finte oder Täuschung, können sie meist eine andere Aktion versuchen. Bei den Verteidigern ist dies oft nicht gegeben. Läßt beispielsweise ein Spieler den Anspielweg offen und kommt bei dem Versuch, den Ball herauszufangen zu spät, kann sein Gegner unbehindert werfen oder zum Korb ziehen. Klappt das Timing beim vorgetäuschten "switch" nicht, ist der zum Korb abrollende Angreifer leicht anspielbar. Und sind die Verteidiger beim Versuch einer vorgetäuschten Presse nach Korberfolg nicht gut aufeinander abgestimmt, kann es leicht vorkommen, daß der Gegner eine verhängnisvolle Überzahlsituation hat. Es sind daher im Training häufig Situationen bereitzustellen, in denen die Verteidiger die angesprochenen Maßnahmen stabilisieren und aufeinander abstimmen können.

Mannschaftstaktik

Die Mannschaftstaktik umfaßt zunächst das Spiel 5-5 in Angriff und Verteidigung. Welche Taktik jeweils gewählt wird, hängt von zwei Gesichtspunkten ab:

1. *von den Fähigkeiten der eigenen und gegnerischen Spieler, den Bedingungen, unter denen ein Spiel abläuft (Auswärts-oder Heimspiel; direkter Vergleich bei Hin- und Rückspielen usw.) und nicht zuletzt vom Konzept, das ein Trainer hat.*
2. *vom Verlauf eines Spiels.*

Ein Trainer wird gut beraten sein, wenn er sich einige "Prinzipien" zu eigen macht:

1. *den Gegner zwingen, dein Spiel zu spielen.*
2. *den Gegner überraschen bzw. das tun, was der Gegner nicht erwartet.*
3. *auf Notsituationen vorbereitet sein (vgl.* NIEDLICH *1985, 383). Allerdings muß der Trainer stets damit rechnen, daß der Gegner eben jene Prinzipien seinerseits umsetzen will.*

Wie läßt sich das **erste Prinzip** erreichen?
Da die Beantwortung dieser Frage sehr wesentlich von den Möglichkeiten der eigenen und gegnerischen Mannschaft abhängt, können hier nur Beispiele gegeben werden, die dieses Prinzip berücksichtigen: Hat der Gegner Probleme, zwei große Spieler unter dem Korb abzuschirmen, kann man sein Spiel so gestalten, daß man diese Schwäche des Gegners nutzt. Dies kann erreicht werden, wenn man diesen beiden Spielern Platz läßt und sie verstärkt anspielt.
Man zwingt damit den Gegner wahrscheinlich in eine Ball-Raum-Verteidigung. Bevorzugt der Gegner ein kontrolliertes Spiel mit festgelegten Handlungsfolgen, kann man ihn durch eine Preß-Verteidigung dazu "zwingen", sein übliches Spielkonzept zu verändern. Spielt der Gegner nur mit einem Aufbauspieler, kann man mit einer stärkeren Verwendung von Schnellangriffen diese mangelnde Rückfeldsicherung nutzen und den Gegner dazu veranlassen, "defensiver" anzugreifen.

Wie läßt sich das **zweite Prinzip** ("Überraschung") erreichen?
Diese Frage sei zunächst mit einem "Negativbeispiel" erläutert, das mir in meinen ersten Trainerjahren widerfahren ist. Meine Mannschaft lag 18 Sekunden vor Spielende mit einem Punkt zurück, als wir in Ballbesitz kamen. In der letzten Auszeit besprach ich mit den Spielern, wie wir die letzte Wurfchance nutzen könnten. Als Überraschung für den Gegner wollten wir den Ball nicht zu unserem besten Werfer bringen, da wir annahmen, daß der Gegner diesen Spieler besonders intensiv decken würde. Stattdessen sollte der Ball zu einem anderen Spieler kommen, der dann werfen sollte. Um dies zu verschleiern, beabsichtigten wir, einen deutlich erkennbaren Doppelblock für den vermeintlichen Werfer zu stellen. Es kam freilich alles ganz anders. Als wir nach der Auszeit das Spiel aufnehmen wollten - ganz auf die Durchführung unseres Planes konzentriert - deckte der Gegner plötzlich Preß (übrigens das einzige Mal in diesem Spiel). Wir hatten große Mühe, den Ball überhaupt einzuwerfen. Ein Teil meiner Spieler lief in die geplante Aufstellung, der andere Teil mußte helfen, damit der Ball ins Spiel gebracht werden konnte. Ich lief gestikulierend am Spielfeldrand auf und ab, ohne den Spielern freilich verwertbare Informationen geben zu können. Der "Notwurf", Sekunden vor Schluß, fand natürlich nicht das Ziel. Zu dem Schmerz der Niederlage kam noch das Wissen, daß man ganz gehörig "ausgetrickst" worden war.
Dieses Beispiel zeigt aber auch die Grenzen von Überraschungseffekten. Hätte meine Mannschaft die Preß-Deckung überwunden und noch einen Korb erzielt, was eigentlich leichter war als der ursprünglich vorgesehene Plan, hätte man dem

gegnerischen Trainer mit Sicherheit eine falsche Taktik vorgeworfen. Überraschende Maßnahmen werden eben auch am Erfolg gemessen. Eine Möglichkeit, Überraschungsmomente ins Spiel zu bringen, ist beispielsweise ein häufiger Deckungswechsel. Dieser ist besonders wirksam, wenn er fließend erfolgt, also nicht durch eine Auszeit oder lautes Hereinrufen des Trainers angekündigt wird. Diese Maßnahme setzt allerdings voraus, daß der reibungslose Deckungswechsel im Training geübt und beherrscht wird. Will man den Deckungswechsel als taktische Waffe häufig einsetzen, braucht man freilich zunächst etwas Geduld. Es ist nämlich anfangs durchaus damit zu rechnen, daß der eine oder andere Spieler in der Aufregung des Spiels die jeweils falsche Verteidigung verwendet, weil er nicht an den Wechsel denkt oder nicht weiß, welche Verteidigung gerade dran ist. Günstig ist ein Deckungswechsel auch bei einem Ausball, wenn der Gegner die 30 Sekunden für seinen Angriff fast aufgebraucht hat. In diesem Fall ist vor allem der Wechsel von der Mann-Mann-Verteidigung zur Ball-Raum-Verteidigung vorteilhaft, weil eine Mannschaft unter Zeitdruck meist mit Einzelaktionen zum Wurf kommen muß.

Wie läßt sich das **dritte Prinzip** erreichen?
Es wäre nicht möglich, alle erdenklichen "Notfälle" im Training durchzuspielen und im Spiel stets die entsprechenden Lösungsmöglichkeiten parat zu haben. Allerdings kann man einen Teil der zu erwartenden Problemsituationen durchaus vorausahnen und im Training von Zeit zu Zeit behandeln. Den Spielern muß aber deutlich gemacht werden, daß es sich dabei nicht etwa nur um mehr oder weniger seltene Aufgaben handelt, sondern daß sie sich gedanklich damit befassen sollen, die Grundidee erkennen, die hinter solchen Problemsituationen steckt. Die kognitive Auseinandersetzung mit neuen Situationen erhöht die Wahrscheinlichkeit, daß die Spieler auch unter ungewohnten Bedingungen handlungsfähig sind bzw. die Anweisungen des Trainers umsetzen können.
Für welche Problemsituationen soll man gewappnet sein? Eine Mannschaft ist gut beraten, wenn sie **Einwurfspielzüge** im Repertoire hat, mit deren Hilfe sie in der letzten Spielphase den Ball sicher ins Spiel bringen kann, wenn der Gegner alles auf eine Karte setzen muß, um bei Rückstand noch an den Ball zu kommen. Bei solchen Spielzügen ist eine Möglichkeit vorzusehen, nach einem Einwurf noch eine Wurfchance zu erarbeiten, wenn man selbst unter Zeitdruck steht. Auch sollte man ein Konzept haben, wie man den Ball in den **eigenen Reihen** halten kann, wenn nur noch weniger als 30 Sekunden zu spielen ist bzw. wenn man Zeit verstreichen lassen will.

Beispiel für einen Einwurf zur Ballsicherung:

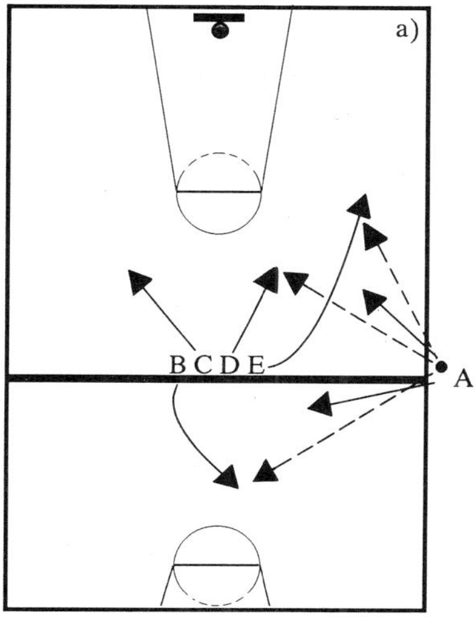

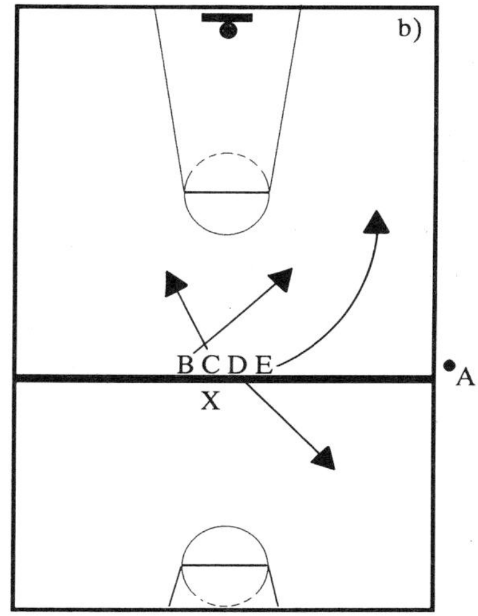

Vier Angreifer (B-E) stellen sich so auf der Mittellinie auf, daß sich kein Verteidiger zwischen sie drängen kann. Die beiden Spieler, die am besten mit dem Ball umgehen können, übernehmen die Positionen B und D. Auf ein Zeichen von A (Zuruf oder auf den Ball schlagen) laufen B, C, D und E in die augezeigten Räume (a). Dadurch daß sich drei Angreifer (C, D und E) im Rückfeld der verteidigenden Mannschaft anbieten und gedeckt werden müssen, kann B im allgemeinen leicht angespielt werden. Sofort nach dem ersten Paß bietet sich A im Spielfeld an (im Rückfeld, wenn er zu B gespielt hat, ansonsten im Vorfeld).

Der Gegner wird u.U. einen Verteidiger so postieren, daß der Paß zu B erschwert wird (b). In diesem Fall kommt D im Rückfeld zum Ball und B startet diagonal ins Vorfeld.

Beispiel für einen Einwurf zur Ballsicherung mit Erarbeiten einer Wurfchance:

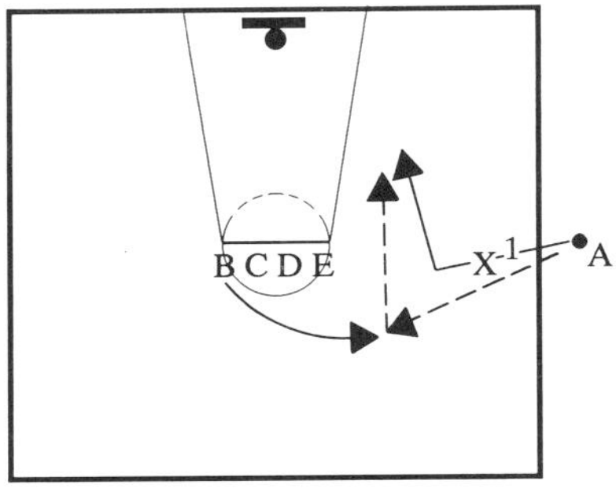

Der beste Werfer (B) bietet sich in der vorher beschriebenen Weise an. Der Einwerfer (A) täuscht nach dem Einwurf einen Laufweg zum Ball an, schneidet dann aber zum Korb. B entscheidet, ob er selbst werfen oder passen soll.

Beispiel für einen Einwurf mit "letzter" Wurfchance:

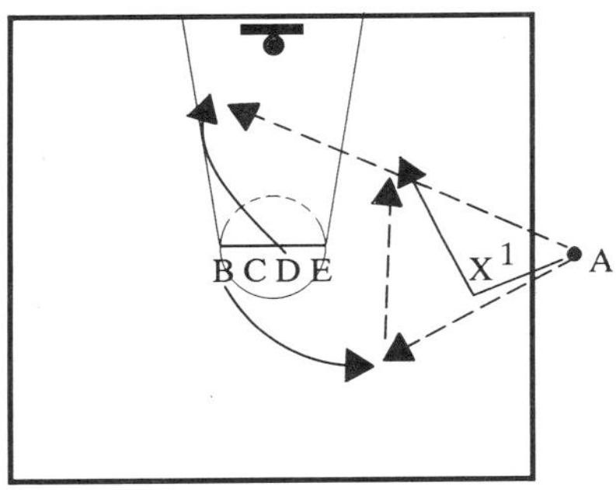

Gleiche Aufstellung wie zuvor. Beim Signal des Einwerfers (A) läuft D auf der ballfernen Seite zum Korb. A kann einen Bogenpaß zu D versuchen, da dessen Verteidiger zwar zwischen Ball und D zurückweichen wird, meist aber D im Blick hat und den Bogenpaß nicht sehen kann.

Wie kann man den Ball in den eigenen Reihen halten, wenn man auf Zeit spielen will? Zunächst soll man das Spiel auseinanderziehen, damit der Gegner wenig Chancen hat, den Ballbesitzer zu doppeln. Viele Mannschaften wählen eine 3-2 Aufstellung, aus der dann einzelne Spieler zum Korb schneiden und wieder zurückkommen. Diese Vorgehensweise hat den Vorteil, daß keine langen Pässe gespielt werden müssen, hat aber den Nachteil, daß u.U. der Raum in Ballnähe eng wird. Gute Erfahrungen habe ich mit einer 2-3 Aufstellung gemacht, die mit Blocks in die

Tiefe arbeitet. Diese Vorgehensweise hält das Spiel auseinandergezogen. Die folgenden Diagramme zeigen Aufstellung und Ablauf des Ballhaltens:

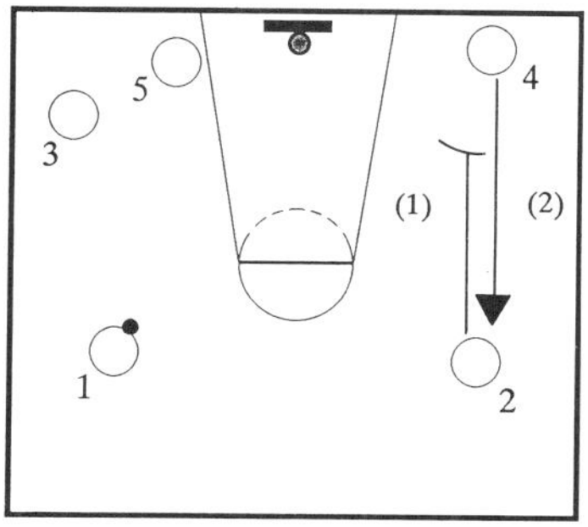

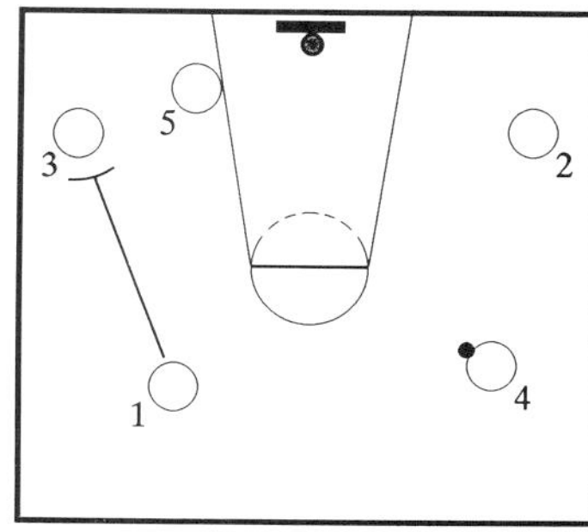

O 2 läuft Richtung Grundlinie und stellt einen Block für O 4. O 1 paßt zu O 4 und stellt einen Block für O 3 usw. Wichtig ist, daß diese Manöver schnell ausgeführt werden. Die Verteidiger von O 2 und O 4 bzw. O 1 und O 3 können kaum übernehmen, weil sonst der Weg bei einem Abrollen nach innen völlig frei ist. O 4 und O 3 können schon etwas vor dem Zeitpunkt loslaufen, in dem der Block gestellt ist. Dann muß allerdings der jeweilige Blocksteller sofort stehenbleiben, um kein Foul zu begehen. Es reicht durchaus aus, wenn der Verteidiger von O 4 bzw. O 3 kurz aufgehalten wird, weil er O 2 bzw. O 1 ausweichen muß. Der Nachteil bei diesem Spielzug ist der Querpaß, der jedoch zu einem freien Spieler erfolgt. Ist kein Paß möglich, weil z.B. X 2 doch übernimmt und X 4 ein Abrollen nach innen verhindert, kommt O 5 als Anspielstation zur Freiwurflinie heraus:

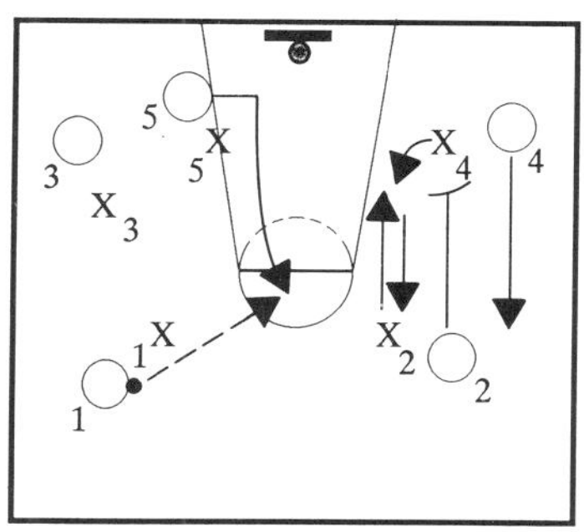

O 5 kann dann die 1-1 Situation ausnutzen oder den Ball wieder zur Spielmacherposition zurückpassen und sich wieder tief orientieren.

Auch wenn die oben beschriebenen Situationen im Spiel relativ selten vorkommen, müssen sie im Training immer wieder einmal kurz angesprochen und durchgespielt werden, damit die Spieler im Notfall ohne lange Erklärungen handlungsfähig sind.

Aufgaben des Trainers bezüglich der Taktik

Zu Beginn des Kapitels wurde Taktik im Basketball als die individuellen und mannschaftlichen Verhaltensweisen, Handlungen und Maßnahmen bezeichnet, die der Erreichung des Spielziels dienen. Die Aufgaben des Trainers in Bezug zur Taktik liegen in drei miteinander verbundenen Problembereichen:

1. *Die Entwicklung der taktischen Handlungsfähigkeit der Spieler.*
2. *Die unmittelbare taktische Vorbereitung auf ein Spiel oder Turnier.*
3. *Die Regulation eines laufenden Spiels.*

Die **Entwicklung** der **taktischen Handlungsfähigkeit** der Spieler umfaßt den Erwerb, die Verfeinerung und die Erweiterung taktischer Handlungsmöglichkeiten. In welchem Ausprägungsgrad diese Handlungsfähigkeit ausgebildet wird bzw. werden kann, hängt von verschiedenen Bedingungen ab: was erwarten die Spieler; wie bereit sind die Spieler, sich einem häufigen und regelmäßigen Training zu unterziehen; was erwartet der Verein; ist ein behutsamer Leistungsaufbau möglich oder muß der schnelle Erfolg gesucht werden; welches Anspruchsniveau hat der Trainer und wie ist es um seine Qualifikation bestellt usw. Ein Trainer sollte aber in jedem Fall einen Mindestsollwert festlegen, der folgenden Katalog umfaßt:
In der Verteidigung: Mann-Mann-Verteidigung; Ball-Raum-Verteidigung, wobei mindestens eine Grundaufstellung beherrscht werden muß, die sich bei Bedarf auch leicht variieren läßt; Möglichkeiten der Abwehr gegen Schnellangriffe. Auf der nächst höheren Stufe wären dann (neben der Verbesserung des Vorhandenen) unterschiedliche Konzepte der Mann-Mann-Verteidigung (z.B. Overplay, Doppeln usw.), verschiedene Grundaufstellungen der Ball-Raum-Verteidigung und Formen der Preßdeckung hinzuzufügen.
Im Angriff: Positionsangriff gegen Mann-Mann-Verteidigung und Ball-Raum-Verteidigung, wobei bereits Optionen für die einzelnen Angriffsphasen vorhanden sein sollen; Schnellangriff. Auf der nächsten Stufe wären (wieder neben der Verbesserung des Vorhandenen) ein weiterer Spielzug gegen Mann-Mann-Verteidigung und mindestens ein Spielzug gegen "gerade" und "ungerade" Zonenverteidigungen zu erarbeiten. Auch müssen Möglichkeiten zur Bekämpfung von Preßdeckungen eingebracht werden.
Die Erarbeitung der Mannschaftstaktik in Verteidigung und Angriff wird in den entsprechenden Abschnitten dieses Kapitels dargestellt.

Die **taktische Vorbereitung** auf das **nächste Spiel** beginnt bereits einige Trainingstage vorher. Im allgemeinen verfügt man über Informationen, wie der Gegner in Angriff und Verteidigung spielt. Sind solche Informationen vorhanden, ist es empfehlenswert, den Gegner im Training zu "simulieren" und daraus Konsequenzen für das eigene Spiel zu ziehen. Man stellt z.B. den bevorzugten Spielzug des Gegners nach, damit die eigenen Spieler die entscheidenden Punkte dieses Spielzuges erkennen. Dann übt man die entsprechenden Deckungsmaßnahmen ein. Voraussetzung für ein solches Vorgehen ist aber, daß sich die Spieler kognitiv am

Training beteiligen. Wichtig ist, daß mit positiver Verstärkung gearbeitet wird. Beispiel: "Wenn wir eine 3-2-Zone in dieser Weise spielen, ist die Angriffskonzeption des Gegners wirkungslos" und nicht "wir müssen eine 3-2-Zone spielen, sonst haben wir überhaupt keine Chance". Das Hauptaugenmerk im Training als Vorbereitung für das nächste Spiel liegt aber auf der Wiederholung der eigenen Spielzüge und der vorgesehenen Verteidigung(en) und der Festlegung der individuellen Aufgaben der einzelnen Spieler. Auch soll noch einmal kurz auf mögliche Spezialsituationen eingegangen werden. Wichtig ist aber, daß das Training nicht mit neuen taktischen Aufgaben "überladen" wird. Dies würde die Spieler eher verunsichern. Im letzten Training vor dem Spiel werden die wesentlichen Punkte noch einmal kurz wiederholt.

Am **Spieltag** werden etwa eine Stunde vor Spielbeginn die taktische Marschroute und die Aufgaben der einzelnen Spieler noch einmal kurz angesprochen. Diese letzte Mannschaftsbesprechung soll nicht länger als 10-15 Minuten dauern. Zum einen läßt sich das, was vorher im Training nicht ordentlich erledigt wurde, in einer Mannschaftsbesprechung kurz vor dem Spiel ohnehin nicht mehr erledigen. Zum anderen hat bei den Spielern der Vorstartzustand ("Startfieber") längst eingesetzt. Ihre Aufmerksamkeit ist daher begrenzt, zumal sich jeder Spieler auf seine Weise mit den Begleiterscheinungen des Vorstartzustandes auseinandersetzt. Daher sind kurze und präzise Informationen zu geben, die auf bekannte Schlüsselworte aufbauen und eine Verhaltenssicherheit vermitteln.

Die **Regulation** eines **laufenden Spieles** soll an dieser Stelle vor allem unter dem mannschaftstaktischen Aspekt gesehen werden. Anders als bei vielen Sportarten hat der Basketballtrainer gute Möglichkeiten, das Wettkampfgeschehen von außen zu beeinflussen. Er kann durch geschicktes Auswechseln von Spielern, durch eine im rechten Augenblick genommene Auszeit, durch Zurufe und Gesten und durch Wechseln der Taktik in Angriff und Verteidigung entscheidend zum Sieg seiner Mannschaft beitragen. Er kann jedoch auch durch ein oder zwei Fehler ein schon gewonnen geglaubtes Spiel noch verlieren helfen. Es ist für jeden Trainer immer wieder eine schmerzliche Erkenntnis, daß ein gewonnenes Spiel gern der Leistung seiner Mannschaft zugeschrieben wird, ein verlorenes Spiel aber allzu leicht dem Trainer angekreidet wird. Natürlich ist dies eine falsche Zuweisung. Aber man muß als Trainer wissen, daß bei einem Spiel, das knapp verloren wird, im Katalog der spielentscheidenden Schwächen oft auch eine Fehlbeurteilung der Situation durch den Trainer mit die Ursache für die Niederlage gewesen ist. Erschwerend kommt noch hinzu, daß der Trainer manchmal eine an sich richtige Entscheidung trifft, die sich dann aber nachteilig auswirkt. Ein Beispiel: eine Mannnschaft liegt kurz vor Spielende mit einem Punkt in Führung und kommt in Ballbesitz. Der Trainer nimmt eine Auszeit, um sicherzustellen, daß das Spiel gut über die Zeit gebracht wird. Ungewollt gibt er damit aber dem gegnerischen Trainer die Chance, seinerseits taktische Maßnahmen zu ergreifen - z.B. eine organisierte Preßdeckung - , um doch noch an den Ball zu kommen, was dann tatsächlich auch gelingt. Wäre dies auch möglich gewesen, wenn man ihm nicht mit einer Auszeit "geholfen" hätte?

Im folgenden werden einige Hinweise und Empfehlungen für taktische Entscheidungen gegeben, wie sie in jedem Spiel anfallen:

Wann soll ein Trainer die **Taktik wechseln**?
Sicherlich dann, wenn er bemerkt, daß sich die gegnerische Mannschaft gut auf einen Spielzug oder eine Verteidigungsaufstellung eingestellt hat. Allerdings soll der Trainer erst sicher sein, daß die vom Gegner verwendeten Lösungsmöglichkeiten bewußt gewählt werden und nicht nur auf Zufall beruhen. Günstig ist ein Wechsel der Verteidigung, wenn der Gegner eine Auszeit nimmt, um offensichtlich Absprachen für die Bekämpfung der bisher gespielten Verteidigung zu treffen. Ein Trainer soll seine Mannschaft im Training so vorbereiten, daß sie in der Lage ist, einen Verteidigungswechsel fließend vorzunehmen, also ohne auf eine Auszeit angewiesen zu sein. Damit dies gelingt, muß jeder Spieler bei einem gegnerischen Spielerwechsel genau wissen, welchen Spieler er zu decken hätte, wenn plötzlich zu einer Mann-Mann-Verteidigung übergegangen wird. Dies gilt auch für eingewechselte Spieler der eigenen Mannschaft.
Auch das Umschalten auf einen anderen Spielzug im Angriff soll reibungslos geschehen. Damit dies gelingt, sollte man dem Aufbauspieler weitestgehende Entscheidungsfreiheit bei der Auswahl von Spielzügen oder deren Variation einräumen. Oft erkennt der Spielmacher auf dem Feld besser als der Trainer, wie man im Augenblick am besten zum Erfolg kommt. Es reicht meist aus, dem Spielmacher nur dann eine Rückmeldung zu geben, wenn man dessen Entscheidung nicht für angemessen hält. Ziel des Wechsels in Angriff oder Verteidigung ist es, den Gegner zu verwirren oder zumindest zu Anpassungen zu zwingen. Es ist aber davon abzuraten, zu viele Veränderungen auf einmal durchzuführen. So sollte man beispielsweise in einer Auszeit nur in Ausnahmefällen die Konzeption in Angriff und Verteidigung ändern, weil man mit einem solch tiefgehenden Einschnitt nicht immer nur den Gegner verwirrt.

Wann sollte eine **Auszeit** genommen werden?
Auszeiten sind kostbar und sollten mit Bedacht genommen werden. Diese Binsenweisheit führt freilich dazu, daß sich viele Trainer scheuen, Auszeiten zu wählen, wenn sie an sich angebracht wären. In der ersten Halbzeit sollte man durchaus frühzeitig zu einer Auszeit greifen, wenn es die Situation erfordert. In der zweiten Halbzeit empfiehlt es sich, eine der beiden Auszeiten aufzusparen, um sie in den oft entscheidenden Schlußminuten, in denen die Nervenbelastung der Spieler extrem hoch sein kann, zur Verfügung zu haben. Auf keinen Fall soll man einem Gegner, der in konditionellen Schwierigkeiten ist durch eine Auszeit verhelfen, sich auszuruhen. Häufig kommt es vor, daß sich eine erforderliche taktische Veränderung nur auf einen oder zwei Spieler bezieht. Erlaubt beispielsweise ein Spieler seinem Gegner den ersten Schritt zum Ball oder hilft in der Verteidigung ständig aus, obwohl der Gegner gerade seinen direkten Gegenspieler verstärkt und erfolgreich in das Angriffsgeschehen einbezieht, muß man keine Auszeit nehmen. Man kann vielmehr den oder die betreffenden Spieler kurz auswechseln und nach Abklärung

der Probleme sofort wieder einwechseln. Diese Vorgehensweise ist aber im allgemeinen auf maximal zwei Spieler beschränkt, um den Spielrhythmus nicht zu sehr zu stören.

Wie soll sich der Trainer **in der Auszeit verhalten**?
Der Trainer sollte sich schon vor der Auszeit im Klaren darüber sein, was er seiner Mannschaft sagen will. Es steht ohnehin nur ein Teil der Minute zur Verfügung, weil die Spieler Zeit brauchen, zur Bank zu kommen und manchmal erregt sind. Die Anweisungen müssen präzise sein und - wenn möglich - bereits auf der Taktiktafel vorbereitet sein. Allerdings muß eine Auszeit nicht um jeden Preis dazu verwendet werden, der Mannschaft eingehende taktische Hinweise zu geben. Hat beispielsweise der Gegner eine Auszeit genommen, weil er Probleme hat, genügt es, der eigenen Mannschaft zu sagen, daß alles in Ordnung ist und so weitergespielt werden soll wie bisher. Man kann das Selbstvertrauen der Spieler in einem solchen Fall sogar noch verstärken, wenn man ihnen sagt, daß ihr Spiel den Gegner zu einer Auszeit gezwungen hat.
In der **Halbzeit** sollten sich die Spieler zunächst etwas ausruhen und erfrischen. Sofortige Instruktionen würden nur halb aufgenommen. Außerdem braucht auch der Trainer eine kurze Zeitspanne, um die nötige Distanz zu gewinnen und eine schnelle Auswertung der ersten Halbzeit vorzunehmen. Die notwendigen Anweisungen in der Halbzeit sollten kurz und präzise sein, damit die Mannschaft eine genügende Aufwärmzeit vor Wiederaufnahme des Spiels zur Verfügung hat. Gelegentlich setzt es in der Halbzeit eine "Standpauke". Diese Maßnahme kann - je nach Situation - durchaus angebracht sein. Allerdings muß gewährleistet sein, daß der Trainer danach ruhig und klar sagt, was die Spieler in der zweiten Halbzeit machen sollen. Ein Trainer, der in der Halbzeit nur tobt, dann aber den Spielern keine konstruktiven Hilfen gibt, wie sie es besser machen können, darf sich nicht wundern, wenn dann nichts mehr gelingt. Spezielle Anweisungen an einen einzelnen Spieler können direkt mit diesem besprochen werden, ohne die ganze Mannschaft mit dieser zusätzlichen Information zu belasten.
Macht der Verlauf der ersten Halbzeit eine Änderung der Taktik aus eigener Sicht nicht erforderlich, ist vielleicht doch angebracht, in den ersten Minuten der zweiten Halbzeit die Deckung zu ändern, wenn zu erwarten ist, daß der Gegner seine ganze Aufmerksamkeit während der Pause auf die mögliche Bekämpfung der augenblicklichen Deckung verwenden wird. Der dann falsch "programmierte" Gegner kann somit vielleicht verunsichert und zu einer frühen Auszeit gezwungen werden.

Die Verteidigung

Der Leser mag vielleicht überrascht sein, daß die Darstellung von Systemen in Angriff und Verteidigung mit der Verteidigung beginnt. Die Mehrzahl der amerikanischen Fachbücher wählt den umgekehrten Weg. Auch NIEDLICH (1978, 124) hebt den offensiven Charakter des Basketballspiels hervor und spricht von der Dominanz des Angriffs über die Verteidigung. Allerdings weist er auf die gegen-

seitige Abhängigkeit von Angriff und Verteidigung hin. Diese Interdependenz wird dem Trainer spätestens dann klar, wenn er Überlegungen über das taktische Vorgehen im nächsten Spiel anstellt. Weiß er beispielsweise, daß der Gegner über sehr gute Distanzwerfer verfügt, wird er wohl keine kompakte Ball-Raum-Verteidigung wählen. Kennt er die Schwächen des Gegners in der Verteidigung, wird er seinen Angriff so planen, daß er diese Schwachpunkte nutzen kann.
Wenn hier zuerst die Verteidigung behandelt wird, soll dies die Auffassung des Autors unterstreichen, daß die Bedeutung der Verteidigung im modernen Basketball immer mehr zunimmt. Ein Trainer, der konsequent an der Verteidigung arbeitet, wird schnell bemerken, daß seine Mannschaft gegen an sich stärkere Gegner chancenreicher wird. Dies liegt nicht zuletzt daran, daß im Training mehr Zeit für die Verfeinerung der Angriffskonzepte benötigt wird als für die Erarbeitung und Verbesserung der Verteidigung. Das soll freilich nicht heißen, daß die Offensivarbeit vernachlässigt werden sollte. Ganz im Gegenteil. Ich stimme vielmehr WOODEN (1980, 242) zu, wenn er betont, daß Angriff und Verteidigung zwar mit gleichem Nachdruck behandelt werden müssen, daß aber die Verbesserung der Verteidigung weniger Zeit in Anspruch nimmt und daher schneller Früchte trägt.
Daß zunächst die Mann-Mann-Verteidigung thematisiert wird, hat sachlogische Gründe. In dieser Verteidigungsform werden die individuellen Grundtechniken erlernt und verbessert, die Voraussetzung für eine erfolgreiche Abwehrarbeit sind. Zudem enthalten andere Verteidigungskonzepte Elemente der Mann-Mann-Verteidigung, ja sind ohne diese nicht erfolgreich anzuwenden. Danach wird die Ball-Raum-Verteidigung dargestellt, die zusammen mit der Mann-Mann-Verteidigung Ausgangspunkt für die Zonen-Presse und kombinierte Verteidigungen ist.

Die Mann-Mann-Verteidigung

Bei der Mann-Mann-Verteidigung ist jeder Verteidiger für einen direkten Gegenspieler verantwortlich. In ihrer einfachsten Form verteidigt jeder Spieler zwischen dem ihm zugewiesenen Gegenspieler und dem Korb:

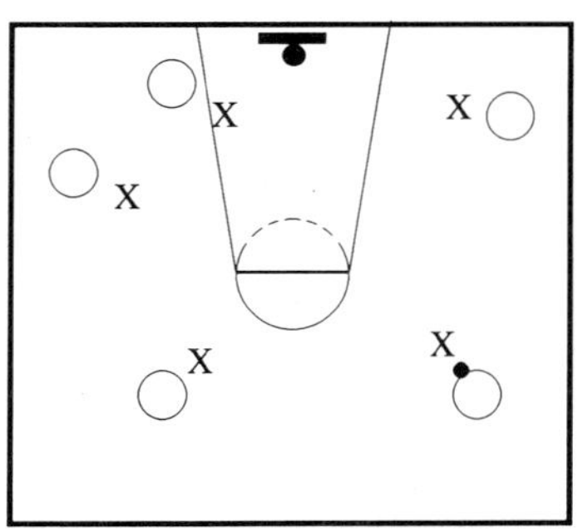

Dieses Deckungsverhalten reicht mit zunehmender Spielstärke des Gegners freilich nicht aus. Die Angreifer setzen taktische Mittel ein, die es einem einzelnen Verteidiger, wenn er allein gelassen wird, schwer machen, den Ballbesitzer so zu decken, daß keine Gefahr von ihm ausgeht. Die Verteidigung beantwortet dieses Problem zunächst damit, daß nur der Ballbesitzer eng gedeckt wird, die anderen Verteidiger jedoch von ihren Gegenspielern etwas absinken, um den Korb zu sichern oder gegebenenfalls aushelfen zu können.

Nach welchen Prinzipien sollen die Verteidiger absinken?
Zur Klärung dieser Frage verwende ich bei Trainerlehrgängen und in der Ausbildung von Sportstudierenden gelegentlich eine Verdeutlichung, die ich Jack Donahue (ehemals Coach von Holy Cross) verdanke. Ich bitte einen Spieler unter den Korb und frage ihn, wie viele Treffer er erzielen wird, wenn er 10 Würfe frei am Korb ausführen kann. Je nach Können und Bescheidenheit schwanken die Antworten zwischen 7 und 9 Treffern. Ich fordere den Spieler dann auf, dies unter Beweis zu stellen. Wenn nun der Spieler einen Ball verlangt, ist der Zweck dieser Maßnahme bereits erfüllt. Unter dem Schmunzeln aller wird klar, daß auch der beste Werfer den Ball benötigt, um einen Korb erzielen zu können. Als Konsequenz für die Verteidigung ist daraus abzuleiten, daß zunächst der Spieler, der in Ballbesitz ist, am gefährlichsten ist, dann aber der Spieler, der den Ball wohl als nächster erhalten wird oder kann. Es wird ersichtlich, daß die Verteidiger, die am weitesten vom Ball entfernt sind, deutlicher absinken können, als die Verteidiger, deren Gegenspieler mit "einem" Paßweg angespielt werden können. Als Orientierungshilfe ist es hilfreich, das Spielfeld in eine Ballseite und eine "Hilfeseite" (helpside) einzuteilen. Auf der Ballseite soll Druck auf den Ballbesitzer ausgeübt und die Paßwege zu einem Post oder Spieler in der Ecke geschlossen werden. Auf der Hilfeseite soll so abgesunken werden, daß ein Paß zur Mitte erschwert wird. Als Grundsatz für die Verteidiger auf der Hilfeseite gilt: am Ball orientieren.

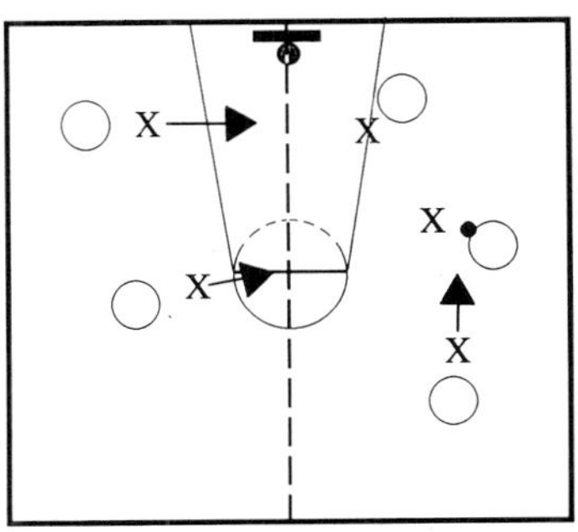

Es gibt Konzeptionen der Mann-Mann-Verteidigung, die klaren Regeln für die Situationen "einen", "zwei" oder "mehr als zwei" Paßwege vom Ball entfernt folgen. Die Formulierung "einen" Paßweg entfernt darf freilich nicht mißverstanden

werden. Natürlich kann jeder Spieler auf dem Feld mit etwas Glück mit einem Paß erreicht werden. Müssen große Entfernungen überbrückt werden, ist allerdings die Gefahr sehr groß, daß der Ball abgefangen wird. In den meisten Fällen hat die Verteidigung bei langen Bogenpässen über die Deckung hinweg - wenn sie denn ankommen - genügend Zeit, sich so zu verschieben, daß kein Unheil entsteht. Die Bezeichnung "einen" Paßweg entfernt bezieht sich also auf eine sinnvolle und brauchbare Angriffssituation.
Bei dem bis jetzt beschriebenen Deckungsverhalten reagiert die Verteidigung im wesentlichen auf den Angriff. Dies hat den Nachteil, daß die Initiative fast völlig bei den Angreifern liegt, die ihre Stärken zur Geltung bringen können. Auf höherem Spielniveau ist es daher sinnvoll und erforderlich, daß die Verteidigung so agiert, daß die Angreifer reagieren müssen.
Darüber, wie dieses Ziel zu erreichen ist, gehen die Meinungen von Trainern etwas auseinander. Dennoch gibt es einige **allgemeingültige Grundsätze**:

1. *Der Angriff soll zur Seite gelenkt werden. Dies kann dadurch geschehen, daß man den Dribbler zur Seitenlinie abdrängt und einen Paß zur Mitte erschwert.*
2. *Günstig ist es, den Ballbesitzer zu zwingen, mit seiner schwächeren Hand zu dribbeln. Dies kann durch eine Overplay-Stellung erreicht werden. Die meisten Spieler, die mit der schwächeren Hand dribbeln müssen, sichern nach dem Dribbling erst den Ball, bevor sie an einen Paß denken können.*
3. *Das Anspiel zu einem Spieler, der einen Paßweg vom Ball entfernt ist, soll verhindert werden. Dies gilt vor allem für den Paß vom Aufbauspieler zum Flügel. Muß ein Flügelspieler weit herauskommen, um angespielt werden zu können, hat der Verteidiger sehr gut gearbeitet. Der Angriff muß sich dann vermutlich neu orientieren bzw. kann seinen Spielzug nicht im gewünschten Maße verwirklichen. Als "methodische" Hilfe für die Verteidiger kann man eine "gedachte" Ballinie einführen:*

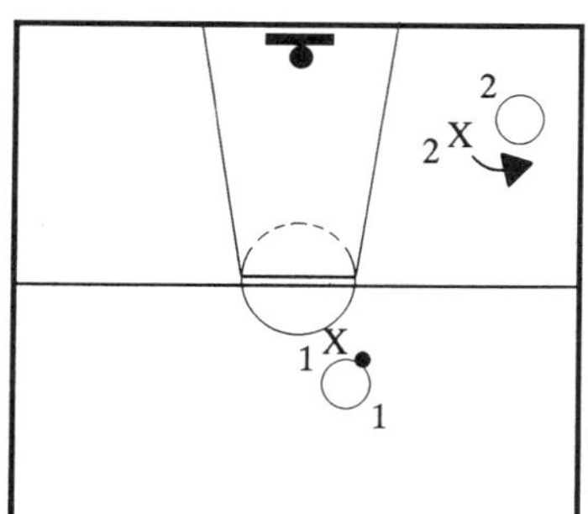

Im Bereich zwischen dieser gedachten Ballinie und der Grundlinie soll X 2 den Paß zu O 2 verhindern. Überschreitet O 2 die Ballinie Richtung Mittellinie, um an den

Ball zu kommen, kann der Paß zugelassen werden. Allerdings gibt es auch Verteidigungskonzeptionen, bei denen grundsätzlich in der eigenen Verteidigungshälfte alle Anspielwege einen Paßweg entfernt geschlossen werden sollen.

4. *Startet ein Angreifer zum Ball, soll ihm frühzeitig der Laufweg versperrt werden: Lasse dem Gegenspieler nicht den ersten Schritt zum Ball, damit er ihn nicht dort bekommt, wo er ihn haben will.*

5. *Enge Verteidigung am Ballbesitzer, wenn dieser bereits gedribbelt hat oder gerade sein Dribbling beendet. Die anderen Verteidiger sollen in einem solchen Fall konsequent die Anspielwege schließen.*

6. *Stellung zwischen Ball und Gegenspieler, wenn dieser ohne Ball in Korbnähe ist.*

7. *Auf Blocks achten. Ein Verteidiger, der zu spät bemerkt, daß an ihm ein Block gestellt wird, ist in seinen Möglichkeiten stark eingeschränkt.*

8. *Herausblocken des Gegenspielers, wenn der Ball auf den Korb geworfen wird.*

Bei diesen Grundsätzen wird deutlich, daß die Qualität der gesamten Verteidigung von den individuellen Fertigkeiten und Fähigkeiten der Verteidiger abhängt. Die Mannschaftsverteidigung ist letztlich nicht besser als die Verteidigung jedes einzelnen Spielers.

Methodische Hinweise

Idealtypisch geht die methodische Stufung bei der Erarbeitung der Mann-Mann-Verteidigung von der Situation 1-1 über 2-2, 3-3, 4-4 bis zum Spiel 5-5. Für die konkrete Trainingspraxis erweist sich aber als sinnvoll, zunächst ein Verteidigungskonzept für das Spiel 5-5 einzuführen, dann Teilaspekte dieses Konzepts zu realisieren und jeweils in das Ganze einzubauen. Diese Vorgehensweise, die der "**Ganz-Teil-Ganz-Methode**" entspricht, hat den Vorteil, daß man schon sehr früh mit der letztlich vorgesehenen Mannschaftsverteidigung arbeiten kann, deren Qualität nach und nach in dem Maße verbessert wird, in dem die Teilaspekte beherrscht werden. Außerdem kann der Trainer immer wieder an der Verfeinerung bestimmter Teile feilen, wenn es sich als notwendig erweist. Im folgenden werden Beispiele zur Verbesserung der Mann-Mann-Verteidigung gegeben, die sich an typischen Spielsituationen orientieren und zum Teil schon weiter oben angesprochen wurden. Es empfiehlt sich, zunächst mit der Schulung des Verteidigungsverhaltens beim Spiel 1-1 und 2-2 zu beginnen. Beim **Spiel 1-1** liegt die Betonung auf dem Abdrängen des Dribblers zur Seitenlinie, mit der zusätzlichen Aufgabe, den Ballbesitzer zum Dribbling mit der schwachen Hand zu zwingen. Dies kann durch eine Overplay-Stellung geschehen.

Stellung des Verteidigers gegen einen Rechtshänder:

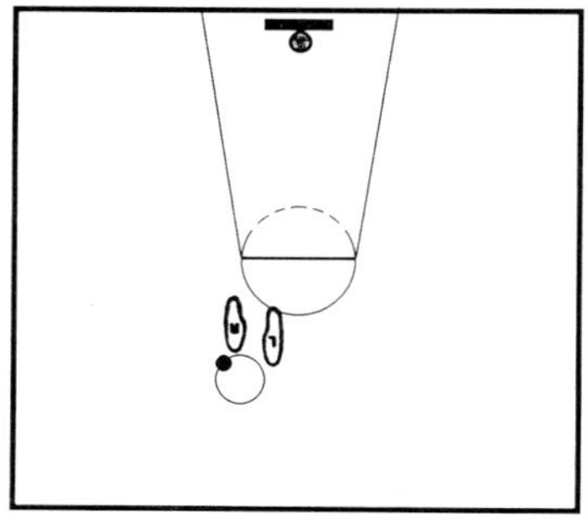

Zu einem späteren Zeitpunkt wird das Verhalten gegen einen Angreifer, der nicht (oder nicht mehr) im Ballbesitz ist, geschult. Dabei werden zwei Situationen berücksichtigt: 1. Passer schneidet zum Korb oder Ball und 2. Angreifer, der bisher unbeteiligt war, will den Ball in einer für ihn günstigen Position. Dabei wird ein zweiter Angreifer eingesetzt, der jedoch nur als Anspieler fungiert.

1. Verteidigung gegen einen Spieler, der gepaßt hat:

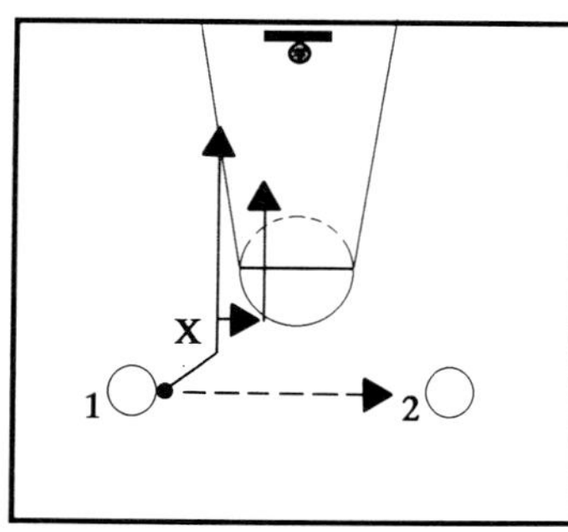

O 1 spielt zu O 2. X soll verhindern, daß O 1 zwischen ihm und O 2 zum Korb schneidet. Dies gelingt am besten, wenn sich X sofort nach dem Paß ein oder zwei Schritte in Paßrichtung bewegt und etwas zurückweicht. Dadurch nimmt er dem Angreifer den ersten schnellen Schritt zum Korb. O 2 kann zwar einen Bogenpaß über X spielen, wenn O 1 im Rücken von X zum Korb läuft. In diesem Fall würden in einem richtigen Spiel andere Verteidiger eingreifen und X hätte zudem den kürzeren Weg zum Korb, um O 1 noch zu erreichen. Das gleiche Deckungsverhalten kommt auch beim Spiel 2-2 zur Geltung. Dadurch wird auch ein Durchbruch von O 1 oder O 2 durch die Mitte erschwert:

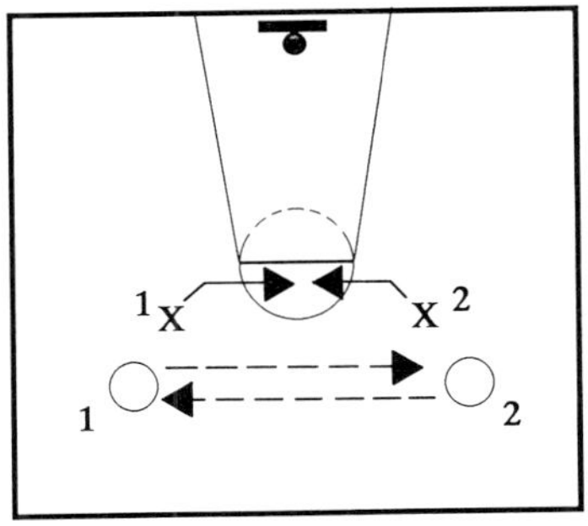

2. Verteidigung gegen einen Angreifer, der zum Ball will:

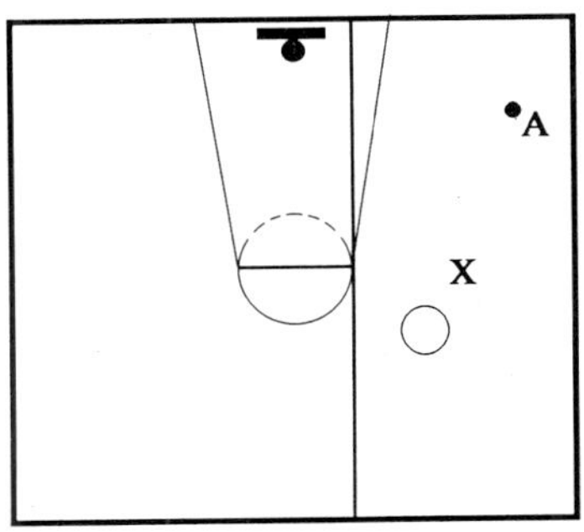

X soll fünf Sekunden lang verhindern, daß O den Ball zwischen der gedachten Linie und dem Anspieler erhält.

Die wesentlichen Verteidigungstechniken lassen sich sehr gut im Spiel **1-2** und **2-2** erarbeiten. Hierbei liegt das Hauptaugenmerk auf der Bekämpfung der unterschiedlichen Formen des Blocks. Maßnahmen der Verteidigung sind das Übernehmen (switch), Über-den-Block-gehen und Durchgleiten. Auf höherem Spielniveau kommen noch "jump-switch" und "hedging" dazu.

Das **Übernehmen** (switch) ist eine zweischneidige Deckungsmaßnahme. Zwar kann dadurch ein einfacher Block recht gut bekämpft werden, doch kommt es zu Problemen, wenn der Blocksteller geschickt zum Korb abrollt. Außerdem läßt sich ein Mißverhältnis in der Körpergröße zwischen Angreifer und Verteidiger oft nicht vermeiden, wenn beispielsweise ein kleiner Verteidiger einen deutlich größeren Spieler übernehmen muß. Ein Trainer ist daher gut beraten, wenn er das Übernehmen auf die Fälle einschränkt, in denen es unverzichtbar ist. Günstiger ist es, die Fähigkeit der Spieler zu schulen, vor dem Block vorbeizukommen (Über-den-Block-gehen) oder hinter dem Block durchzugleiten:

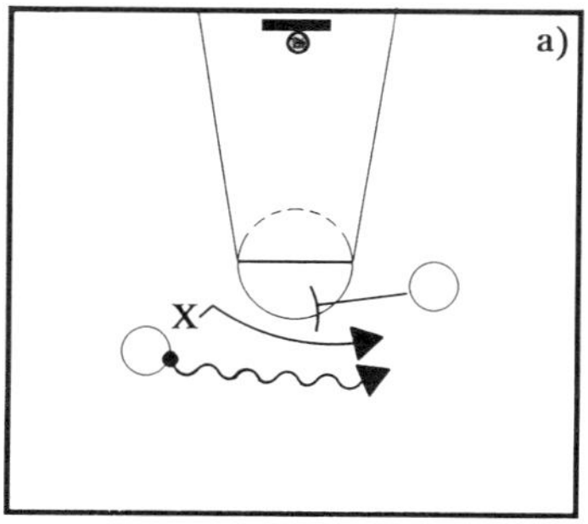

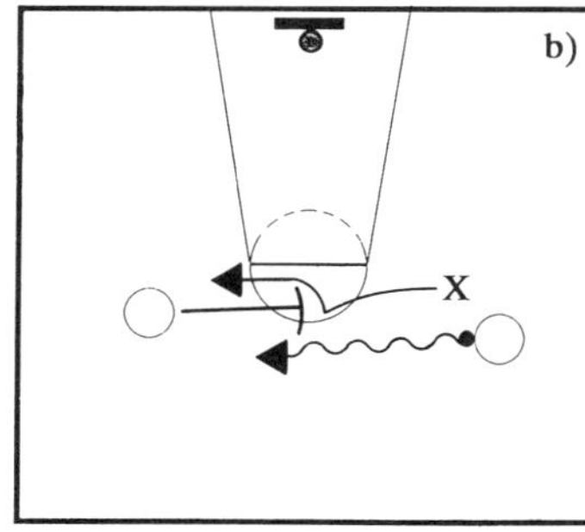

Der Verteidiger geht auf dem Hinweg (a) vor und auf dem Rückweg (b) hinter dem Block vorbei. Bei einem indirekten Block soll der Verteidiger, der ausgeblockt werden soll, zunächst einen Schritt zurückgehen. Dies erleichtert ihm, am Mann zu bleiben:

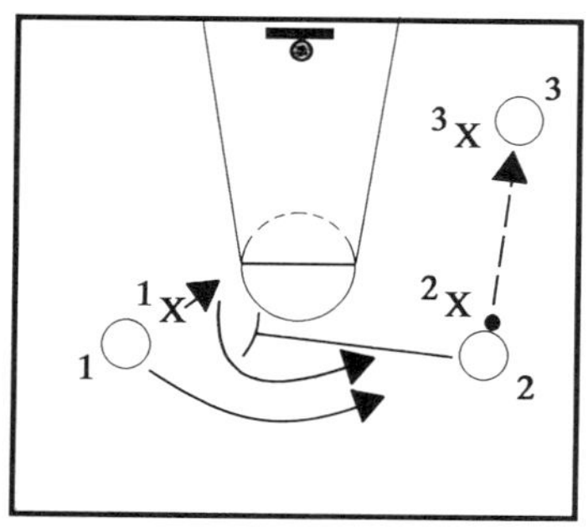

Weiter oben wurde gefordert, daß ein Paß in die Mitte verhindert oder erschwert werden muß. Dies gilt vor allem für das Anspiel des Postspielers. Nach Möglichkeit soll der Post - vor allem wenn er tief spielt - von vorne gedeckt werden. Auf alle Fälle muß aber der Paßweg gestört werden. Als Orientierungshilfe für die Verteidiger gilt: ist der Ball zwischen verlängerter Freiwurflinie und Mittellinie, wird der Paßweg von der Innenseite her zugemacht (a). Befindet sich der Ball zwischen verlängerter Freiwurflinie und Grundlinie, wird der Paßweg von der Außenseite geschlossen (b).

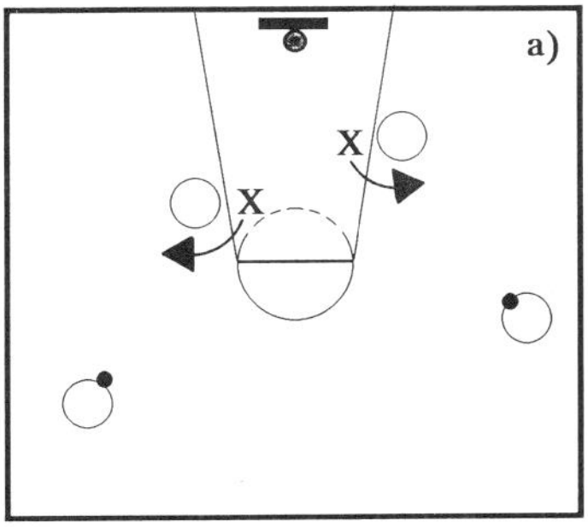

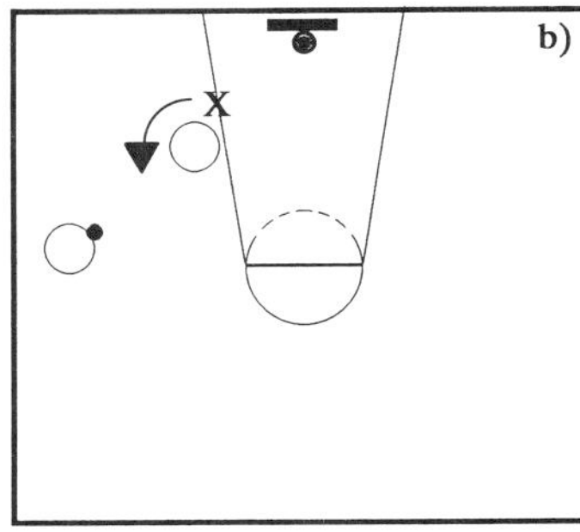

Gelingt in der Situation a) der Paß dennoch, kann X durch sofortiges Zurückweichen noch eingreifen. Würde der Paßweg von der Außenseite zugemacht, wäre das Anspiel auf die Innenseite relativ leicht. Der gegnerische Post hätte dann den Weg zum Korb frei. Würde der Paßweg in der Situation b) von der Innenseite her zugemacht, wäre der Post bei einem doch erfolgreichen Anspiel direkt am Korb. Hilfe wäre dann nur sehr schwer möglich.

Die bisher behandelten Grundsätze und Lösungsmöglichkeiten werden im folgenden in ein Deckungskonzept integriert, das im Kern eine "**Overplay-Verteidigung**" darstellt. Damit ist gemeint, daß die Anspielwege "einen Paß" entfernt geschlossen werden sollen und von der "Hilfeseite" ausgeholfen wird. Diese Verteidigung weist durchaus Parallelen zur "Redlands-Konzeption" auf, wie sie von CALLIES/ZECHMEISTER im Basketball-Handbuch (1985) behandelt wurde.

Als vorteilhaft erweist sich zunächst das Spiel 4-4:

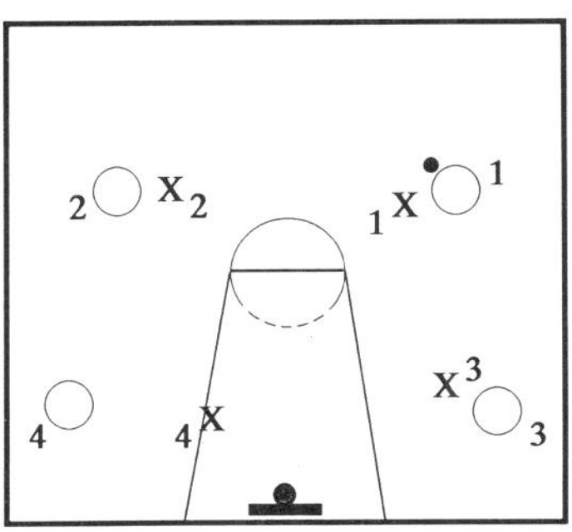

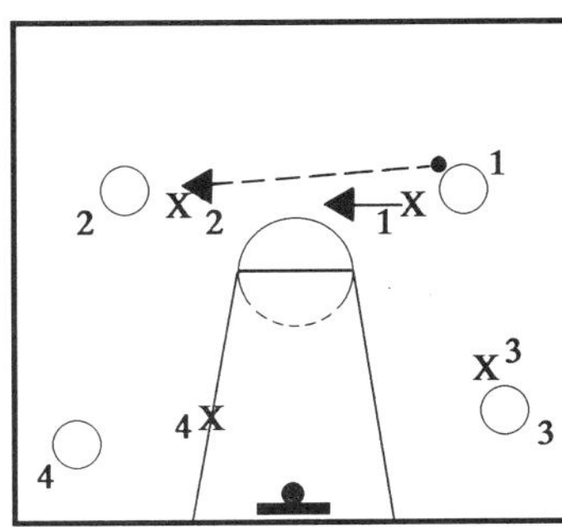

Der Trainer achtet auf die korrekte Stellung der Verteidiger. Da O 1 den Ball hat, nimmt X 1 eine Position ein, mit der er O 1 zur Seite abdrängen kann. X 2 und X 3 schließen die Anspielwege zu ihren Gegenspielern (einen Paß entfernt). X 4 ist von O 4 abgesunken, um aushelfen zu können, wenn O 3 "back-door" angespielt werden sollte.

Dann läßt X 2 aus Übungsgründen einen Paß von O 1 zu O 2 zu. Die Verteidiger verschieben sich der Situation entsprechend: X 1 bewegt sich in Paßrichtung; X 2 nimmt eine Position ein, mit der er O 2 zur Seite abdrängen kann; X 4 schließt den Anspielweg zu O 4 und X 3 sinkt zum Drei-Sekunden-Raum ab.

Danach wird - wieder aus Übungsgründen - ein Paß zu O 4 zugelassen:

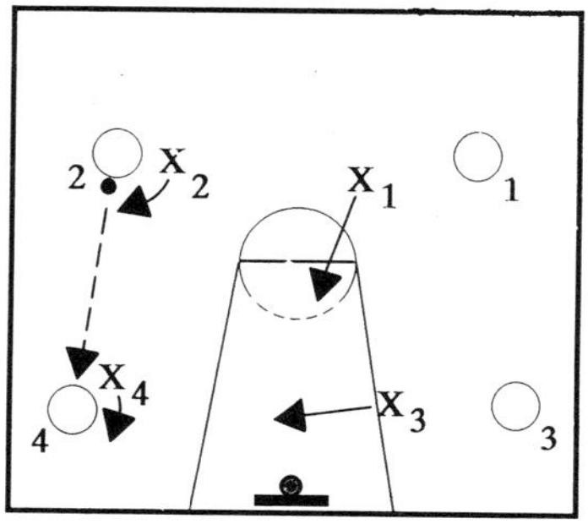

Die Verteidiger verschieben sich entsprechend: X 2 schließt den Paßweg zurück zu O 2; X 4 macht die Grundlinie zu ; X 3 kommt in den Drei-Sekunden-Raum, um bei einem etwaigen Durchbruch von O 4 aushelfen zu können; X 1 deckt den Bereich der Freiwurflinie ab. Bei diesem Deckungsverhalten können verschiedene Problemsituationen auftreten:

1. Dem Flügelspieler gelingt ein Durchbruch an der Grundlinie:

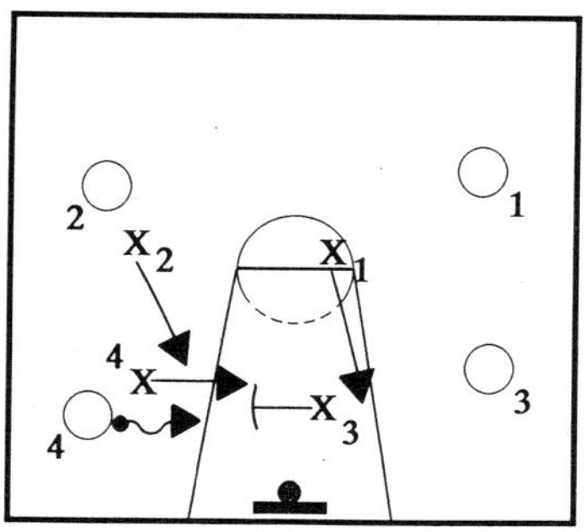

X 3 muß O 4 übernehmen; X 1 sinkt sehr weit zurück, um einen Paß zu O 3 zu verhindern (er hilft dem Helfer); X 2 sinkt deutlich ab, um die Mitte zuzumachen.

Es gibt Trainer, die das Durchziehen an der Grundlinie eher zulassen als einen Durchbruch nach innen. Dabei gehen sie davon aus, daß der Ballbesitzer durch ein geschicktes Aushelfen eines anderen Verteidigers (hier X 3) zu einem Offensiv-Foul geradezu provoziert werden soll. Dieses Deckungsverhalten wird aber sehr gut eingespielten Mannschaften vorbehalten bleiben müssen. Die erforderlichen Verschiebungen der Verteidiger sind so erheblich (und zeitlich genau zu koordinieren), daß es aus meiner Sicht empfehlenswerter ist, die Grundlinie im Regelfalle zuzumachen.

2. Ein Angreifer will mit dem Ball in die Mitte eindringen:

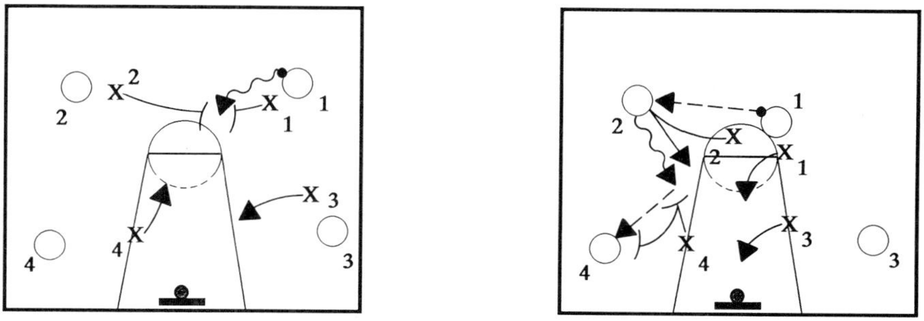

Zunächst dribbelt O 1 in die Lücke zwischen X 1 und X 2; X 2 gibt seine Overplay-Stellung zu O 2 auf und hilft X 1, O 1 zu stoppen. Gleichzeitig folgt X 3 der Dribbelrichtung und X 4 macht einen Schritt nach vorn. Wird der Dribbler gestoppt, kehrt X 2 sofort zu O 2 zurück (Stichwort: helfen und zurück). Nun paßt O 1 zu O 2, der seinerseits versucht, zum Korb zu dribbeln. X 4 stoppt O 2 zusammen mit X 2; X 3 schließt die Mitte, um O 4 übernehmen zu können, wenn O 2 zu O 4 paßt und X 4 nicht rechtzeitig zu O 4 zurückkommen kann.

3. Auf der ballfernen Seite findet ein Block oder Platztausch statt:

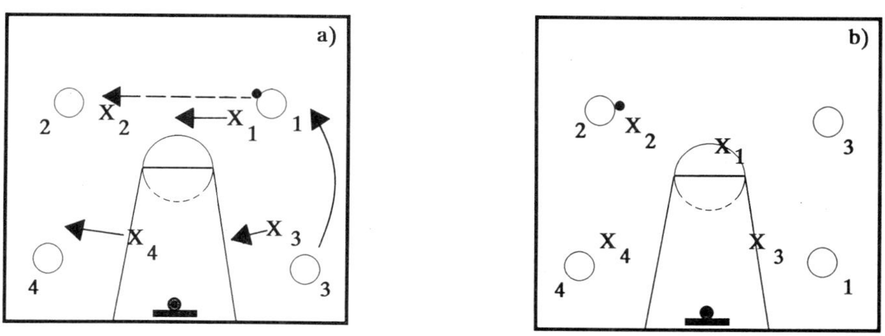

Das Problem für die Verteidigung besteht nun darin, daß X 1 und X 3 dem Paßweg gefolgt sind (a), der Block oder Platzwechsel aber hinter ihnen erfolgt. Es ist also erforderlich, daß X 3 eine Position einnimmt, bei der er den Ball und O 3 beobachten kann. Bei dem Block oder Platzwechsel wäre nun die Lösung möglich, daß X 1

O 3 und X 3 O 1 übernimmt. Allerdings wäre dann ein kleinerer Verteidiger (X 1) an einem größeren Angreifer (O 3). Daher soll X 3 mit vollem Tempo die Position von X 1 und X 1 die Aufgabe von X 3 übernehmen (b). Die beschriebenen Situationen beim Spiel 4-4 werden zunächst in langsamem Tempo durchgespielt. Wenn die Verteidiger ihre Aufgaben beherrschen, wird zum eigentlichen Spieltempo übergegangen.

Danach wird diese Overplay-Verteidigung 5-5 gespielt. Der gegnerische Center (wenn er tief postiert ist) soll von vorn gedeckt werden:

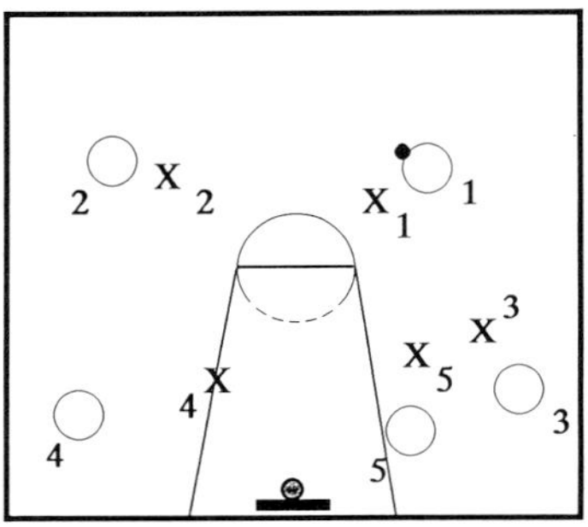

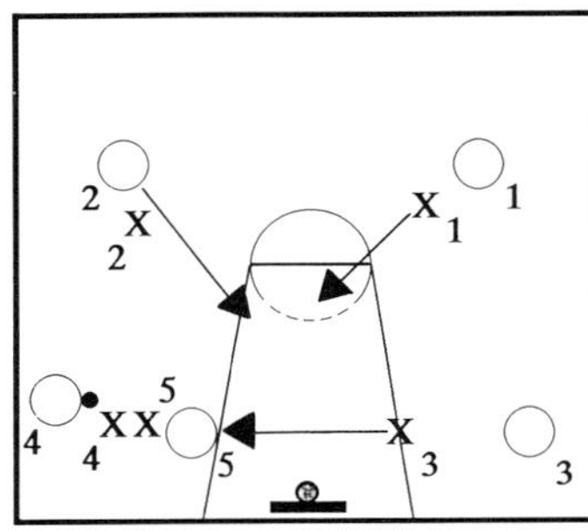

Ist der Ball bei einem Flügel (hier bei O 4), muß X 3 weit herüberkommen, um bei einem Bogenpaß vom Flügel zum Center sofort eingreifen zu können.

Die Verwendung einer Overplay-Verteidigung - die auch nach anderen als hier beschriebenen Prinzipien gespielt werden kann - macht es nicht erforderlich, alle nur denkbaren Situationen zu berücksichtigen. Dies würde zu viel Zeit benötigen und die Spieler unnötig überfordern. Allerdings sollten die aufgezeigten Grundsituationen im Training häufig wiederholt werden.

Ergänzend können Übungsformen herangezogen werden, bei denen die Grundidee, die einer solchen Verteidigungskonzeption zugrundeliegt, einbezogen wird: Paßwege schließen bzw. behindern; das Anspiel an einen zum Korb oder in die Mitte schneidenden Angreifer verhindern; aushelfen und zurück zum eigenen Mann oder situationsangemessenen Deckungsraum usw. Mit etwas Einfallsreichtum kann ein Trainer Übungsformen (er)finden, die den Erfordernissen seiner Spieler entsprechen.

Beispiel für das Üben des Aushelfens:

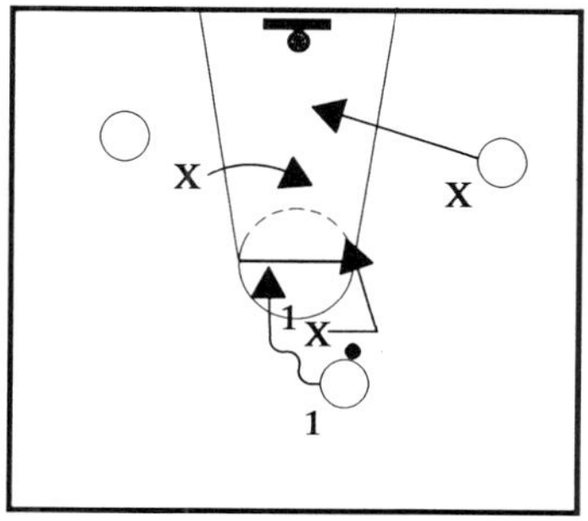

X 1 macht aus Übungsgründen einen Schritt zur Seite und ruft "Hilfe", wenn O 1 die Lücke in der Mitte nutzt. O 1 muß übernommen werden und X 1 hilft je nach Situation aus. Es wird gespielt, bis der Ball gesichert oder ein Korb erzielt wird.

Beispiel für die Verteidigung gegen Angreifer, die zum Korb schneiden:

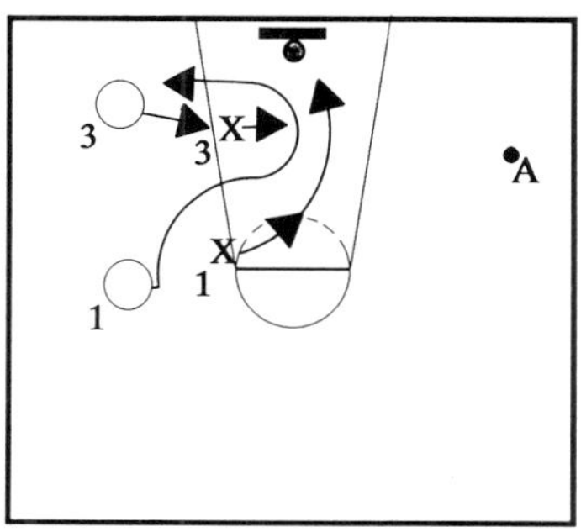

Zuerst schneidet O 1 zum Korb; X 1 versucht, einen Paß vom Anspieler zu O 1 zu verhindern. Sofort anschließend schneidet O 3 zum Korb; X 3 versucht seinerseits, den Paß von A zu O 3 zu verhindern . Ist X 1 erfolgreich, geht O 1 auf die ursprüngliche Position von O 3 und beginnt die Übung von neuem, desgleichen O 3. Sollte doch ein Paß von A zu O 1 oder O 3 gelingen, wird 2-2 gespielt. Die Übungsform wird ein paarmal von beiden Seiten wiederholt.

Die Zonen-Verteidigung ("Ball-Raum"-Verteidigung)

Üblicherweise verwenden Trainer und Übungsleiter nur den Begriff "Zonen-Verteidigung". Die Zusatzformulierung "Ball-Raum"- Verteidigung weist hier auf einen didaktischen Zugang hin: sie soll andeuten, daß die Position des Balles das entscheidende Kriterium für das Verschieben der Verteidiger darstellt.

Zunächst zwei eher allgemeine Hinweise:
1. Eine Mannschaft sollte mehr als eine Grundaufstellungsform der Zonen-Verteidigung im Repertoire haben. Dies ist damit zu begründen, daß jede Aufstellungsform Stärken und Schwächen hat. Variation ist daher notwendig, spätestens dann, wenn sich der Gegner auf eine bestimmte Aufstellung eingestellt hat. Eine solche Variation ist leicht durchführbar, denn schon die Veränderung der Position eines Verteidigers ergibt eine neue Zone.

Beispiel: 1-2-2 defensiv oder offensiv orientiert (je nach Position des vordersten Spielers).

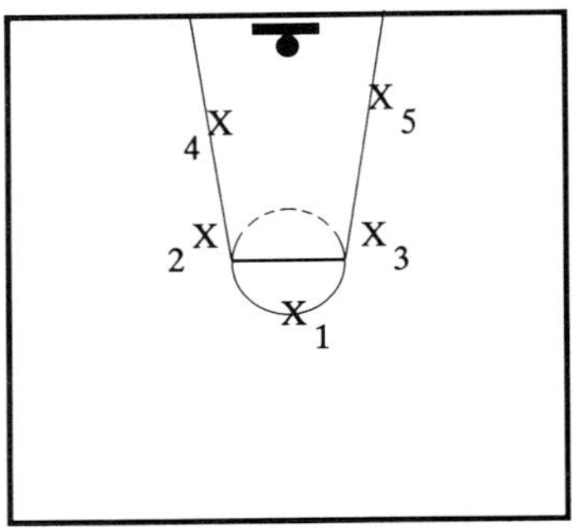

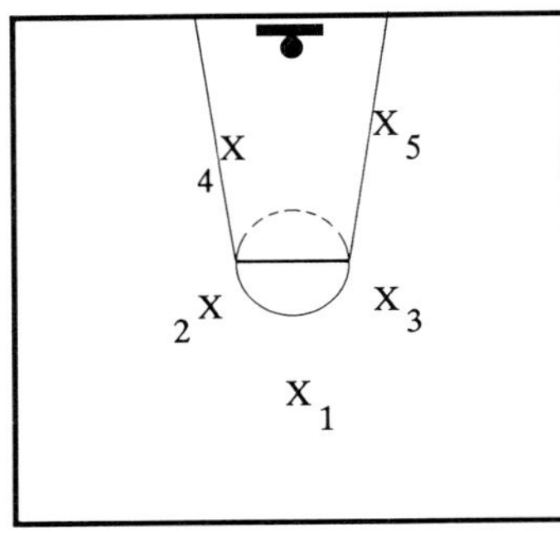

Eine eher defensive Aufstellung kann beispielsweise dann gewählt werden, wenn der Gegner über keinen guten Distanzwerfer auf der Spielmacherposition verfügt; eine eher offensive Aufstellung bietet sich bei einem gegnerischen Aufbauspieler mit gutem Distanzwurf an, oder wenn man den Angriffsaufbau schon früh stören will. Wann sollte man die Aufstellungsform in der Verteidigung ändern? Sicherlich dann, wenn die Angreifer gute Lösungsmöglichkeiten gegen die gerade gespielte Verteidigung gefunden haben. Reizvoll erscheint mir aber auch, die Zonenaufstellung zu verändern, bevor sich die Verteidiger darauf eingestellt haben. Dadurch reagiert man nicht auf den Angriff, sondern zwingt die Angreifer, sich immer neu an die jeweils veränderte Verteidigung anzupassen.
2. Eine Mannschaft, die im Training mehrere Arten der Zone verwendet oder wenigstens deren Grundprinzipien kennt, kann auch entsprechende Verteidigungskonzepte des Gegners besser bekämpfen. Trainer, die z.B. im Spiel ihre Mannschaft plötzlich gegen eine Zonen-Presse oder eine selten gespielte Zone einstellen müssen, werden mir zustimmen.
Einige **Grundsätze**, die für das Trainieren der Zonen-Verteidigung wichtig sind unabhängig von der gewählten Aufstellung:

1. Der Ballbesitzer muß aggressiv angegriffen werden. Dabei wird mit Mann-Mann-Technik gearbeitet. Der jeweils zuständige Verteidiger muß durch entsprechende Beinarbeit verhindern, daß er von einem Gegenspieler umdribbelt wird.

2. Die Deckung muß sich verschieben:
   a) in erster Linie zum Ballbesitzer
   b) in zweiter Linie zum wahrscheinlich nächsten Ballbesitzer.

   Merke: Jeder Verteidiger ist nicht nur für einen bestimmten Raum verantwortlich, sondern hat Deckungsaufgaben in Abhängigkeit von der jeweiligen Position des Balles.

3. Alle Verteidiger müssen versuchen, den Ball zu sehen. Übungsformen zur Verbesserung des peripheren Sehens sind daher erforderlich.

4. Die Verteidigung muß sich als kompakter Deckungsverband darstellen. Es ist also schon im Training darauf zu achten, daß die Spieler ihre Hände oben haben und nicht statisch sind.

5. Die Spieler müssen lernen, in der Verteidigung zu sprechen, um sich richtig verschieben zu können. "Chefs im Ring" sind die Hinterspieler, denn sie haben im allgemeinen die beste Übersicht.

6. Wenn der Ballbesitzer gedoppelt wird, müssen die restlichen drei Verteidiger lernen, die wahrscheinlichen Paßwege zu antizipieren. Häufig genügt es schon, den Winkel zwischen zwei Anspielstationen zu verkürzen.

Welche Zonenaufstellung kann **wann** verwendet werden?
Die Wahl von Verteidigungskonzepten hängt von verschiedenen Gegebenheiten ab: dem eigenen Spielerpotential, den Stärken und Schwächen der gegnerischen Mannschaft, dem Spielstand, der Foulbelastung und der konditionellen Verfassung (zum jeweils gegebenen Zeitpunkt im Spiel) der eigenen Spieler. So wird man bei hoher eigenen Foulbelastung eher eine kompakte Aufstellung wählen, die den Raum in Korbnähe besonders abschirmt (z.B. 2-3-Zone), dafür aber Distanzwürfe in Kauf nehmen.
Im folgenden werden Vor- und Nachteile der unterschiedlichen Grundaufstellungen kurz erläutert (die Zählweise wird immer aus der Blickrichtung der Angreifer vorgenommen). Danach werden exemplarische Hinweise für die Erarbeitung der jeweiligen Zone und das Verhalten in ihr gegeben.

Die 2-1-2-Zone:

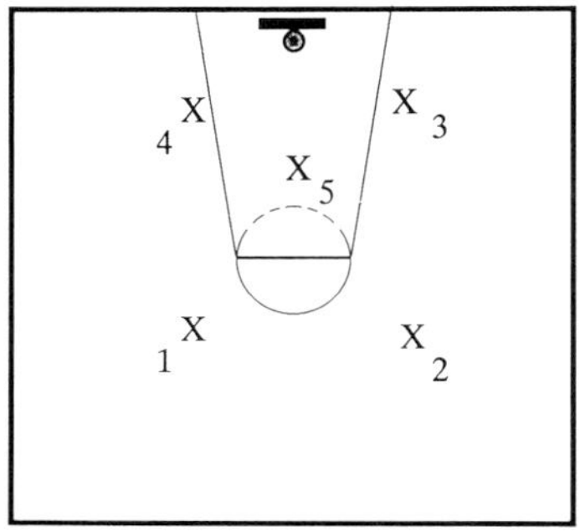

Vorteile:

- *der Bereich zwischen (verlängerter) Freiwurflinie und Korb ist gut abgedeckt. Dies erweist sich als Stärke gegen Mannschaften, die bevorzugt in Korbnähe zum Erfolg kommen wollen.*
- *gute Reboundposition.*
- *gute Aufstellung, um Schnellangriffe zu starten, da die Reboundposition günstig ist und die beiden Vorderspieler (X 1 und X 2) nach Ballbesitz der eigenen Mannschaft schnell korbgefährlich werden können.*

Nachteile:

- *Probleme bei Distanzwürfen und Würfen aus den Ecken bzw. der "point-guard"-Position.*
- *wenig Druck auf den Spielaufbau bzw. die Paßwege.*

Die 2-3-Zone:

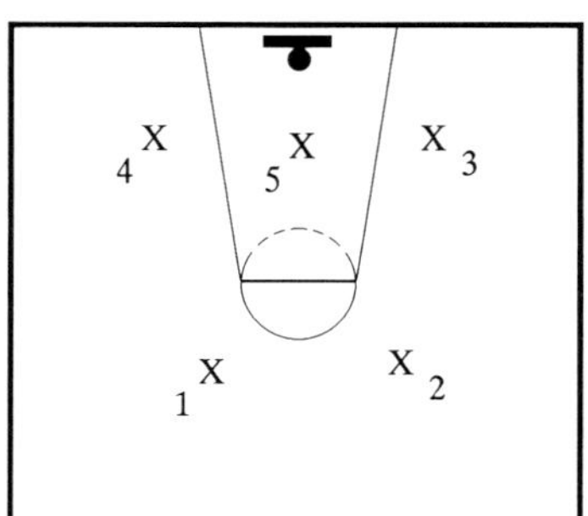

Vorteile:

- *der Bereich in Korbnähe ist gut abgeschirmt. Gegnerische Low-Posts (Brettcenter) kommen kaum zur Geltung.*

- *Würfe aus den Ecken werden sehr erschwert.*
- *gute Reboundposition.*

Nachteile:
- *Probleme im Bereich der Freiwurflinie.*
- *Abstimmungsschwierigkeiten zwischen den beiden Deckungslinien.*
- *Probleme, wenn der Gegner im Bereich der (verlängerten) Freiwurflinie und Birne überlagert.*

Die 3-2-Zone:

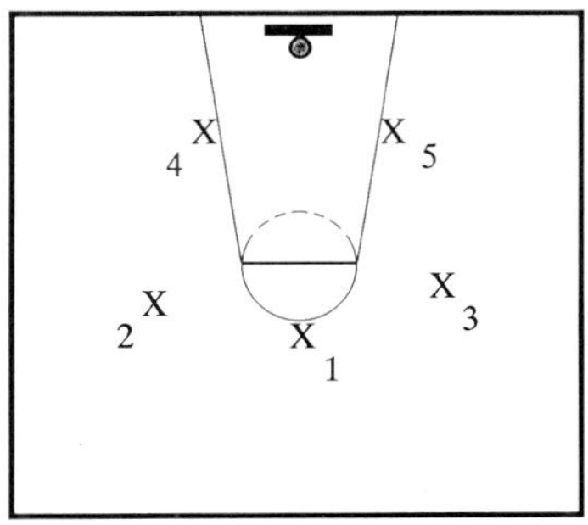

Vorteile:
- *Würfe aus der Distanz werden erschwert.*
- *der Bereich der (verlängerten) Freiwurflinie ist gut abgeschirmt.*
- *der Spielaufbau wird gut gestört. Dies trifft vor allem dann zu, wenn der Gegner über relativ unerfahrene Spielmacher verfügt.*
- *ein Eindringen in die Zone von vorn wird erschwert.*

Nachteile:
- *Probleme, wenn die vordere Deckungslinie überwunden ist (Ball hinter dieser Linie) wenig Abschirmung in den Ecken.*
- *Reboundposition nicht so gut wie bei der 2-1-2 bzw. 2-3-Zone.*

Die 1-3-1-Zone:

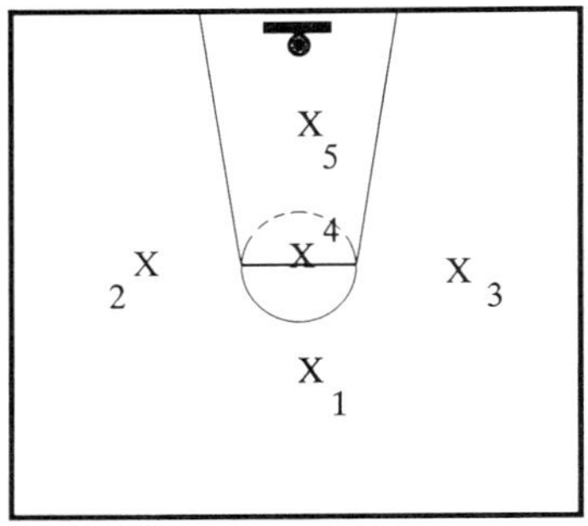

Vorteile:

- *der Bereich der (verlängerten) Freiwurflinie ist hervorragend abgeschirmt (damit sehr gut gegen Mannschaften, die mit einem High-Post arbeiten).*
- *taktisch gut gegen sehr viele Spielzüge, da viele Mannschaften gewohnt sind, aus einer 1-3-1 Aufstellung anzugreifen. Daraus folgt, daß die Angreifer ungewohnte Veränderungen vornehmen müssen.*

Nachteile:

- *schwache Abschirmung bei Würfen aus den Ecken.*
- *Probleme, wenn Angriffe entlang der Grundlinie (baseline) vorbereitet oder ausgeführt werden.*
- *Reboundposition deutlich ungünstiger als bei den bisher beschriebenen Aufstellungen.*

Die 1-2-2-Zone:

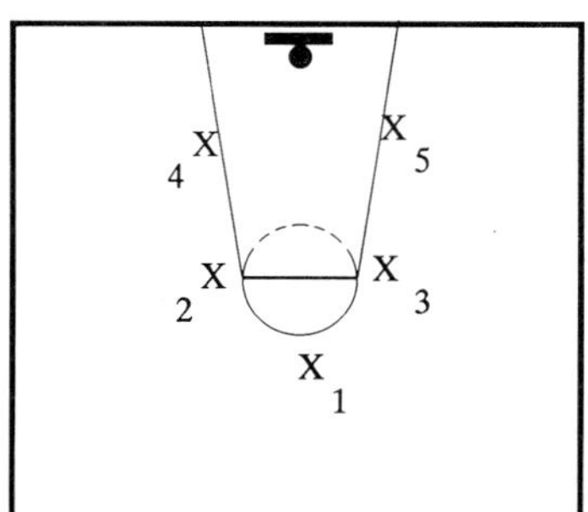

Vorteile:

- *Der Angriffsaufbau kann gut gestört werden.*
- *Würfe von der Birne (point-guard) werden erschwert.*
- *die üblichen Wurfpositionen sind recht gut abgeschirmt.*

- *gute bis befriedigende Reboundposition.*

Nachteile:
- *Probleme, wenn der Ball an die Freiwurflinie (High-Post) gelangt.*
- *Schwierigkeiten, wenn der Gegner auf der ballfernen Seite ("weak-side") geschickt überlagert.*
- *lange Wege der Verteidiger bei schnellen und besonnenen Paßfolgen.*

Methodische Hinweise

Für das methodische Vorgehen bei der Erarbeitung der Ball-Raum-Verteidigung (Zone) eignen sich das Verdeutlichungsprinzip und die Ganz-Teil-Ganz-Methode.
Mit **Verdeutlichungsprinzip** ist hier gemeint, daß die wesentlichen Deckungsgrundsätze durch Über- und Unterzahlsituationen verdeutlicht werden. Bei Überzahl zugunsten der Angreifer erkennen die Verteidiger, daß sie sich nicht am jeweiligen Gegenspieler orientieren können, sondern daß die Position des Balles das entscheidende Kriterium für eine Verschiebung der Deckung ist. Bei Überzahl zugunsten der Verteidiger fallen bestimmte Deckungsaufgaben (z.B. das Doppeln) zunächst leichter. Dadurch wird die Bereitschaft der Verteidiger erhöht, solche Deckungsaufgaben zu erfüllen.
Bei der Verwendung der **Ganz-Teil-Ganz-Methode** wird die Deckungsform als Ganzes kurz vorgestellt und ausprobiert. Im nächsten Schritt werden einzelne Teilaspekte dieser Deckung geübt und dann wieder in das Ganze integriert. Diese methodische Hinführung wird dann gewählt, wenn sich das Ganze als zu komplex oder zu umfangreich erweist, als daß man es in einem Schritt erlernen könnte.
Einige Beispiele, bei denen die genannten methodischen Vorgehensweisen deutlich werden.

Beispiel 1:
Viele Spieler können nur schwer ihre Gewohnheit ablegen, einen bestimmten Mann zu decken. Sie zögern oft, "den" Mann zu verlassen und den Ball zu spielen.

Folgende Übungsform verdeutlicht die Notwendigkeit, den Ball zu spielen:

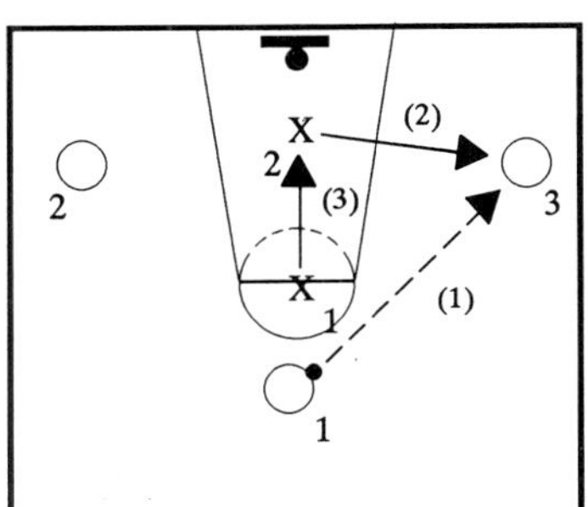

Die Verteidiger haben bei dieser Übungsform die Aufgabe, den jeweiligen Ballbesitzer anzugreifen, die Mitte aber immer zu sichern. Durchführung: Die Angreifer passen sich den Ball zu. X 2 greift nach dem ersten Paß den neuen Ballbesitzer an; X 1 weicht zurück, um einen Paß von O 3 an O 2 zu stören. Bei allen weiteren Pässen tauschen die Verteidiger die Position. Dadurch ist immer ein Verteidiger am Ball, der andere sichert die Mitte.

Beispiel 2:
Das richtige Verschieben der Deckung soll durch eine Überzahlsituation zugunsten der Angreifer verdeutlicht werden: 7 Angreifer gegen 5 Verteidiger. Die Angreifer passen sich den Ball zu, dürfen aber nicht zum Korb ziehen. Die Überzahl macht es den Verteidigern unmöglich, Mann-Mann zu spielen.

Nachstehendes Diagramm zeigt die Ausgangssituation 7-5 bei einer 2-1-2-Zonenaufstellung:

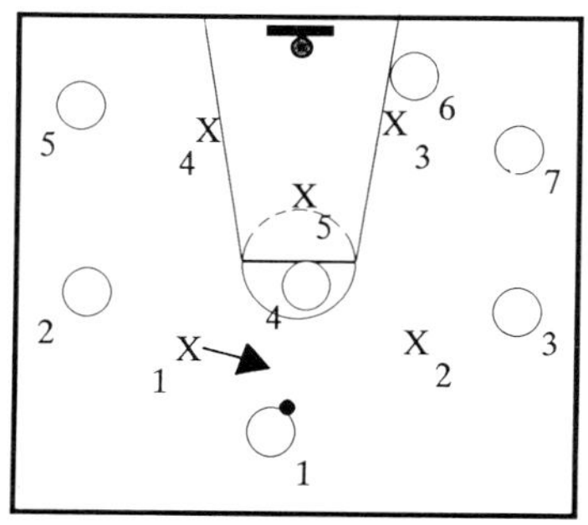

Das Verschieben der Deckung nach dem ersten Paß zur Seite. Alle weiteren Situationen folgen dem gleichen Prinzip:

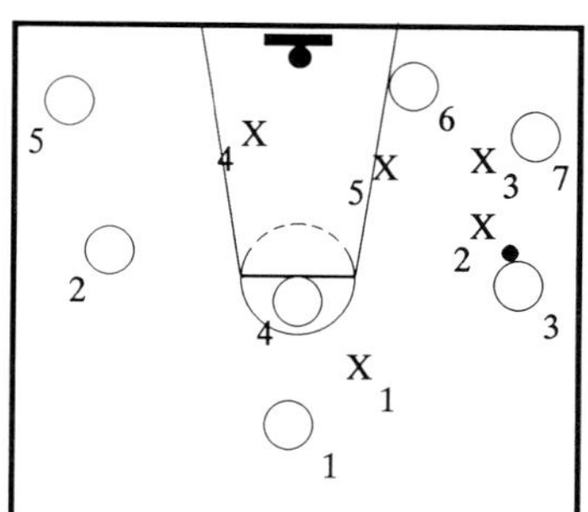

Wichtig: Zunächst hält der jeweilige Ballbesitzer kurz den Ball, damit sich die Verteidigung auch verschieben muß und kann. Sind die Laufwege klar, kann das

Paßtempo gesteigert werden. Zum Üben des Doppelns kann zunächst mit einer Überzahlsituation zugunsten der Verteidiger gearbeitet werden: 3 Angreifer gegen 5 Verteidiger. Die drei Angreifer werden in den Räumen postiert, die für das Doppeln vorgesehen sind. Wird der Ballbesitzer gedoppelt, schneiden die übrigen Verteidiger die Paßwege. Können die Verteidiger diese Aufgabe lösen, wird ein vierter (und dann ein fünfter) Angreifer hinzugegeben.
Das Verdeutlichungsprinzip schließt auch die methodische Entscheidung ein, daß die Verteidiger aus übungsstrategischen Gründen zunächst in ihren Lösungsmöglichkeiten eingeschränkt werden (z.B. Verbot des Durchziehens und der Positionsveränderung, Veränderung des Paßtempos usw.). Je besser dann das Deckungsverhalten der Verteidigung wird, um so mehr Lösungsmöglichkeiten der Angreifer werden zugelassen, bis die Angreifer schließlich alle ihnen zur Verfügung stehenden Lösungsmöglichkeiten nutzen dürfen.

Aufgaben der Verteidiger

Im folgenden werden am Beispiel einiger Aufstellungsformen das Verschieben der Deckung, die Laufwege und die besonderen Aufgaben einzelner Verteidiger dargestellt.

1. Die 1-2-2-Zone:
Der Positionsangriff des Gegners soll zur Seite abgelenkt werden (dies gilt im Grundsatz für alle Aufstellungsformen). Es ist meine Auffassung, daß das Spiel gegen eine Zonenverteidigung am erfolgversprechendsten ist, wenn es den Angreifern gelingt, den Ball in die Mitte zu bringen (z.B. ein Eindringen des Spielmachers mit dem Ball oder ein Anspiel zum High-Post auf der Freiwurflinie usw.). Die vordere Reihe der Verteidigung muß daher versuchen, den Angriff durch ein Abdrängen des Ballbesitzers zur Seite zu dirigieren. Dadurch wird auch das rechtzeitige Verschieben der Deckung erleichtert.

Nachstehendes Diagramm zeigt das Verhalten des vorderen Verteidigers X 1, der durch Mann-Mann-Verteidigungstechnik versuchen muß, den Dribbler abzudrängen:

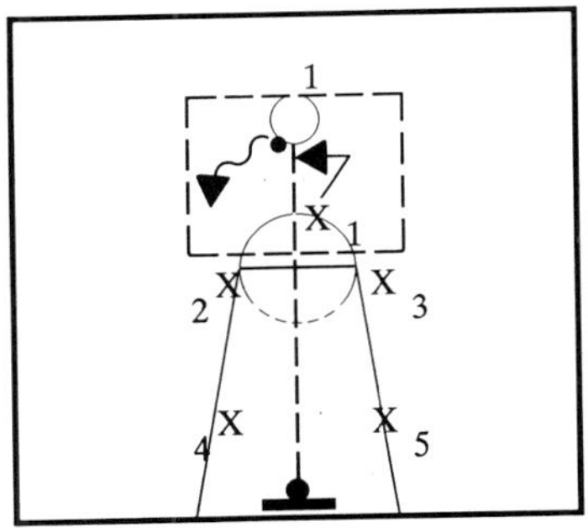

Das gestrichelte Rechteck zeigt den Raum, in dem wir den Ball nicht haben wollen. Die gestrichelte Längsachse soll den Verteidigern als Orientierungshilfe dienen. Das nachstehende Diagramm zeigt das mögliche Verhalten von X 1 nach dem Paß zur Seite:

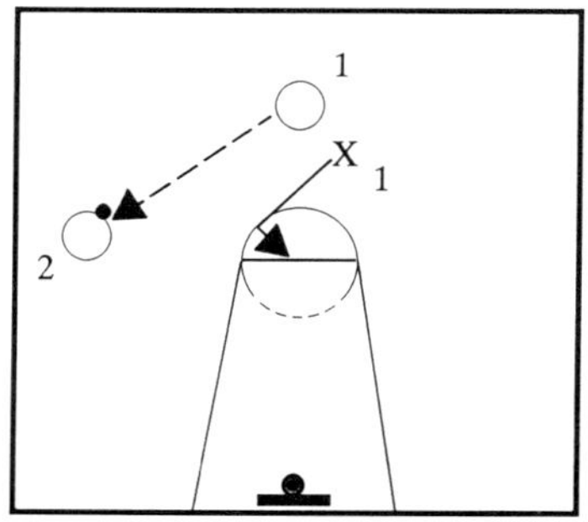

Nach welcher Seite abgedrängt wird, hängt von den Stärken und Schwächen des Gegners ab. Die meisten Mannschaften spielen zunächst nach rechts. Es wäre also reizvoll, den Spielmacher nach links abzudrängen. Ist der Ball in einer der Ecken, muß die Grundlinie (Baseline) zugemacht werden. Dies ist für mich ein sehr wichtiger Grundsatz, denn Hilfe ist nur sehr schwer möglich, wenn ein Angreifer entlang der Grundlinie durchziehen kann. Verteidigt ein Hinterspieler den Ballbesitzer in der Ecke, sollte er diesen so angreifen, daß ein Durchbruch entlang der Grundlinie verhindert wird (Sicherung der Grundlinie). Der andere Hinterspieler soll signalisieren, daß er von der ballfernen Seite (weak-side) abgesunken ist, um einen Angriff des Ballbesitzers nach innen zu erschweren. Das nachstehende Diagramm zeigt dieses Abwehrverhalten:

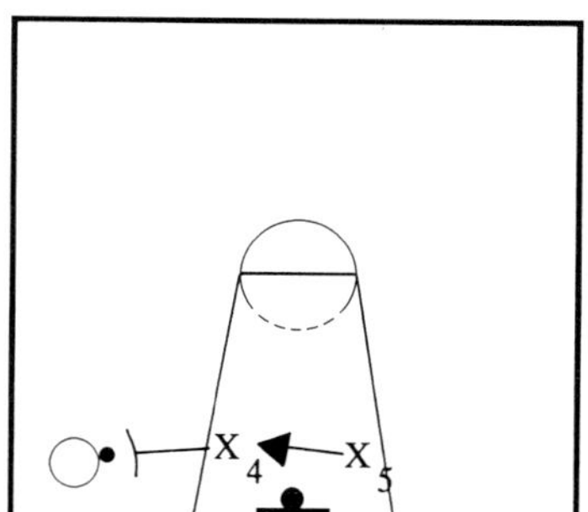

Eine Ausnahme vom Grundsatz "Grundlinie zu" stellt nur eine Verteidigungskonzeption dar, die bewußt die Grundlinie aufmacht, um den Ballbesitzer zum Durchziehen und zu einem Offensivfoul an dem Verteidiger zu provozieren, der von der ballfernen Seite abgesunken ist. Will man nun Druck auf die Angreifer ausüben, kann in der Zonenverteidigung mit Mann-Mann-Elementen gearbeitet werden. Dies geschieht in Form des **Doppelns**. Wichtig dabei ist, daß das Doppeln (wie auch bei der Mann-Mann-Verteidigung) nicht heißen soll, den Ballbesitzer so zu behindern bzw. zu bedrängen, daß eine Foulgefahr gegeben ist. Richtiges Doppeln soll den Ballbesitzer verunsichern und zu Fehlern verleiten. Es ist schon viel erreicht, wenn der gedoppelte Spieler froh ist, den Ball wieder loszuwerden. Ich bin der Auffassung, daß vor allem an zwei Stellen gedoppelt werden kann: in den Ecken und im Bereich der verlängerten Freiwurflinie (bei einigen Aufstellungsformen - z.B. der 1-3-1-Zone - auch etwas weiter in Richtung Mittellinie).

Begründung: Der Ballbesitzer ist an diesen Stellen in seinen Entscheidungsmöglichkeiten eingeschränkt (Grund- und Seitenlinie wirken wie ein zusätzlicher Gegenspieler) bzw. so ungünstig postiert, daß er bei richtigem Verhalten aller Verteidiger keinen Mitspieler mit einem Paß in Korbnähe zum Wurf bringen kann. Das Doppeln ist aber nur dann sinnvoll, wenn sich die übrigen Verteidiger entsprechend verschieben und immer bereit sind, Paßwege zu "schneiden", also vor die Gegenspieler in ihrem Bereich kommen. Gerade auf diesen Punkt muß der Trainer mit großer Bestimmtheit hinwirken. Es gibt wenig Deprimierenderes (Motivationsverlust) für die Spieler, die doppeln, als einfache Paßmöglichkeiten des gedoppelten Spielers, weil die restlichen Verteidiger in ihrem Mannschaftsverhalten zu passiv sind oder nicht verstehen, um was es überhaupt geht.
Natürlich können nicht alle Paßwege unterbunden werden (dies gilt besonders für relativ offene Deckungsaufstellungen). Allerdings müssen Paßwege zum Korb hin geschlossen werden. Pässe vom Korb weg (in Richtung Mittellinie) dürfen eher zugelassen werden. Trotzdem kann sich das Doppeln auch dann noch lohnen, weil die Angreifer Zeit verlieren und aus ihrem gewohnten Angriffsmuster gebracht werden.

Nachfolgendes Diagramm zeigt das Doppeln aus der 1-2-2-Zone:

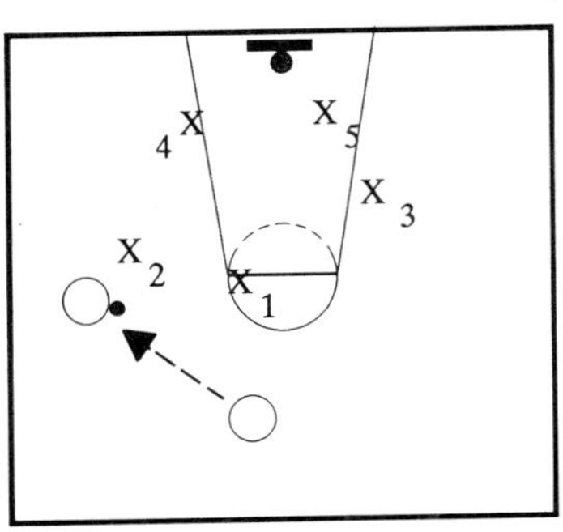

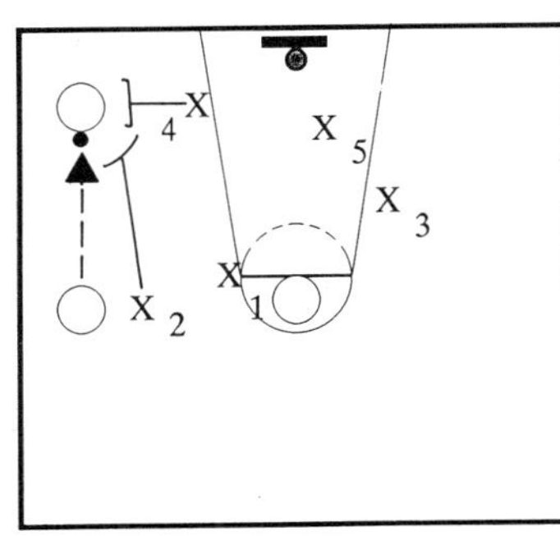

Spielt der Gegner mit einem High-Post, ist X 1 für ihn verantwortlich (Stellung zwischen Ball und High-Post). Spielt der Gegner ohne High-Post, kann X 1 den Paßweg zurück zum Anspieler schneiden. X 3 muß die weak-side sichern.

Für die 1-2-2-Zone erweist es sich als problematisch, wenn es dem Gegner gelingt, den Ball in die Mitte zu bringen (etwa zum High-Post oder zum Center direkt am 3-Sekunden-Raum oder unter dem Korb). Um dies zu erschweren, muß sich die Deckung sehr stark verschieben.

Die beiden folgenden Diagramme zeigen die Aufgaben der einzelnen Verteidiger in solchen Situationen.

Ball an der Seite:

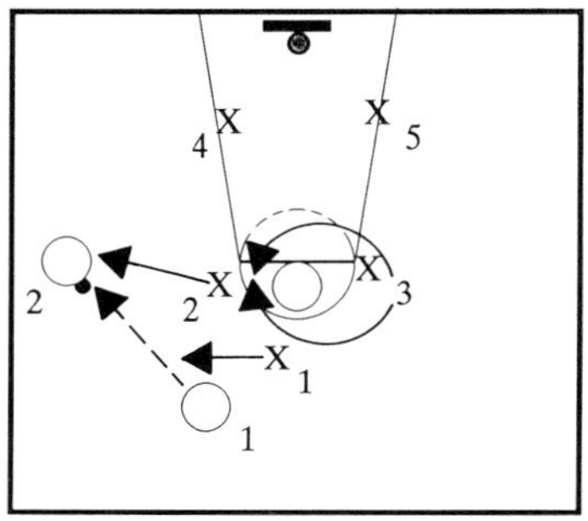

X 2 übernimmt den Ballbesitzer O 2; X 1 orientiert sich Richtung Ballbesitzer und behindert den Rückpaß zum Anspieler O 1; X 3 versucht vor den High-Post zu kommen (schon während der Paß von O 1 zu O 2 unterwegs ist).

Ball in der Ecke (Angriffscenter auf der gleichen Seite):

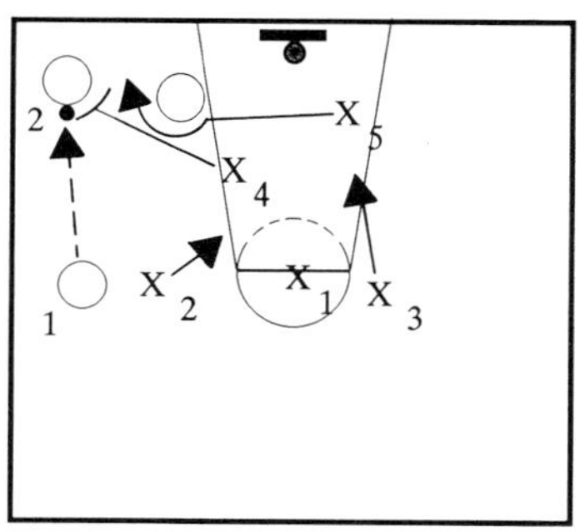

X 4 übernimmt den Ballbesitzer O 2; X 5 versucht vor den Center zu kommen; X 3 sichert die weak-side; X 2 sinkt etwas zur Mitte ab. Dadurch soll gewährleistet sein, daß O 1 , wenn er den Ball aus der Ecke zurückgespielt bekommt, nicht diagonal zum Korb durchbrechen kann. Man will einen Rückpaß aus der Ecke zu O 1 eher zulassen, als einen Angriff von O 1 zum Korb, wenn er den Ball trotz Behinderung des Paßweges

erhalten hat. X 1 sichert die Freiwurflinie gegen das Hereinschneiden eines Angriffsspielers.

Wichtig: Wird der Ball vom Grundlinienbereich wieder Richtung Mittellinie gespielt, muß die gesamte Deckung schnell wieder herauskommen. Auch die Hinterspieler rücken schnell und deutlich nach vorn, damit es nicht zu Lücken zwischen den einzelnen Deckungslinien kommt. Die Verteidigung muß rasch wieder kompakt werden. Die schwierigste Situation für die Verteidigung ist dann gegeben, wenn es der angreifenden Mannschaft gelingt, den High-Post von vorn anzuspielen (also noch bevor der Angriff zur Seite abgedrängt werden konnte). Dies bedeutet höchste Gefahr. Ich empfehle in einem solchen Fall folgendes Deckungsverhalten:

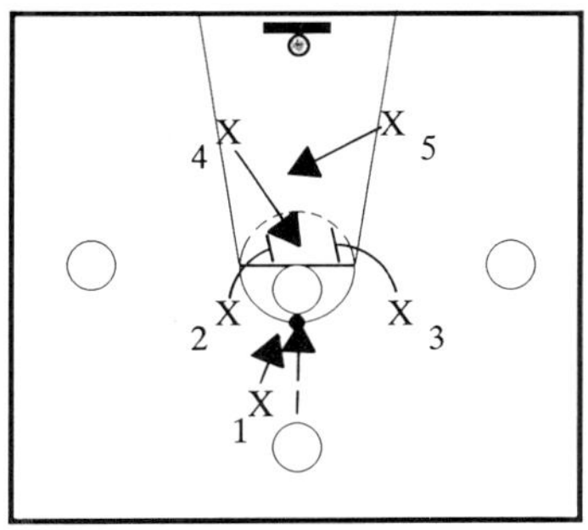

Die Hinterspieler X 4 und X 5 rücken hinter den High-Post; die Vorderspieler X 2 und X 3 sinken ab und schwenken zur Mitte ein; X 1 sinkt zum High-Post ab. Durch dieses Deckungsverhalten wird es dem High-Post kaum ermöglicht, Richtung Grundlinie zu spielen. Bei einem Paß auf die Flügel können X 2 und X 3 schnell angreifen.

2. Die 1-3-1-Zone:

Die 1-3-1-Zone ist eine interessante Deckungsvariante, die vor allem gegen Mannschaften gespielt werden kann, die aus einer 1-3-1-Aufstellung angreifen. Mannschaften, die selten oder nie gegen eine 1-3-1-Zone gespielt haben, tun sich erfahrungsgemäß zunächst außerordentlich schwer, weil sie ihr Grundmuster stark verändern müssen.

Grundaufstellung:

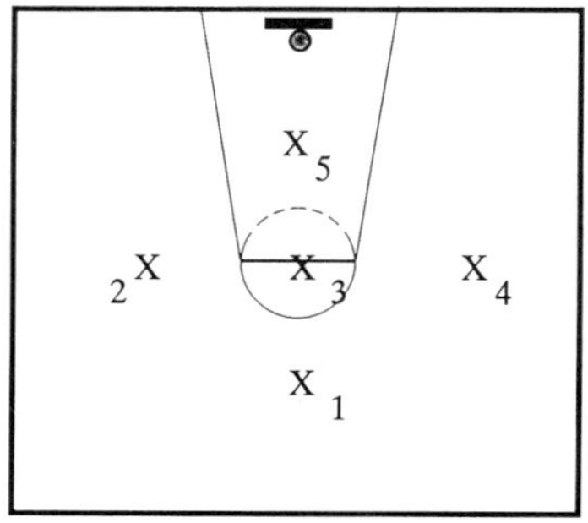

Der Erfolg dieser Deckung hängt wesentlich von den Spielern X 1 und X 5 ab. X 1 soll schnell und beweglich sein. Er muß den Angriff zur Seite abdrängen, zusammen mit X 2 oder X 3 doppeln und bereit sein, lange Wege zu gehen. X 5 ist gewöhnlich der zweitgrößte Spieler, der jedoch schnell genug sein muß, um rasch die Ecken zu erreichen. Außerdem sollte er über eine gute Spielübersicht verfügen, um seine Vorderleute zu dirigieren. Man kann auch den zweitgrößten Spieler für die Position X 2 oder X 3 vorsehen, wenn man einen geeigneteren Spieler für die X 5-Position hat.

Die beiden folgenden Diagramme zeigen die Aufgaben der einzelnen Spieler in häufig vorkommenden Situationen.

Situation 1 (meist zu Beginn des Angriffs):

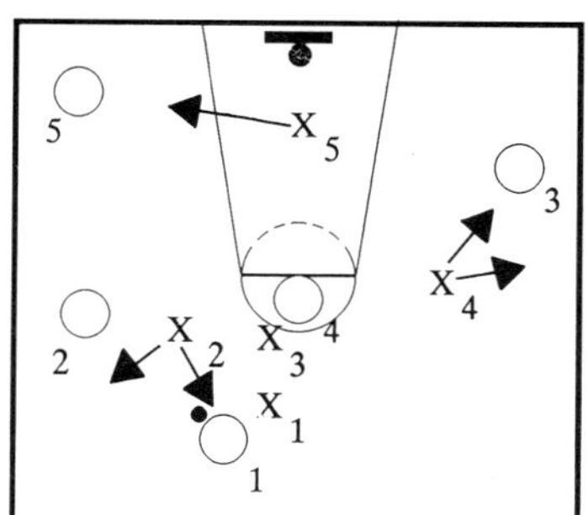

X 1 versucht zusammen mit X 2 den Ballbesitzer zu doppeln. X 2 soll zudem einen Paß von O 1 zu O 2 erschweren. X 3 muß immer zwischen Ball und Korb sein; in diesem Fall vor dem gegnerischen High-Post (O 4). X 4 soll auf einer Linie zwischen Ball und Spielfeldecke bleiben, aber immer darauf spekulieren, einen bedrängten Paß von O 1 zu O 3 abzufangen. X 5 orientiert sich schon in Richtung bedrohter Ecke.

Situation 2 (Ball in der Ecke):

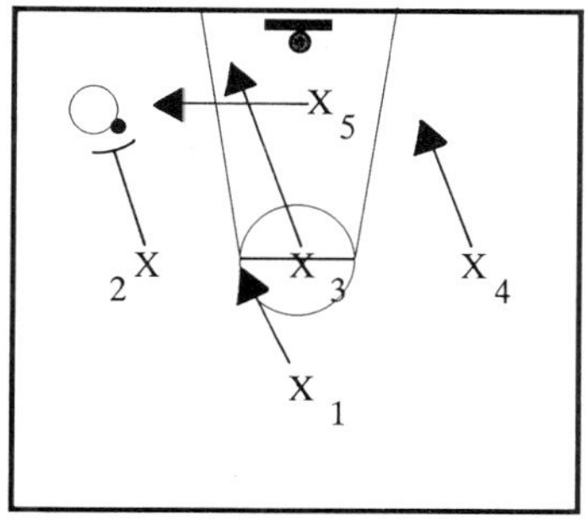

Die Verteidigung verschiebt sich folgendermaßen:
X 1 sinkt zwischen Ball und Birne ab, um einen Paß zur Freiwurflinie zu verhindern. X 2 greift den Ball an und schneidet die Paßmöglichkeit von der Ecke zum Rückfeldbereich/Mittellinie). X 3 sofort zwischen Ball und Korb. X 5 greift den Ball an, verhindert einen Paß entlang der Grundlinie und muß(!) ein Durchziehen des Ballbesitzers entlang der Grundlinie verhindern. X 4 sinkt Richtung Grundlinie ab, um einen Paß von einer Ecke zur anderen zu verhindern.
Es wird nochmals darauf hingewiesen, daß die 1-3-1-Zone zeitlich nur begrenzt anzuwenden ist. Hat sich der Gegner gut darauf eingestellt, ist diese Zone anfälliger als jede andere Aufstellungsform.

3. Die 3-2 Zone:

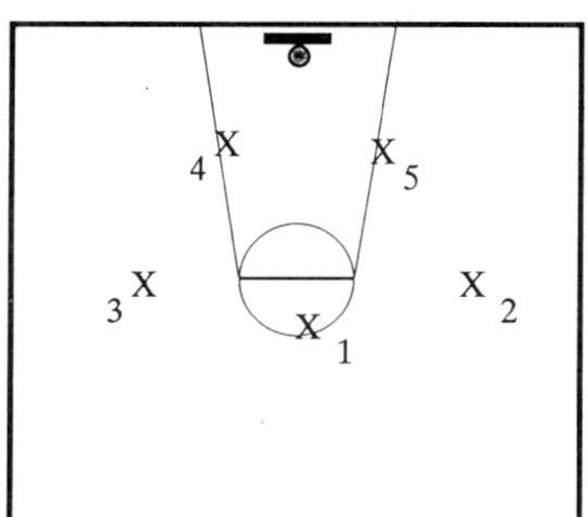

Die nächsten Diagramme zeigen die Verschiebung einzelner Verteidiger in Abhängigkeit zu Ball und Stellung der jeweiligen Angreifer.

Abschirmung des High-Post:

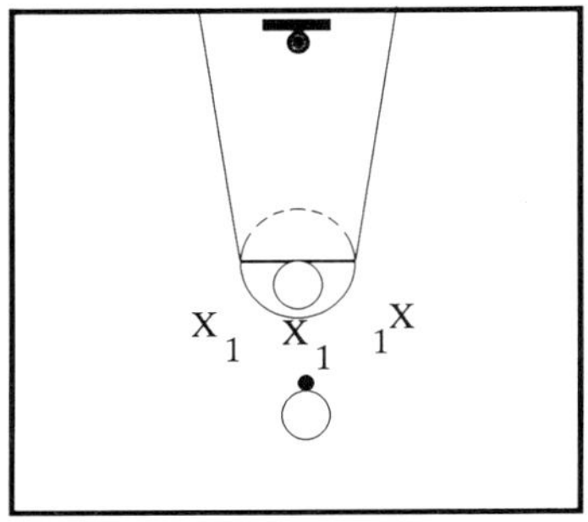

Wann immer möglich macht X 1 den High-Post zu.

Ball in der Ecke:

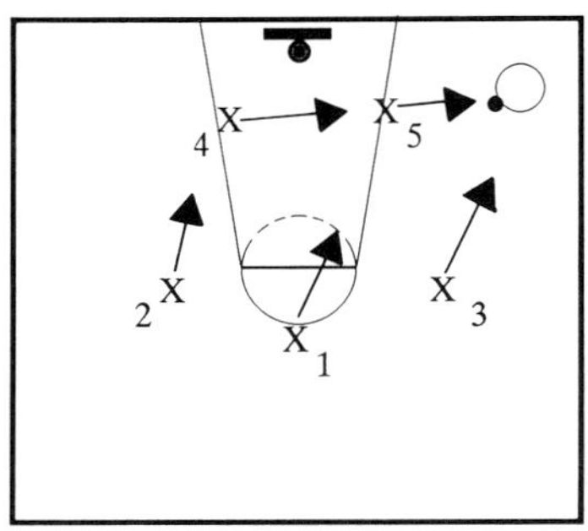

X 5 greift den Ballbesitzer an. X 4 rückt nach, um den Bereich unter dem Korb abzuschirmen. X 3 doppelt den Ballbesitzer. X 2 sinkt ab (Rebound). X 1 sinkt ab, um einen Paß von der Ecke zum High-Post zu verhindern.

Bei der Situation "Ball in der Ecke" verwende ich gern folgende **Variante**:

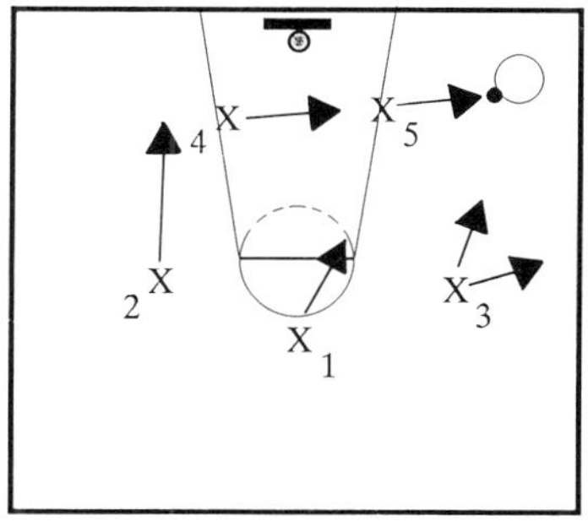

X 5 greift den Ballbesitzer an. X 4 rückt auf die bisherige X 5-Position. X 2 sinkt zur Grundlinie ab und übernimmt die bisherige Position von X 4. X 3 doppelt nicht, sondern schneidet einen Paß von der Grundlinie in Richtung Mittellinie.

Durch diese besondere Art der Verschiebung findet ein ständiger Wechsel von 3-2 und 2-3-Zone statt. Der Vorteil dieser Variante ist, daß ständig eine Dreierlinie auf Ballhöhe ist. Damit ist die Reboundsituation gut gelöst und übliche Spielzüge gegen eine 3-2-Zone werden sehr erschwert.
Wichtig: Wird der Ball von der Grundlinie zurück in Richtung Mittellinie gespielt, müssen X 2, X 4 und X 5 rasch wieder ihre ursprüngliche Position einnehmen. Bei dieser Art der Verschiebung soll der kleinste Deckungsspieler (bzw. der schwächste Rebounder) auf Position 1 spielen. Eine andere Variante ist der "**Fahrstuhl**". Hier pendelt X 1 je nach Ballposition zwischen den beiden Deckungsreihen:

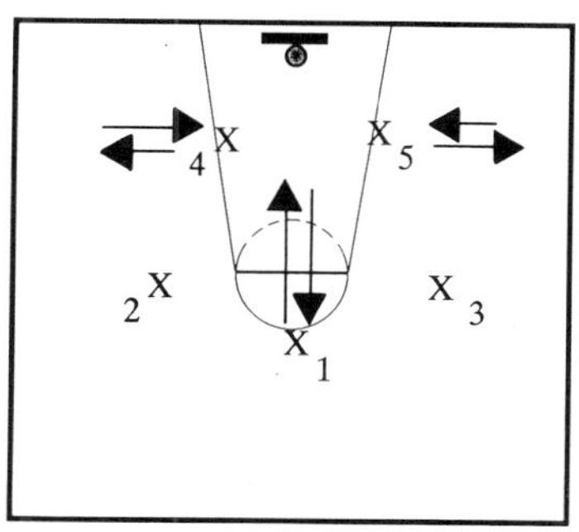

Bei dieser Form wird der Ballbesitzer in den Ecken von X 5 und X 3 bzw. X 4 und X 2 gedoppelt. X 1 muß hier ein großer (oder reboundstarker) Spieler sein. Da dieses Deckungsverhalten eine große physische Belastung für X 1 darstellt, sollte man in der vorderen Deckungsreihe die Position X 1 ab und zu wechseln.

Kombinierte Verteidigung

Im modernen Basketball werden immer häufiger kombinierte Verteidigungen verwendet. Dies liegt einerseits daran, daß sich die offensiven Fertigkeiten und Fähigkeiten immer weiterentwickeln, was durchaus zu eher unorthodoxen Verteidigungsmaßnahmen führt. Andererseits sind auch in unterklassigen Mannschaften immer häufiger ausgezeichnete Einzelspieler (sehr oft Amerikaner) anzutreffen, die außerordentlich spielbestimmend sind. Es liegt also nahe, Verteidigungsformen zu verwenden, die solche herausragenden Spieler neutralisieren sollen.
Die gebräuchlichsten kombinierten Deckungsformen sind die **"Box-and-One"** (die Grundaufstellung sieht aus wie ein Kasten in einer 2-2 Aufstellung) und die **"Diamond-and-One"** (die Grundaufstellung ähnelt einem Diamanten in einer 1-2-1 Aufstellung). Beiden Deckungsformen ist gemeinsam, daß sie Elemente der Mann-Mann-Verteidigung und der Ball-Raum-Verteidigung kombinieren. In beiden Fällen spielen vier Verteidiger nach Ball-Raum-Prinzipien und ein Verteidiger spielt Mann-Mann gegen den "Star". Das Problem liegt bei dieser Verteidigungsart darin, daß nur vier Verteidiger den Raum abdecken, der sonst von fünf Verteidigern abgeschirmt wird. Dadurch werden zwangsläufig Lücken entstehen. Dies gleicht sich aber meist dadurch aus, daß die angreifende Mannschaft daran gewöhnt ist, vor allem ihren gefährlichsten Spieler ins Spiel zu bringen. Sie wird zunächst versuchen, diesen Spieler einzubeziehen, ohne die grundsätzlichen Schwächen der Verteidigungsform auszunutzen. Außerdem haben viele Mannschaften kein Rezept zur Bekämpfung des für sie ungewohnten Deckungsverhaltens.

Die "Box-and-One":

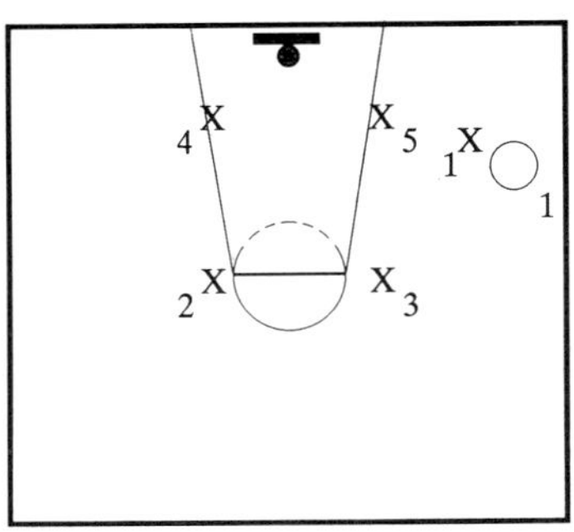

X 2 und X 3 stehen zunächst etwas vor der Freiwurflinie. Sie schirmen den Bereich der Birne ab. X 4 und X 5 sichern den Drei-Sekunden-Raum. X 1 spielt Mann-Mann gegen O 1. Er hat dabei die Entscheidungsfreiheit, ob er bereits einen Paß zu O 1 verhindern soll (vor allem dann, wenn O 1 gut ziehen kann) oder O 1 erst angreift, wenn dieser den Ball hat.

Es gelten zwei wichtige **Grundsätze**:

1. X 2 - X 5 dürfen sich nicht zu weit auseinanderziehen lassen, da sonst zu große Lücken entstehen. Tendenz: wann immer möglich einen Fuß am Drei-Sekunden-Raum. Es ist im Zweifelsfalle besser, einen Wurf von außen zuzulassen, als sich zu weit auseinanderzuziehen.
2. Wenn der "Star" den Ball hat, soll er - wann immer möglich - gedoppelt werden.

Die "Diamond-and-One":

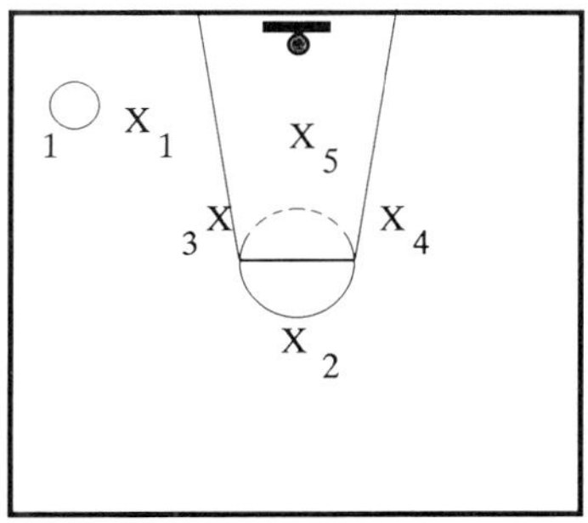

Bei der "Diamond-and-One" gelten im Grunde die gleichen Prinzipien wie bei der "Box-and-One". Auch hier soll der herausragende Angreifer durch Mann-Mann-Verteidigung besonders gestört werden. Die übrigen vier Verteidiger sollen den Bereich des Drei-Sekunden-Raums so kompakt wie möglich abschirmen. Die Aufstellung 1-2-1 wird gewählt, um einen Angriff von vorn durch die Mitte zu verhindern. Auch bei der "Diamond-and-One" soll der gefährlichste Angreifer nach Möglichkeit gedoppelt werden, wenn er im Ballbesitz ist. Als Übungsformen für kombinierte Verteidigungen eignen sich die bei anderen Zonenaufstellungen verwendeten Formen, wobei noch mehr Aufmerksamkeit auf das Doppeln und das Schneiden der Paßwege gelegt werden soll. Besonders betont wird dabei das sehr schnelle Verschieben der Deckung und das Wiedereinnehmen der jeweiligen Ausgangsposition, damit der Deckungsverband in sich geschlossen bleibt.

Die Zonen-Presse

Grundsätzlich stellt die Preß-Verteidigung eine Deckungsart dar, mit der ein Gegner stark unter Druck gesetzt werden soll. Meist wird eine Preß-Verteidigung gewählt, um bereits den gegnerischen Spielaufbau empfindlich zu stören.
Die Zonen-Presse stellt eine Sonderform des Deckungsverhaltens dar, die Mann-Mann-Elemente mit Zonen-Elementen verbindet. Aufstellungsform und Verwendung dieser Deckungsart richten sich nach taktischen Erfordernissen und Möglichkeiten (Spielstand, Foulbelastung der eigenen Mannschaft, taktisches und technisches Können der eigenen und gegnerischen Spieler usw.). Im allgemeinen wird

die Zonen-Presse nicht die Standardverteidigung einer Mannschaft sein, sondern eher als kurzzeitiges taktisches Mittel eingesetzt werden.
Ziel der Zonen-Presse ist nicht in erster Linie ein sofortiger Ballgewinn, sondern den organisierten Angriff soweit zu stören, daß dieser in Zeitnot gerät (10-Sekunden und 30-Sekunden-Regel) und überhastete Aktionen durchführen muß.

Wann empfiehlt sich die Verwendung der Zonen-Presse?
- *wenn starker Druck auf die gegnerische Mannschaft ausgeübt werden soll.*
- *wenn der Gegner einen eher bedächtigen Positionsangriff spielt, mit dem er Wurfmöglichkeiten mit hoher Trefferwahrscheinlichkeit sucht und die Verteidigung "einschläfern" will.*
- *wenn der Gegner über schwächere oder unerfahrene Spielmacher verfügt.*
- *wenn man den Rhythmus des eigenen Spiels ändern will oder muß.*
- *wenn man zurückliegt und mit anderen Deckungsformen keine Änderung herbeiführen konnte.*

Für die Zonen-Presse gelten folgende **Grundsätze**:
- *Ball aus der Mitte heraushalten.*
- *Gegner zum Dribbling verleiten.*
- *Dribbler zur Seitenlinie abdrängen.*
- *Dribbler an der Seitenlinie stoppen und doppeln.*
- *beim Doppeln Paßwege schneiden.*
- *das Doppeln möglichst an den Seitenlinien oder im Bereich der Mittellinie versuchen, da diese Linien wie ein zusätzlicher Verteidiger wirken können. Beim Doppeln kurz vor der Mittellinie nutzt die Verteidigung die 10-Sekunden-Regel, beim Doppeln kurz hinter der Mittellinie die Rückspielgefahr.*
- *Doppeln ohne Foul. Der Ballbesitzer soll verunsichert und zu Fehlern verleitet werden.*

Anmerkung: auch wenn es den Gegnern gelingt, die Zonen-Presse zu überwinden, müssen sie oft ihren eigentlich geplanten Angriff neu organisieren, da die meisten Angreifer in andere Räume mußten, als es ihren sonst üblichen Positionen entspricht. Dadurch verlieren sie oft viel Zeit und müssen einen überhasteten Wurf versuchen.

Methodische Hinweise

Zur Einführung der Zonen-Deckung hatte ich an anderer Stelle die Ganz-Teil-Ganz-Methode empfohlen. Bei der Entwicklung der Zonen-Presse gehe ich von diesem Vorschlag insofern ab, als ich zunächst Übungsformen verwende, bei denen das Doppeln an sich und das Herausfangen eines Passes geübt wird. Die didaktische Begründung ist, daß die Spieler in solchen Übungsformen erkennen, daß dieses an sich ungewohnte Deckungsverhalten in bestimmten Situationen möglich und erfolgversprechend ist.

Ball im Kreis:

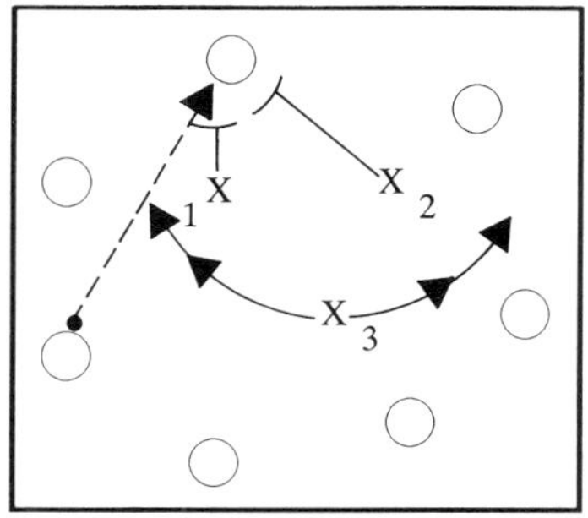

Der Ball wird im Kreis gepaßt; der direkte Nebenmann darf nicht angespielt werden. Nach jedem Paß doppeln zwei Verteidiger sofort den Ballbesitzer, der dritte Verteidiger versucht, den Ball abzufangen. Wenn dies nicht gelingt, wird sofort der neue Ballbesitzer gedoppelt usw.

Eins gegen Zwei:

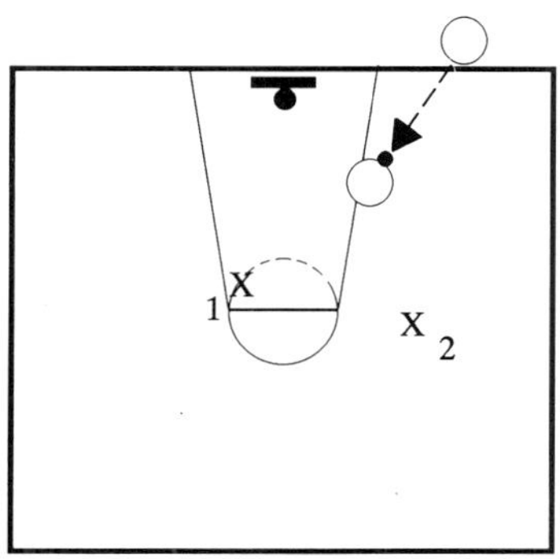

O 1 erhält den Ball zugespielt und spielt dann übers ganze Feld gegen X 1 und X 2; die beiden Verteidiger versuchen dabei noch eigene Lösungsmöglichkeiten, um O 1 zu stoppen. Zunächst sollen die Verteidiger die Hände auf den Rücken nehmen, damit sie lernen, den Angreifer mit richtiger Beinarbeit abzudrängen. Dann wird der Gebrauch der Hände zugelassen.

Schulung des Timings:

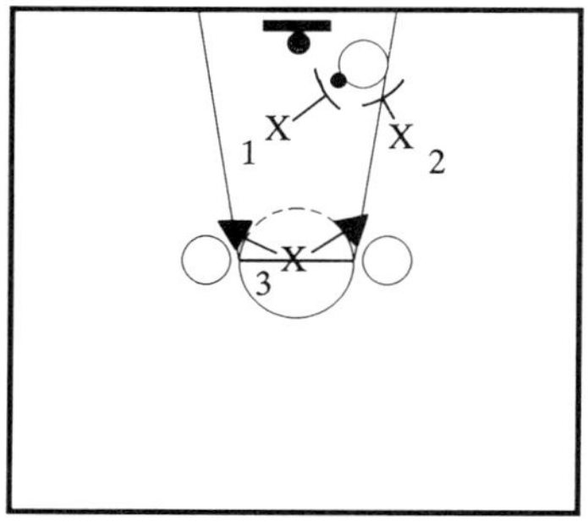

O 1 steht mit dem Rücken zum Korb, der Ball ist auf dem Boden. Die Übung beginnt, wenn O 1 den Ball aufhebt. X 1 und X 2 doppeln O 1; O 1 muß versuchen, O 2 oder O 3 anzuspielen, die am Ort bleiben müssen. X 3 versucht, den Ball herauszufangen.
Nach diesen Vorübungen wird die gewählte Aufstellungsform vorgestellt. Dies und das weitere Vorgehen wird hier am Beispiel einer 1-2-1-1 Aufstellung, die ohne Schwierigkeiten in eine 1-2-2-Zonen-Presse übergehen kann, dargestellt:

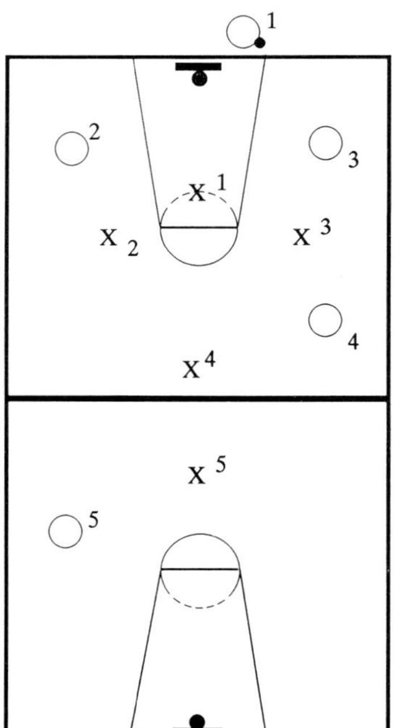

In dieser Verteidigungsaufstellung wird nun gespielt, wobei die Angreifer frei agieren können. Sehr schnell werden die Verteidiger bemerken, daß Mißverständnisse und Situationen auftreten, die einer Klärung bedürfen. Jetzt werden Lösungsmöglichkeiten für spezielle Situationen vorgestellt und eingeübt. Dabei wird zunächst mit Überzahl zugunsten der Verteidigung gearbeitet.

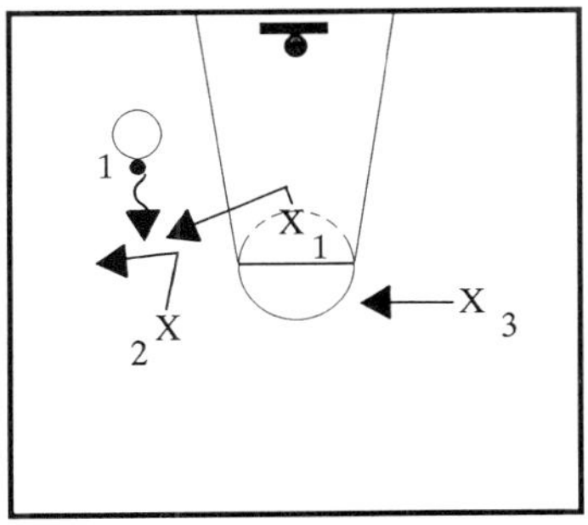

O 1 beginnt mit dem Dribbling; X 1 versucht, den Dribbler nicht durch die Mitte zu lassen, sondern ihn "behutsam" abzudrängen. Dann versuchen X 1 und X 2 konsequent zu doppeln. Sollte O 1 vor X 1 die Seite wechseln, erfolgt das Zusammenspiel zwischen X 1 und X 3.

Wichtig: Zunächst soll erreicht werden, daß O 1 nicht zwischen X 1 und X 2 bzw. X 1 und X 3 durchkommt. Ein Durchbruch entlang der Seitenlinie wird hier noch eher in Kauf genommen. Es wird auf beiden Seiten geübt. Danach wird der Dribbler deutlicher zur Seitenlinie abgedrängt und dort gedoppelt.

Diese Übungsformen sind wiederholt zu verwenden, um das der jeweiligen Spielsituation entsprechende Timing zu schulen.

Verhalten nach dem ersten Paß:

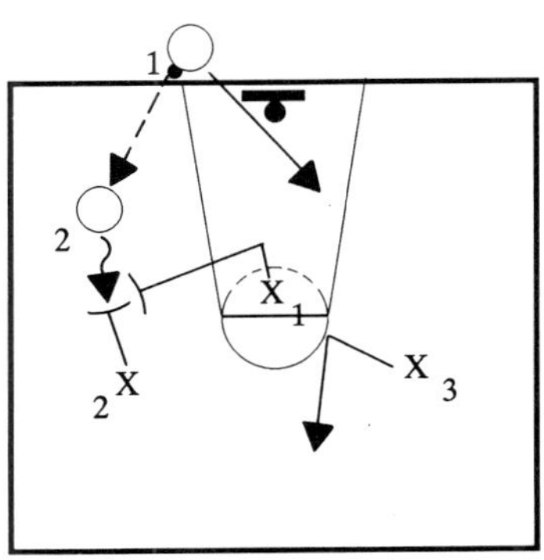

Hier wird jetzt mit drei Verteidigern gegen zwei Angreifer gearbeitet. Aus Übungsgründen ist kein Paß über die Mittellinie erlaubt.
Nach dem ersten Paß orientiert sich X 1 zunächst nach vorn in Richtung Einwerfer, dann in Richtung O 2; X 2 nähert sich O 2 und doppelt mit X 1; X 3 orientiert sich zur Mitte (er schneidet den Paßweg von O 2 zu O 1, falls O 1 auf der anderen Seite in Richtung Mittellinie läuft). Sobald O 2 mit dem Dribbling beginnt, sinkt X 3 zur Mitte ab. Sollte O 2 den Ball zu O 1 zurückspielen, soll O 1 von X 1 zur Seite zu X 3 abgedrängt werden. X 2 verhält sich wie zuvor X 3.
Bei der Verwendung der 1-2-1-1-Zonenpresse lasse ich im allgemeinen den Einwurf auf einer Seite unbehindert zu. Dies hat den Vorteil, daß die Verteidigung aus ihrer gewohnten Grundaufstellung agieren kann und den Ball zuerst dort hat, wo sie es will. Deshalb lassen wir auch bei diesen Übungsformen den ersten Paß zu.

Wir üben jetzt mit 4 Verteidigern gegen 3 Angreifer:

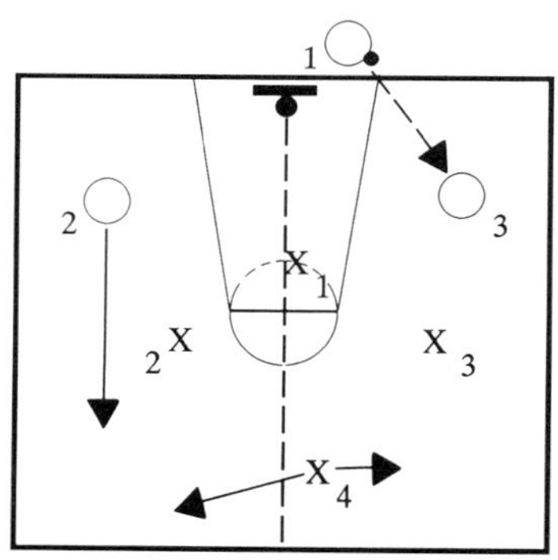

Durch die Hereinnahme von X 4 wird jetzt ein langer Paß erlaubt. Das Verhalten von X 1, X 2 und X 3 bleibt wie bisher. Der Verteidiger an der ballfernen Seite (hier X 2) soll aber nicht weiter als bis zur Mittelachse einrücken. X 4 orientiert sich bereits in Richtung Ballseite, spekuliert aber auch auf einen langen Diagonalpaß (z.B. zu O 2). Sollte O 3 aber an der Seitenlinie durchbrechen, muß X 4 O 3 übernehmen und zu stoppen versuchen.
An diesem Diagramm wird ein wichtiges Prinzip der Zonen-Presse als Ball-Raum-Verteidigung deutlich. Wenn O 2 zum gegnerischen Korb startet (Ball bei O 3), darf X 2 ihm **nicht** folgen, sondern muß die Mitte schließen. Dieses Deckungsverhalten ist für X 2 möglicherweise ungewohnt, muß aber dennoch eingehalten werden.
Als nächsten Schritt spielen wir mit 5 Verteidigern gegen 3 Angreifer. Hierdurch soll erreicht werden, daß die jeweils ballfernen Verteidiger X 2 und X 3 noch deutlicher bemerken, daß sie nicht "ihrem Mann" folgen sollen. Außerdem kann X 4

etwas risikoreicher spielen, beispielweise konsequenter doppeln, falls ein Ballbesitzer entlang der Seitenlinie durchbricht.

Das Verhalten der Verteidiger bei den Situationen, die sich nach dem ersten Paß ergeben können, wird zunächst mit 4 Angreifern gegen 5 Verteidiger und schließlich bei Gleichzahl geübt:

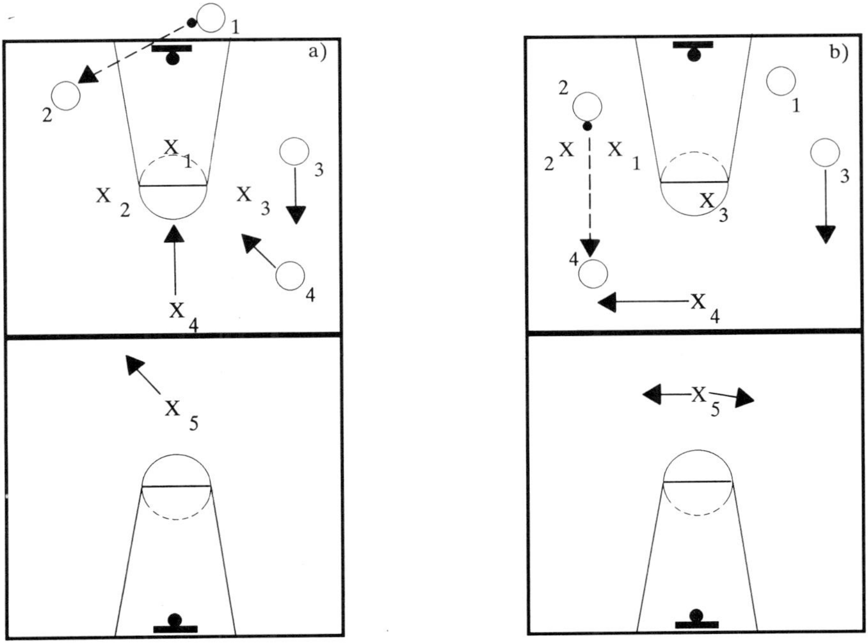

Situation a)

Bietet sich O 4 zur Mitte an, muß X 4 zwischen ihn und den Ball kommen (Grundsatz "Ball aus der Mitte heraushalten"). Ein Anspiel an O 4 in der Mitte stellt die Verteidigung vor große Probleme, weil O 2 und O 3 entlang der Seitenlinien gut anspielbar sind und sehr schnell eine 2-1 Überzahlsituation in Korbnähe herstellen können. X 5 orientiert sich etwas zur Ballseite.

Situation b)

Bietet sich O 4 an der Ballseite an der Seitenlinie an, orientiert sich X 4 ebenfalls in Richtung Seitenlinie. Ist der Paß zu O 4 unterwegs, muß X 4 O 4 stoppen und zusammen mit X 2 oder X 1 doppeln. X 5 verschiebt sich ebenfalls zur Seitenlinie, es sei denn O 5 (hier noch nicht eingesetzt) läuft diagonal vom Ball weg.

Hat der Gegner die letzte Sperre vor der Mittellinie überwunden, wird die 1-2-1-1-Zonen-Presse aufgegeben und eine andere Aufstellung eingenommen. Ich empfehle eine Zonen-Verteidigung (z.B. 1-2-2). Das Umschalten auf eine Mann-Mann-Verteidigung ist zu problematisch, da manche Verteidiger "ihren" Mann erst suchen müßten. Es entstünde u.U. zunächst eine heillose Verwirrung, die vom Gegner zu leichten Körben genutzt werden könnte.

Die beschriebene 1-2-1-1-Zonen-Presse wird zum Beispiel nach Korberfolg aus dem Spiel bzw. nach erfolgreichem Freiwurf gespielt. Wird sie nach erfolgreichem Freiwurf verwendet, empfehle ich eine kleine taktische Maßnahme: vor dem zweiten Freiwurf wechseln die Spieler in die Aufstellung beim Rebound, die bei der anschließenden Presse die erste Deckungsreihe bilden sollen. Dadurch gelangen X 4 und X 5 besser in ihre Aufstellungsräume. Diese taktische Maßnahme erfolgt bei der Eins-und-Eins Situation erst nach dem erfolgreichen ersten Freiwurf.

Eine Zonen-Presse ist nur erfolgreich, wenn alle Verteidiger ihr individuelles Abwehrverhalten zum richtigen Zeitpunkt koordinieren können. Dieses Timing kann nur gelingen, wenn allen Verteidigern klar ist, wann die eigentlich aktive Phase der Deckung beginnen soll. Ich empfehle **eindeutige Signale**.
Das **Signal "100"** bedeutet, daß die Zonen-Presse über das ganze Feld gespielt wird. Dies schließt ein, daß bereits der Einwurf (nach Korberfolg) behindert wird und sofort nach dem ersten Paß gedoppelt wird. Dieses Vorgehen übt zwar den größten Druck auf den Gegner aus, ist aber im allgemeinen nur schwer durchführbar. Die oft eher zufällige Position der Spieler nach Beendigung eines Angriffs erschwert bei "100" die Einnahme der richtigen Aufstellungsform für die Verteidigung. Kommt nur ein Spieler deutlich zu spät, kann die Deckung leicht ausgespielt werden. Da dieses Problem nach Freiwürfen leichter zu lösen ist, wird die "100" in den meisten Fällen auf diese Situation beschränkt bleiben.
Das **Signal "75"** bedeutet eine Drei-Viertel-Presse. Die bisher dargestellte Zonen-Presse entspricht einer "75". Hier läßt man den Einwurf zu und beginnt dann mit der aktiven Deckungsphase (Stoppen und Doppeln des Ballbesitzers, Schneiden der Paßwege usw.). Zwar wird bei "75" etwas weniger Druck auf den Gegner ausgeübt, doch hat man den Vorteil, den Ball in gewünschte Räume dirigieren zu können.
Das **Signal "50"** bedeutet eine Halbfeld-Presse. Hier zieht sich die Deckung zunächst in ihre Hälfte zurück. Allerdings wird der Angriff bereits vor Erreichen der Mittellinie zur Seite abgedrängt. Das Doppeln soll im Bereich der Mittellinie (nach Möglichkeit kurz vor Überschreiten oder direkt danach) durchgeführt werden. Dadurch kann die Zehn-Sekunden-Regel bzw. die Rückspielgefahr genutzt werden. Es ist das Bestreben der Angreifer, zunächst den Ball sicher über die Mittellinie zu bringen. Daher soll in den meisten Fällen das Doppeln vor Überschreiten der Mittellinie angesetzt werden:

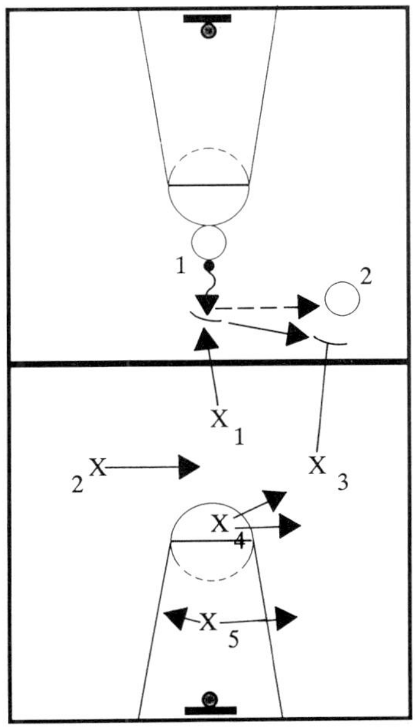

Das Abdrängen des Angriffs und das Doppeln müssen bei "50" **überfallartig** erfolgen. Der Gegner wird bei dieser Vorgehensweise im allgemeinen dazu gezwungen, andere Positionen auf dem Spielfeld einzunehmen, als dies bei den üblichen Spielzügen der Fall wäre.
Auch wenn man selbst die Zonen-Presse recht selten anwendet, sollten Übungsformen dafür doch häufig verwendet werden. Zum einen ist man dann eher gegen Zonen-Pressen des Gegners gefeit, zum anderen lassen sich mit solchen Übungsformen wichtige Deckungsgrundsätze und Techniken ausgezeichnet verdeutlichen und üben. Schließlich enthalten auch die Mann-Mann-Verteidigung und die "reinen" Zonenaufstellungen viele Elemente der Zonen-Presse: Doppeln, Paßwege schneiden, Verhalten in Unterzahl usw.
Abschließend noch ein Tip für die Verteidiger: sie sollen den Einwerfer beobachten. Steht nämlich dieser unter dem Brett oder macht keine Ausholbewegung beim Paß, können die Verteidiger näher Richtung Ball heranrücken, weil dann ein weiter Paß ziemlich unwahrscheinlich ist.

Die Mann-Presse

Die Mann-Presse ist eine der aggressivsten Deckungsformen im Basketball. Sie wird verwendet

- *wenn man im Rückstand liegt und schnelle Ballgewinne erzielen muß, auch auf die Gefahr hin, daß der Gegner eventuell zu relativ leichten Korberfolgen kommt.*
- *wenn der Gegner technisch und konditionell unterlegen ist.*
- *wenn man verhindern will, daß der Gegner mit einem ungestörten Spielaufbau sein gewohntes Angriffsmuster spielen kann. Optimal ist es, wenn die Angreifer auf die Verteidigung reagieren müssen.*

Wie bei einer "normalen" Mann-Mann-Verteidigung ist jeweils ein Verteidiger für einen bestimmten Gegenspieler verantwortlich. Jedoch decken die Verteidiger ihre Gegenspieler, die nicht am Ball sind, zwischen Ball und Mann bzw. so, daß sie ein Anspiel zu "ihrem" Mann verhindern können:

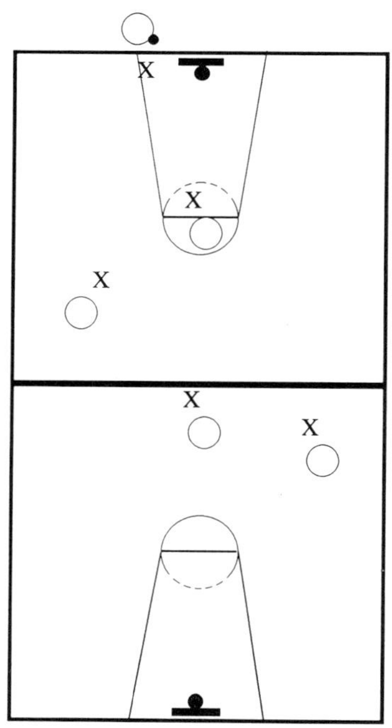

Für die Mann-Presse gelten folgende **Grundsätze**:

- *den Ballbesitzer zum Dribbling verleiten. Dadurch können die Verteidiger, die nicht den Ballbesitzer decken, besser ihren Gegner und den Ball beobachten. Allerdings sollen die Verteidiger zu verhindern suchen, daß der Ball zum besten Dribbler des Gegners kommt.*
- *den Ballbesitzer zur Seite abdrängen, um ihn in seinen Möglichkeiten einzuschränken. Darüberhinaus wird dadurch eine "weak side" geschaffen, die es*

den einzelnen Verteidigern erleichtert, ihre erforderliche Stellung zum Gegenspieler einzunehmen. Durch das Schaffen der weak side wird die Situation für die Verteidiger eindeutiger als bei einem Angriff durch die Mitte:

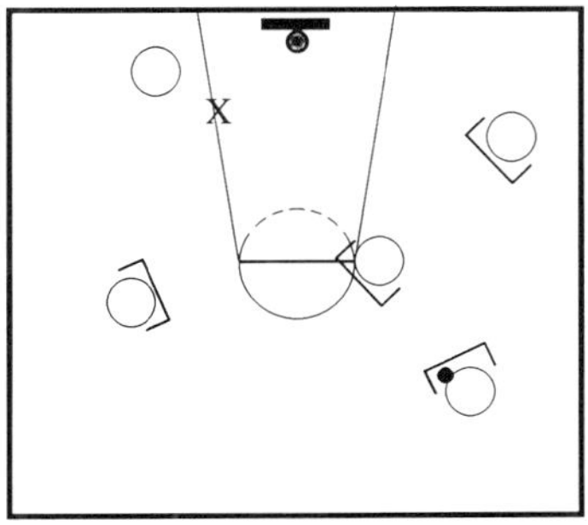

- *den Dribbler möglichst in einem Winkel von ungefähr 45° zur Seite abdrängen. Dies kann durch eine leichte "Overplay-Stellung" erreicht werden:*

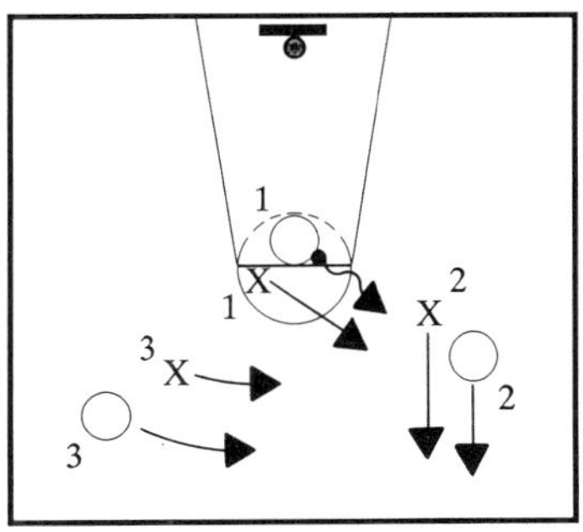

Ein zu starkes Overplay soll vermieden werden, weil dann der Dribbler seinen Verteidiger zu leicht überlaufen kann.

- den Ballbesitzer eng angreifen, wenn er sein Dribbling beendet hat. Die restlichen Verteidiger sollen keinen Paß zu ihrem Gegenspieler zulassen, es sei denn, er bewegt sich in Richtung eigener Korb und hinter die Ballinie.
- den Paßweg zu einem Angreifer, der einen Paßweg vom Ballbesitzer entfernt ist, konsequent schneiden.
- Verteidiger, deren Gegenspieler mehr als einen Paßweg entfernt sind, bleiben zwischen Ball und Mann, können aber etwas näher an den Ballbesitzer heranrücken.
- den Ballbesitzer doppeln, wenn die Stellung des Ballsbesitzers dafür günstig ist.
- nicht hinter der Ballinie bleiben. Verteidiger, die hinter der Ballinie sind, eilen sofort zurück, helfen aus oder übernehmen wieder ihren Gegenspieler:

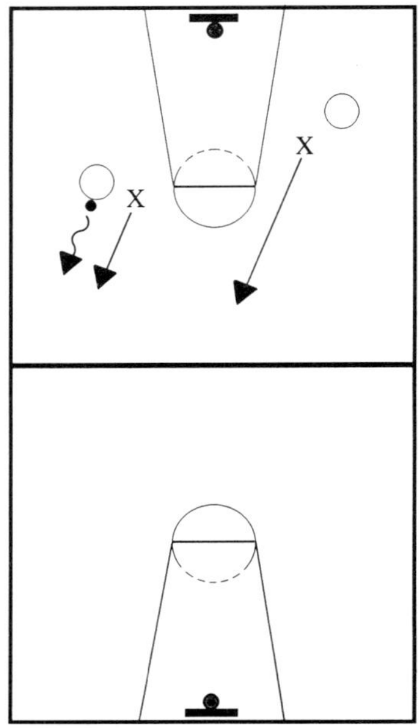

Eine Mann-Presse kann als Ganzfeld-Presse, Dreiviertel-Presse und Halbfeld-Presse gespielt werden.
Die Aufgaben der Verteidiger werden zunächst am Beispiel der **Ganzfeld-Presse** aufgezeigt. Dabei wird das spätere Spiel 5-5 in kleineren Einheiten vorbereitet.
Zuerst wird in der 1-1 Situation das Herangehen des Verteidigers an den Ballbesitzer in einer leichten Overplay-Stellung und das Abdrängen des Dribblers zur Seite geschult:

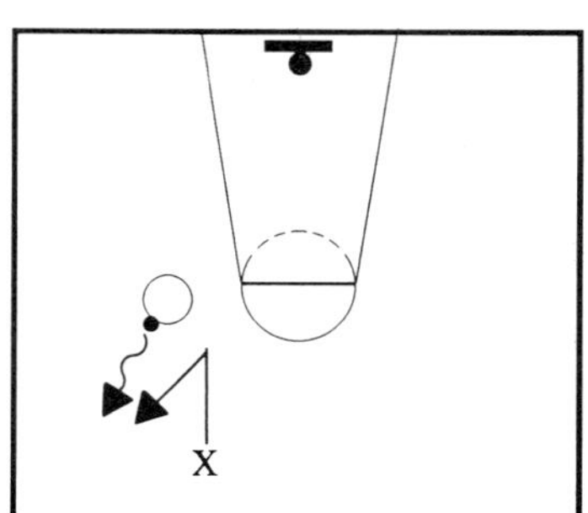

Wechselt der Dribbler die Richtung, sprintet der Verteidiger kurz zurück und drängt den Dribbler zur anderen Seite ab (Turning the Dribbler)
Danach wird versucht, den Einwurf so zu behindern, daß dieser nicht in die Mitte erfolgen kann. Dabei wird aus Übungsgründen noch kein langer Paß zugelassen. Ist der Einwurf erfolgt, verhindert der Verteidiger einen Durchbruch zur Mitte:

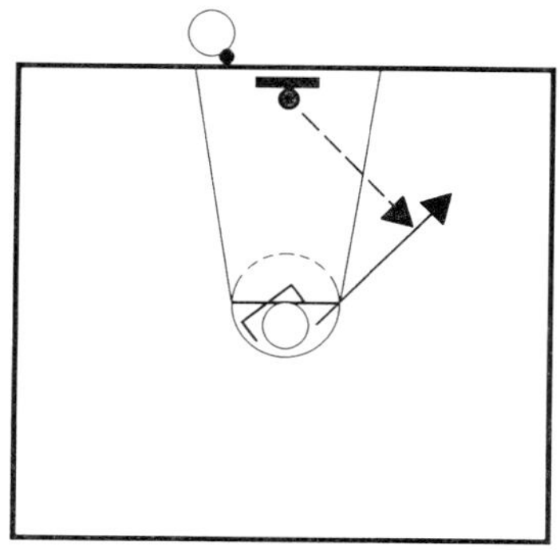

Danach wird zusätzlich der Einwerfer behindert:

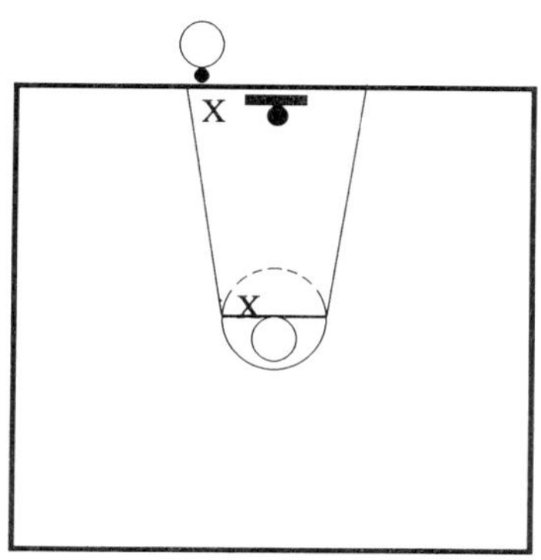

Dieses Deckungsverhalten wird auf beiden Seiten geübt.

Bringt der Gegner den Ball mit nur 2 Spielern nach vorn, kann der Einwerfer auch frei bleiben. Der für ihn zuständige Verteidiger (hier X 1) deckt dann zusätzlich den Spieler, der den Ball erhalten soll, von vorn. Kommt der Ball doch zu O 2, wird kurz gedoppelt. Dieses Doppeln wird sofort wieder aufgelöst und X 1 übernimmt O 1 (a). Zusätzlich wird X 3 eingesetzt, um einen langen Paß von O 2 zu O 1 zu verhindern, wenn O 1 durchläuft (b).

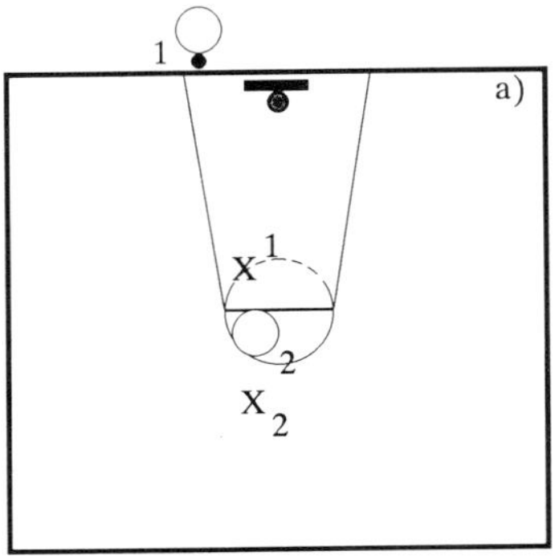

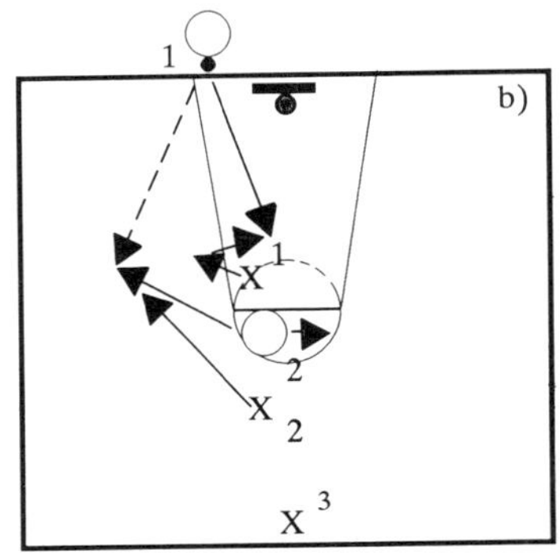

Das beschriebene Deckungsverhalten - Einwerfer bleibt frei - kann auch praktiziert werden, wenn der Gegner den Ball aus einer 3-3 Situation nach vorn bringen will:

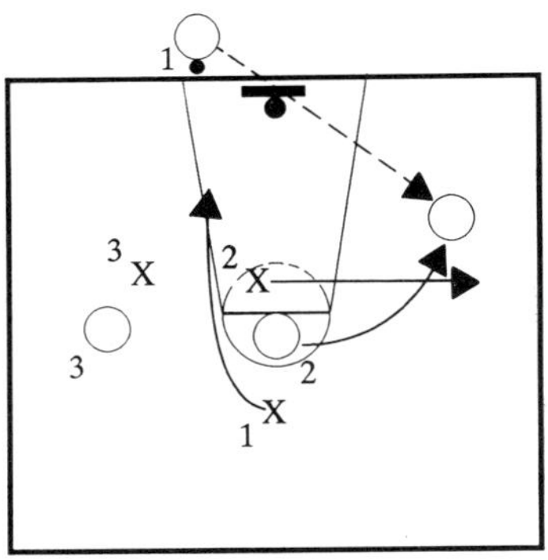

X 2 zwischen Ball und O 2; X 2 versucht, den Paß zu O 2 zu verhindern bzw. nach außen zu drängen. Hat O 2 den Ball erhalten und X 2 eine sichere Position, übernimmt X 1 O 1. Gelingt dies nicht, übernimmt X 1 O 2:

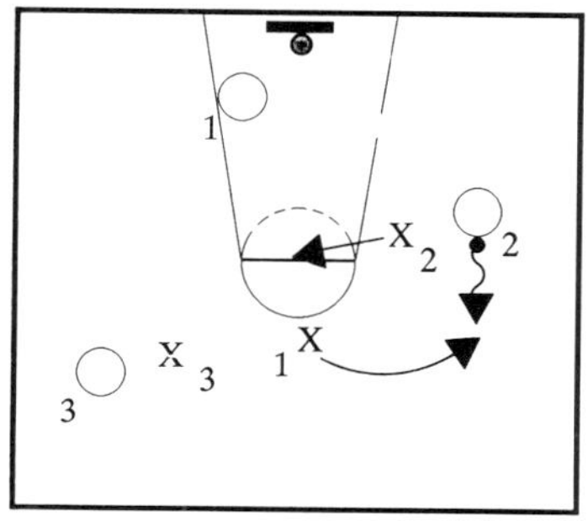

Nach dem Üben der beiden Möglichkeiten - Einwerfer bleibt frei oder wird bedrängt - wird das Verhalten der Verteidiger geschult, wenn die Angreifer mit Blocks arbeiten:

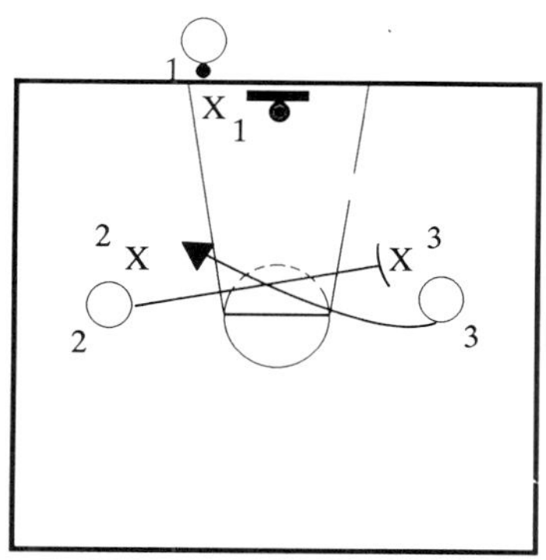

X 1 macht die starke Hand des Einwerfers zu; X 2 und X 3 bleiben an ihrem Gegenspieler, wenn dies möglich ist, oder übernehmen (switchen), wenn es erforderlich ist. Aus Übungsgründen darf noch kein langer Paß (Steilpaß) gespielt werden.
Danach wird in der 4-4 und dann 5-5 Situation über das ganze Feld gearbeitet.
Bei der **Halbfeld-Presse** gelten die gleichen Grundsätze. Ziel ist dabei, das Überschreiten der Mittellinie zu verhindern bzw. zu erschweren und den Ball aus der Mitte herauszuhalten:

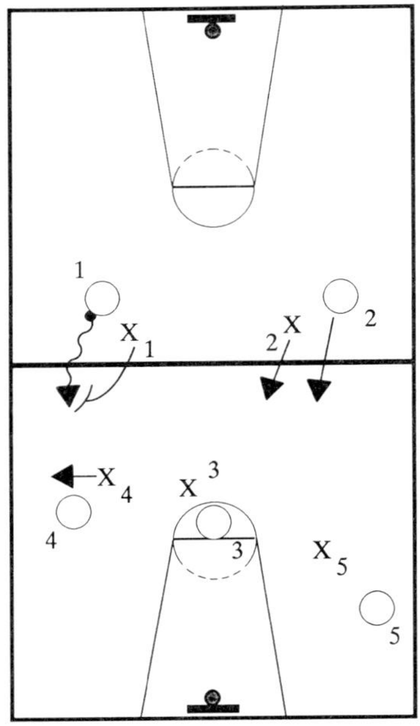

X 1 "wartet" etwa einen Meter vor der Mittellinie so auf den Ballbesitzer, daß die Mitte zu ist und der Ballbesitzer zur Seite abgedrängt wird. X 1 soll den Dribbler so früh wie möglich stoppen und dann eng angreifen. Die übrigen Verteidiger schneiden die Paßwege. Sollte O 1 doch an X 1 vorbei in die Mitte dribbeln können, muß X 2 aushelfen, bis X 1 wieder da ist oder O 2 übernommen hat.

Will man noch mehr Druck auf die Angreifer ausüben, muß gedoppelt werden. Dies kann dann erfolgen, wenn ein Dribbler das Dribbling beendet hat oder sich vom Verteidiger wegdreht, um den Ball abzudecken. Auch das Antäuschen eines Doppelns ist oft erfolgreich, weil der Dribbler dabei das Dribbling abbricht, um den Ball besser kontrollieren zu können:

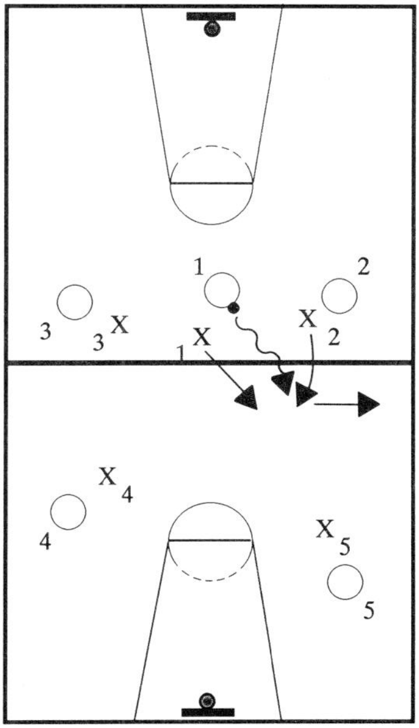

X 2 greift den Ballbesitzer an. Beendet der Dribbler das Dribbling, übernimmt X 2 sofort wieder seinen eigentlichen Gegenspieler.

Der Angriff

"Es gibt eine ganze Reihe von unterschiedlichen Angriffsstilen oder -theorien. Seit langem bin ich aber davon überzeugt, daß der Erfolg nicht so sehr davon abhängt, was man tut, sondern davon, wie man es tut" (WOODEN 1980, 149, Übersetzung vom Verfasser). WOODEN bemerkt ergänzend, daß diese Auffassung nur zutrifft, wenn das Angriffsspiel - unabhängig davon, gegen welche Art der Deckung gespielt wird - auf gesunden Prinzipien aufbaut. Aus diesem einleuchtenden Zitat läßt sich ableiten, daß es sicher besser ist, wenigen Dingen viel Aufmerksamkeit zu widmen, als vielen Dingen wenig. Dieser Satz mag auf den ersten Blick trivial klingen, hat aber für die Trainingspraxis durchaus seine Berechtigung. Ein Trainer, der seine Spieler mit einer Vielzahl von immer neuen Spielzügen konfrontiert, wird scheitern. Es dauert sehr lange, bis eine Mannschaft neue Angriffssysteme im Spiel wirklich nutzbringend umsetzen kann. Die Erfahrung zeigt, daß auch Mannschaften, die viele Trainingseinheiten zur Verfügung haben, Monate brauchen, bis ein Spielzug im "Ernstfall" sitzt. Ein Trainer ist demnach gut beraten, wenn er wenige Spielzüge auswählt, die sich dafür aber in ihren Möglichkeiten ständig erweitern lassen.

Angriff gegen die Mann-Mann-Verteidigung

Analysiert man die erfolgreichen Angriffshandlungen gegen die Mann-Mann-Verteidigung, läßt sich das Spiel auf Situationen 1-1, 2-2 und 3-3 reduzieren. Dies liegt daran, daß die Koordination zwischen den einzelnen Angreifern immer schwieriger wird, je mehr Spieler an einer Aktion beteiligt sind. Mit Koordination ist hier vor allem die zeitliche Abfolge der Angriffshandlungen gemeint. Am besten lassen sich solche Situationen durch den Schnellangriff schaffen und nutzen, bei dem es oft sogar zu einem für den Angriff günstigen Überzahlverhältnis kommt. Gelingt der Schnellangriff nicht, kommt der Positionsangriff zur Anwendung. Die Ausführung des Positionsangriffs hängt nicht zuletzt von der Aufstellung (Position) der Verteidiger ab.

Welche Spielzüge ein Trainer gegen die Mann-Mann-Verteidigung verwendet, wird von den körperlichen Voraussetzungen seiner Spieler ebenso abhängen, wie von deren Stärken und Schwächen im technisch/taktischen Bereich. Sicherlich wird der Trainer auch die Besonderheiten der gegnerischen Mannschaft berücksichtigen. Unabhängig davon halte ich jedoch die Orientierung an einigen Grundsätzen für überlegenswert:

1. Ein Spielzug soll aus seiner Grundform heraus leicht zu variieren sein, ohne das gesamte Muster verändern zu müssen. Einfache Maßnahmen der Verteidigung dürfen keine großen Änderungen erforderlich machen.

2. Ein Spielzug soll eine gewisse Kontinuität aufweisen. Ergibt sich zunächst keine gute Wurfmöglichkeit, muß es eine Fortsetzung oder auch Wiederholung einzelner Teile des Spielzugs geben, bis eine erfolgversprechende Wurfchance erarbeitet ist. Auch kann es vorteilhaft und erforderlich sein, den Ball eine Zeitlang in den eigenen Reihen zu halten und nicht schon nach wenigen

Sekunden werfen zu müssen, weil sich später nur noch zufällige Wurfgelegenheiten ergeben. Befindet sich beispielsweise der Gegner gerade in einer sehr guten Phase (er ist "heiß"), sollte man die eigenen Angriffe nicht zu schnell abschließen.

3. Ein Spielzug darf nicht zu kompliziert sein. Es ist besser, einfache Dinge gut auszuführen, statt auf dem Spielfeld überlegen zu müssen, wie es nun weitergehen soll. Werden die einfachen Manöver beherrscht, kann man den Spielzug entsprechend ausbauen.

4. Erforderlich ist eine "Balance" auf dem Spielfeld. Dies bedeutet, daß eine Sicherung des eigenen Korbes gewährleistet ist, wenn geworfen wird oder der Ballbesitz überraschend wechselt. Spielt man beispielsweise einen Positionsangriff aus einer 1-3-1-Aufstellung, muß ein Angreifer zur Sicherung zurück, wenn der Aufbauspieler zum Korb zieht.

5. Ein Spielzug soll Möglichkeiten für die Spieler vorsehen, "auszusteigen", d.h. selbständig agieren zu können, wenn es sich als sinnvoll erweist. Dadurch kommen individuelle Stärken besonders zur Geltung. Außerdem ist ein solcher Spielzug vom Gegner schwerer auszurechnen, als ein Angriff, der in allen Teilaspekten immer nach dem gleichen Muster abläuft.

6. Ein Spielzug soll so gestaltet sein, daß nach Möglichkeit alle Verteidiger gebunden sind und nicht gefahrlos aushelfen können.

7. Die Durchführbarkeit eines Spielzugs darf nicht von einem ganz bestimmten Manöver abhängen. Gelingt es nämlich der Verteidigung, dieses zu durchkreuzen, wäre das Angriffsmuster "tot" und die Angreifer auf Zufallsaktionen angewiesen.

8. Mit einem Spielzug sollen sich 1-1 Situationen schaffen lassen, da in solchen Fällen der Angreifer meist im Vorteil ist.

9. Der Trainer sollte wissen, wie er einen Spielzug in relevante Teilabschnitte zerlegen kann, die er in den verschiedenen Trainingsteilen erarbeiten und ständig verfeinern kann. Solche Teilabschnitte sollen sich in das Aufwärmprogramm, das Wurftraining und das Techniktraining integrieren lassen.

Spielzüge gegen die Mann-Mann-Verteidigung

Im folgenden werden drei Spielzüge vorgestellt, bei denen die genannten Grundsätze Berücksichtigung finden. Dabei geht es nicht darum, noch ein paar Spielzüge zu der Vielzahl schon vorhandener hinzuzufügen. Vielmehr will die Darstellung der Positionsangriffe eine Anregung und Entscheidungshilfe für den Trainer bieten, der immer auf der Suche ist.

1. Angriffsmuster : 2-3.

Bei diesem Spielzug wird mit einer Zweierreihe (2 Aufbauspieler) und einer Dreierreihe (1 Flügel und 2 Center oder 2 Flügel und 1 Center) gespielt. Schwerpunktmäßig werden Wurfgelegenheiten im Bereich zwischen Grundlinie und Freiwurflinie gesucht.

Grundmuster:

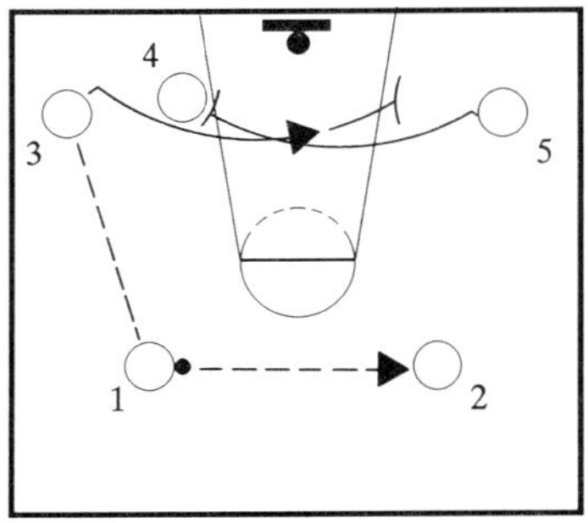

Wenn der Ball bei einem Aufbauspieler ist, eröffnet der äußere Spieler auf der Seite, auf der zwei Angreifer sind (hier O 3) den Spielzug. Er nutzt den Block von O 4 aus. Kommt er frei, wird er angespielt. Ansonsten läuft er weiter und stellt direkt außerhalb des 3-Sekunden-Raums einen Block. O 5 nutzt diesen Block aus. Kommt er frei, wird er angespielt. Ansonsten läuft er weiter und stellt einen Block für O 4 usw. Wichtig ist, daß jeder Blocksteller einen bis zwei Schritte zur Seitenlinie herausgeht, wenn er als Block genutzt wurde. Dabei soll er immer mit einem Anspiel rechnen. Die Öffnung zur Seitenlinie ist erforderlich, damit der neue Block ohne Gefahr einer Verletzung der 3-Sekunden-Regel gestellt werden kann.

Die beiden Aufbauspieler sollen Anspielgelegenheiten ausnutzen, können aber auch selbst zum Korb ziehen oder werfen, wenn ihre Gegenspieler eng herauskommen oder absinken. Hat sich die Verteidigung auf dieses Angriffskontinuum eingestellt, können Optionen und Variationen genutzt werden:

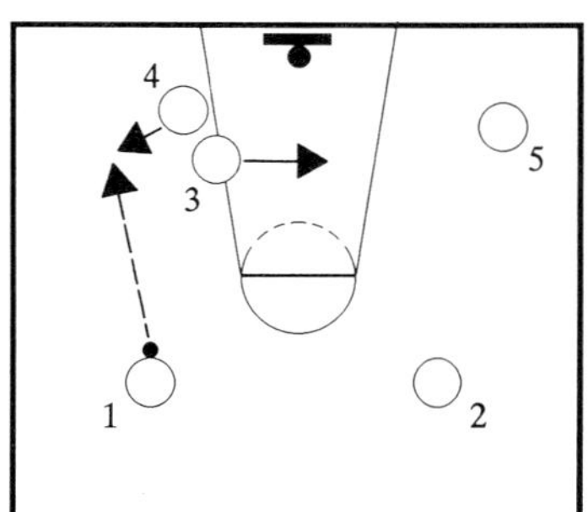

O 4 wird sofort angespielt, wenn O 3 am Block vorbei ist. O 4 kann werfen oder 1-1 spielen. Solange O 4 aktiv ist, bleiben O 3 und O 5 auf der anderen Seite, um Raum für O 4 zu lassen. Spielt O 4 den Ball zu einem Aufbauspieler zurück, beginnt das Kontinuum wieder von der Seite aus, auf der sich O 3 und O 5 befinden.

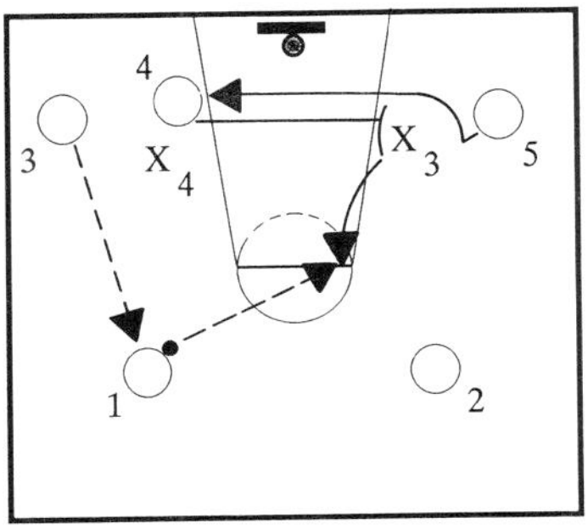

Die Verteidiger erwarten den Angriffsauftakt durch die Laufbewegung von O 3. Stattdessen stellt jetzt bereits O 4 einen Block für O 5, der die Seite entlang der Grundlinie wechselt. Direkt nach dem Block kommt O 4 in Richtung Freiwurflinie heraus und ist häufig sehr gut anspielbar.

Eine weitere Möglichkeit besteht in der **Ausnutzung** der "**weakside**":

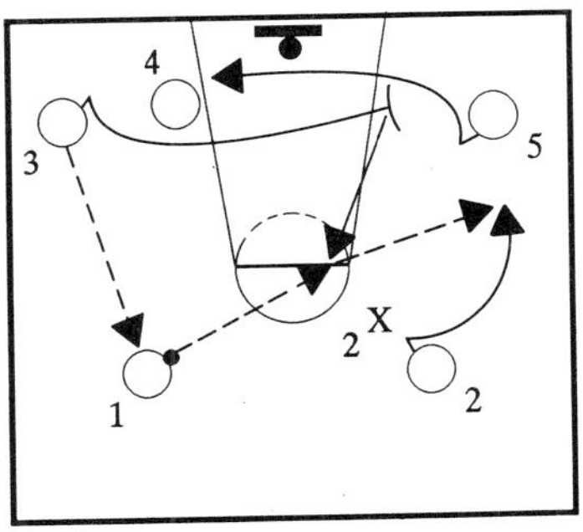

Wenn O 5 den Block von O 3 genutzt hat, kommt O 3 sofort auf die Freiwurflinie und wird angespielt. O 2 versucht, seinen Verteidiger zu überlaufen. Wird diese Option nur gelegentlich angewendet, ist sie durch den Überraschungseffekt sehr erfolgreich. Kann O 2 seinen Verteidiger nicht überlaufen, haben O 3 und O 2 genügend Platz, um 2-2 zu spielen.

Der Spielzug 2-3 ist in erster Linie dafür konzipiert, den Ball in Korbnähe zu bringen.

Allerdings können die Aufbauspieler eine zusätzliche Gefahr bilden, wenn sie ihrerseits versuchen, in die Deckung einzudringen oder durch Blocks freizukommen:

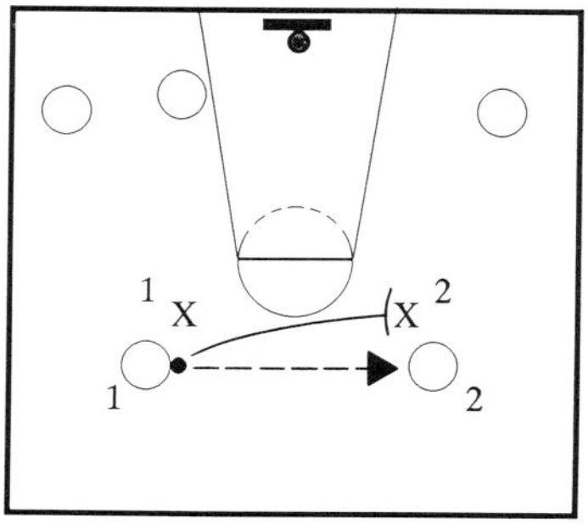

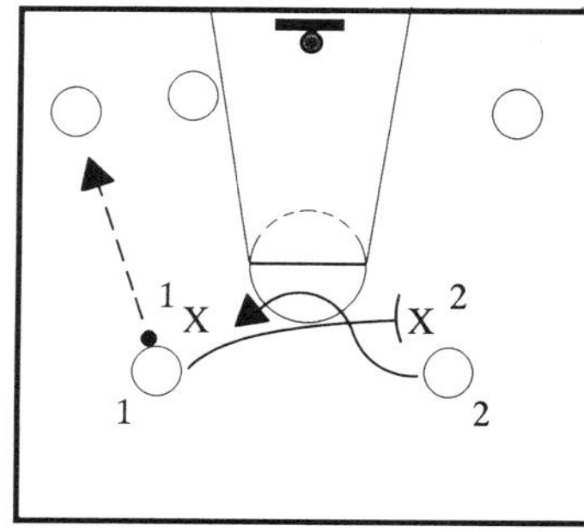

Bei der Erarbeitung dieses Spielzuges wird zunächst das Grundmuster ohne Verteidigung vorgestellt und die Laufwege eingeübt. Danach wird mit Verteidigung gearbeitet, wobei die Verteidiger noch die Vorgabe erhalten, an ihrem Mann zu bleiben. Danach werden einzelne Teile des Spielzuges in Übungsformen behandelt und jeweils wieder in das Ganze integriert:

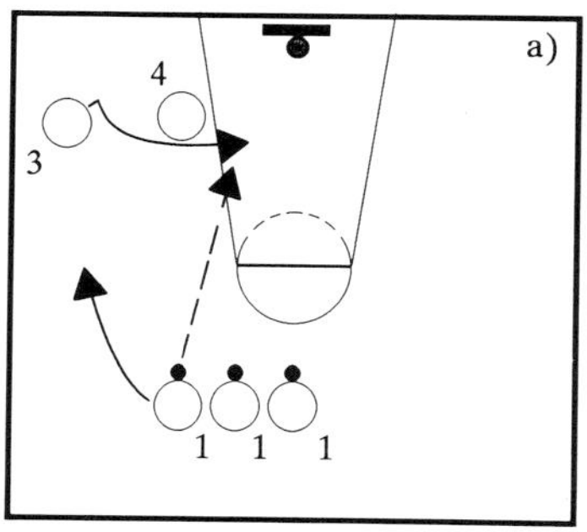

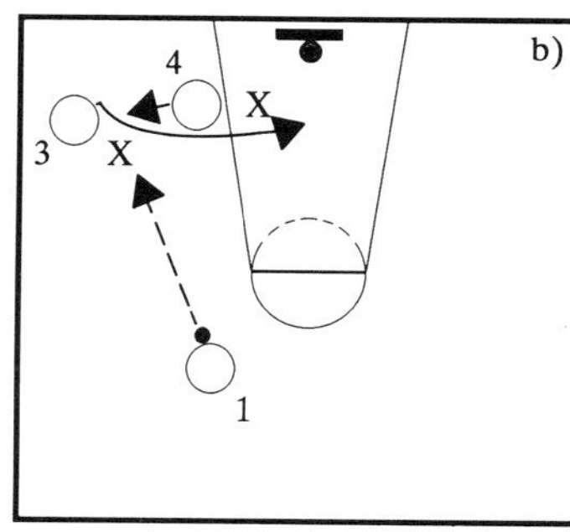

O 3 läuft nach Täuschbewegung eng an O 4 vorbei, wird von O 1 angespielt und wirft. Danach geht O 1 auf die Position von O 3 und setzt die Übung fort. O 4 bleibt (a).
Danach die gleiche Übungsform mit Verteidigern an O 3 und O 4. O 1 entscheidet sich je nach Situation für einen Paß an O 3 oder O 4 (b). Es wird von beiden Seiten geübt.

Danach wird die Centeroption ohne und mit Verteidigung behandelt:

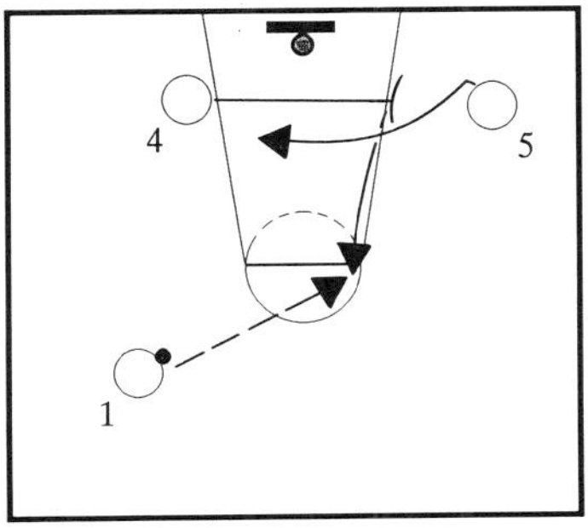

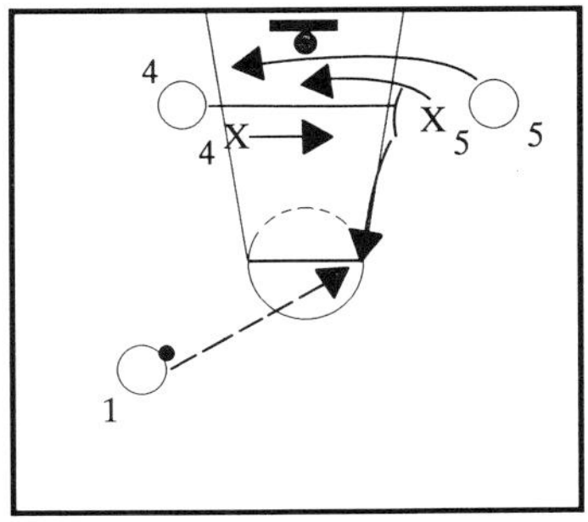

Zuletzt wird das Ausnutzen der "weak-side" geübt:

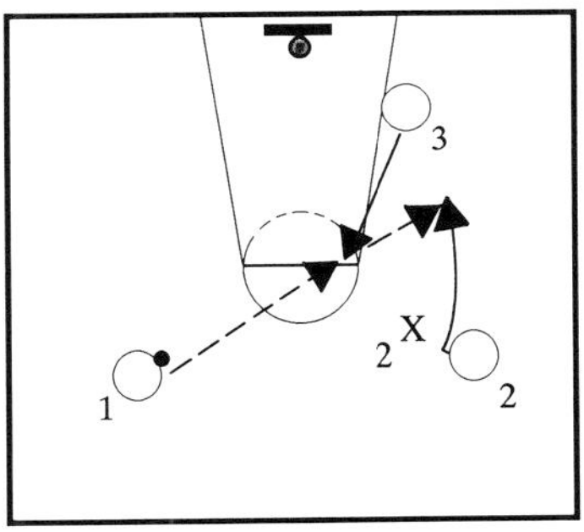

O 3 kommt zur Freiwurflinie und erhält den Ball von O 1. O 2 startet in dem Augenblick, in dem O 3 den Ball fängt. Gelingt es O 2 nicht, seinen Verteidiger zu überlaufen, kommt er mit einem Haken heraus und spielt 1-1, wenn er angespielt werden kann.

Es empfiehlt sich, die einzelnen Optionen mit Signalwörtern zu versehen, damit allen Angreifern klar ist, was gerade gespielt werden soll. Allerdings sollte den Spielern (vor allem den beiden Spielmachern) weitestgehende Entscheidungsfreiheit gegeben werden, wenn die Angriffsaktion erst einmal begonnen hat. Oft bemerken nämlich die Spieler in der Situation, daß sich Verteidiger "falsch" verhalten, was direkt ausgenutzt werden kann.

Die einzelnen Teilphasen von 2-3 sollen von Zeit zu Zeit wiederholt werden. Wichtig ist aber, daß das Grundmuster häufig - auch ohne Verteidigung - durchgelaufen wird. Wenn die Laufwege und die zeitliche Koordination beherrscht werden, benötigt man dafür nur wenige Minuten in einer Trainingseinheit.

2. Angriffsmuster: Stack

Bei diesem Spielzug stehen jeweils zwei Angreifer nebeneinander an der Seitenlinie des 3-Sekunden-Raumes. Der fünfte Spieler übernimmt die Aufgabe des Spielmachers. Dieser Spielzug weist eine Reihe von Vorteilen auf:

Der Spielmacher kann nur von einem Verteidiger angegriffen werden; die Verteidiger können kaum doppeln, weil die übrigen Angreifer relativ nahe am Korb sind; die Angreifer haben eine gute Reboundposition; das Grundmuster ist schnell zu erlernen; es gibt eine Fülle von leichtverständlichen Optionen und Ausstiegsgelegenheiten, bei denen das individuelle Können einzelner Spieler gut zur Geltung kommt; bei Stack können im Grunde alle individual- und gruppentaktische Elemente genutzt werden, die ohnehin Bestandteil des Trainings sind; Stack kann auch gegen eine Ball-Raum-Verteidigung gespielt werden.

Als Nachteil ist anzusehen, daß der Gegner bei Ballverlusten eine gute Ausgangsposition für Schnellangriffe hat. Auch besteht die Gefahr, daß das Angriffsspiel zu statisch wird, wenn nur wenige Optionen beherrscht werden.

Das Grundmuster:

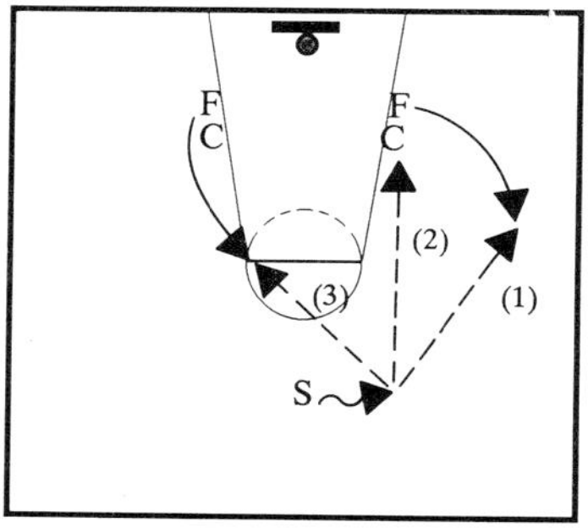

An jeder Seite nehmen ein Flügelspieler (F) und ein Center (C) mit Blick zum Paar gegenüber Aufstellung. Die Flügel nehmen die tiefe Position ein. Der Aufbauspieler dribbelt zu einer Seite. Dies ist das Zeichen für die anderen Angreifer: der Flügel auf der Ballseite kommt heraus; der Center nimmt eine Position ein, in der er angespielt werden kann; der zweite Flügel kommt auf der ballfernen Seite zum Ende der Freiwurflinie heraus, wobei er einen Block des Centers ausnutzen kann. Der Center auf der ballfernen Seite hält seine Position. Der Aufbauspieler hat je nach Verhalten der Verteidiger drei Paßmöglichkeiten.

Kann der Flügel auf der Ballseite angespielt werden, kann er werfen bzw. zum Center oder anderen Flügel passen. Kommt er nicht zum Wurf, weil sein Verteidiger eng an ihm ist, ergibt sich eine gute 1-1 Situation für den Center. Wichtig ist, daß der Flügel von der ballfernen Seite herauskommt, um ein Aushelfen von der "weak-side" zu erschweren.

Zunächst wird die Auftaktsituation auf beiden Seiten ohne Verteidigung geübt. Aus Gründen der besseren Übersichtlichkeit werden die folgenden Optionen bzw. Übungsformen nur auf einer Spielfeldseite aufgezeigt.

Übungsform für den Angriffsauftakt:

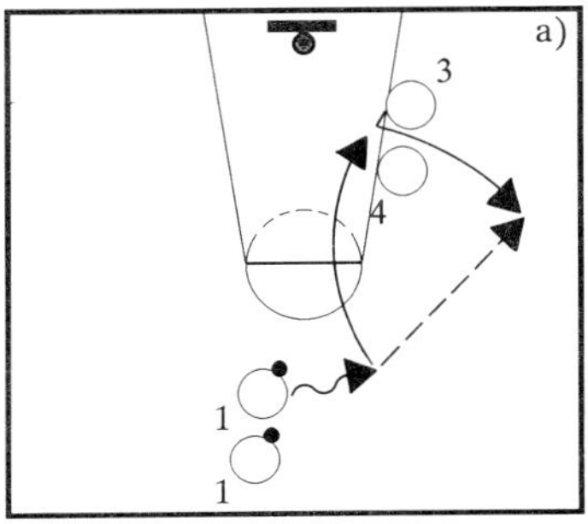

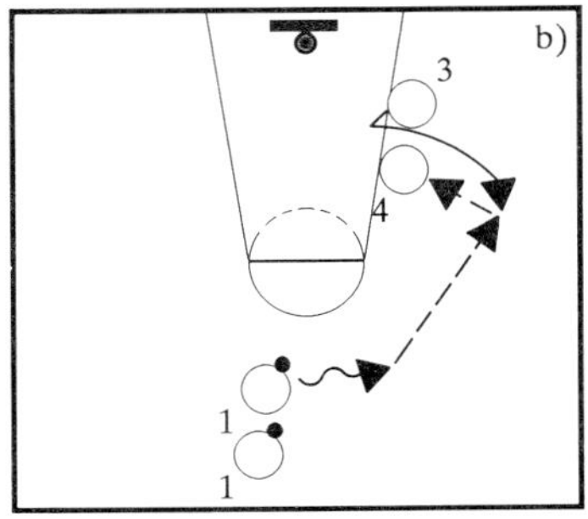

a) *O 1 dribbelt zur Seite; O 3 kommt heraus; O 4 bietet sich an; O 1 paßt zu O 3; O 3 wirft und holt seinen Ball; O 1 nimmt die bisherige Position von O 1 ein usw.*

b) *Gleiche Übungsform, allerdings paßt O 3 zu O 4; O 4 wirft oder zieht zum Korb und holt seinen Ball; O 1 wird neuer Flügel und O 3 neuer Center.*

Danach werden beide Möglichkeiten gegen Verteidigung an O 3 und O 4 gespielt.

Optionen:
Wird O 3 nach der Ballannahme eng gedeckt, kann O 4 einen Block für O 3 stellen und dann zum Korb abrollen (a).
Ist ein Anspiel an O 3 nicht möglich, weil beispielsweise X 3 in einer Overplay-Position verteidigt, kann der Ball auch sofort zu O 4 kommen, der dann 1-1 spielt (b):

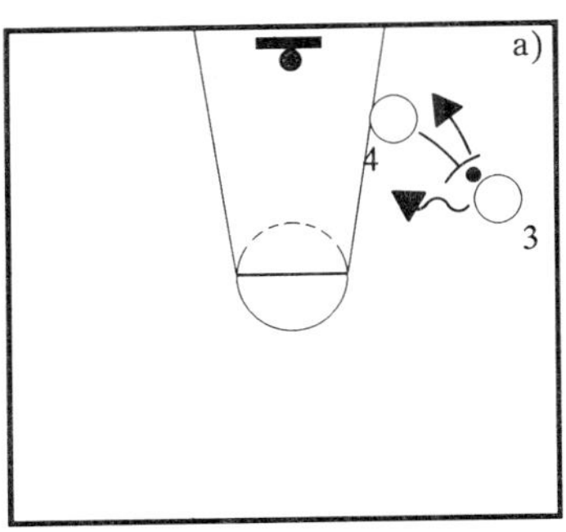

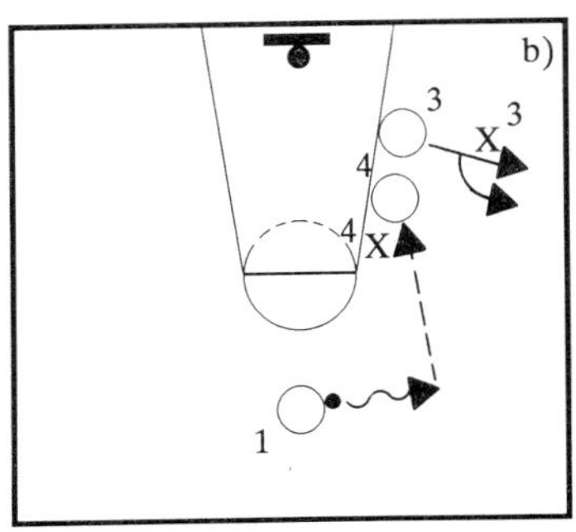

Handelt es sich bei dem angespielten Flügel um einen Spieler, der 1-1 sehr stark ist, kann der Center die Seite frei machen, um O 3 viel Platz zu lassen:

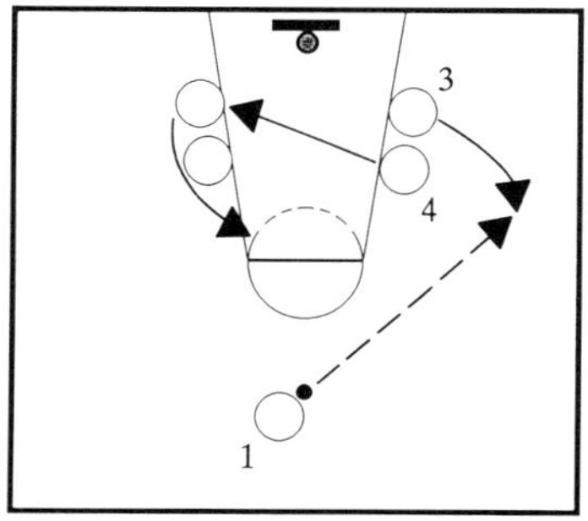

Aus der Grundaufstellung ergeben sich eine ganze Reihe von Variationsmöglichkeiten, die das Spiel 2-2 und 3-3 zum Ziel haben:

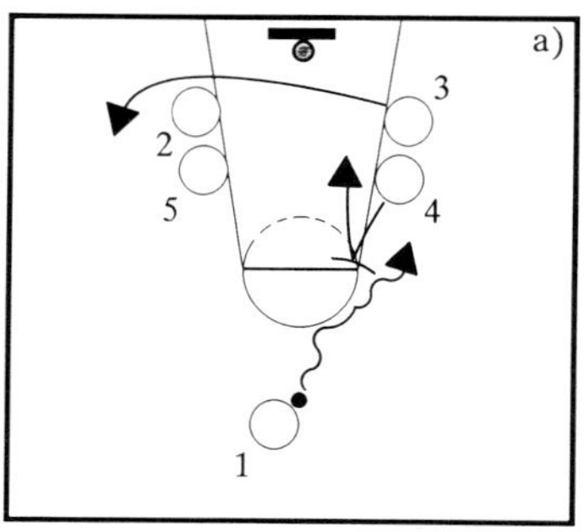

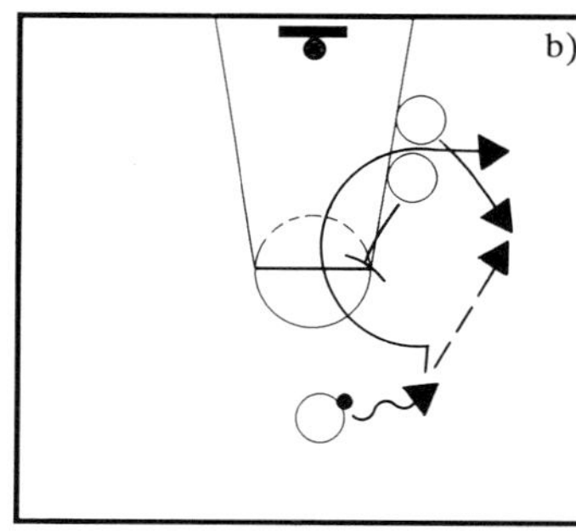

Der Flügel macht die Seite frei; der Center kommt hoch und stellt einen Block aus der Tiefe für den Spielmacher (a). Der Flügel kommt heraus und wird angespielt; der Center stellt einen passiven Block für O 1, der seinen Verteidiger abzustreifen versucht und zur Ballseite läuft (b).

Haben sich die Verteidiger darauf eingestellt, daß die Angriffsaktion immer auf einer Seite abläuft, kann O 1 versuchen, seinen Verteidiger auszuspielen und zum Korb zu ziehen (c) oder überraschend zum Flügel auf der ballfernen Seite zu passen, der zum Wurf kommt oder den Center auf seiner Seite anspielen kann (d).

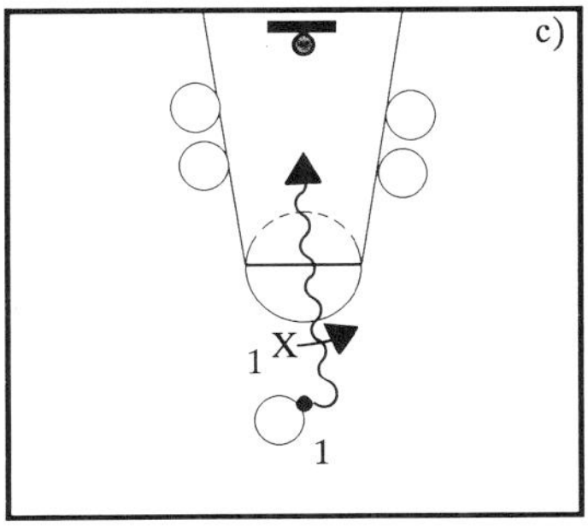

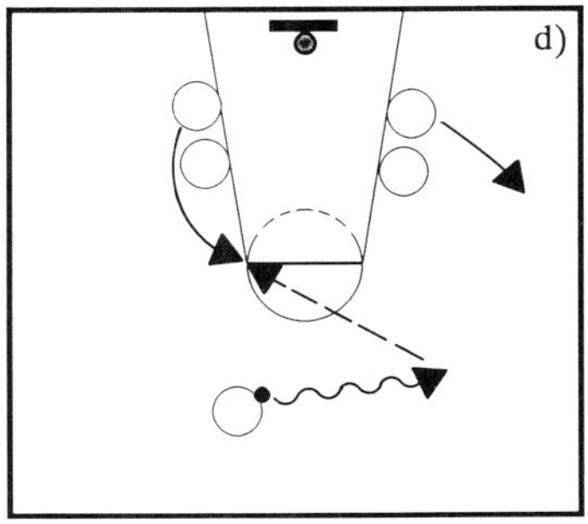

Haben sich die Verteidiger daran "gewöhnt", daß die Angreifer immer die gleichen Laufwege bevorzugen, können als Überraschung auch andere Möglichkeiten genutzt werden:

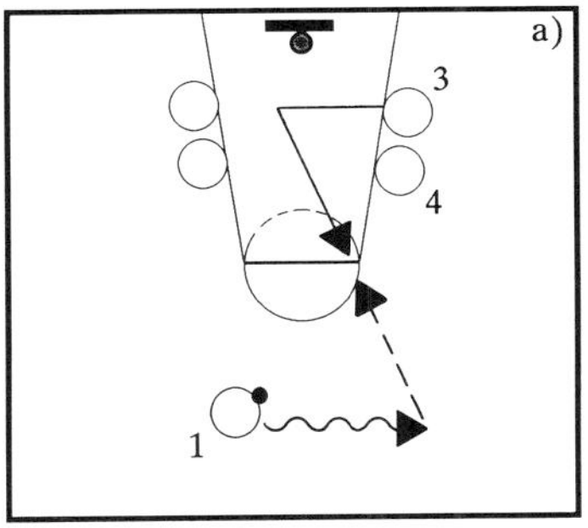

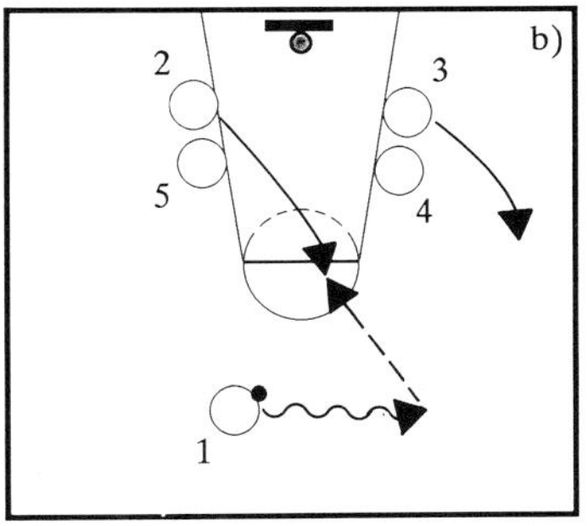

O 3 täuscht vor, die Seite frei zu machen, kommt aber plötzlich zur Freiwurflinie (a). Der Flügel auf der ballfernen Seite kommt auf der "Innenbahn" zur Freiwurflinie, wenn sein Gegenspieler den üblichen Weg auf der "Außenbahn" bekämpft (b).

Weiter oben wurde bereits erwähnt, daß Stack auch **gegen** eine **Ball-Raum-Verteidigung** gespielt werden kann. Dies soll am Beispiel einer 2-1-2 und einer 3-2-Zone aufgezeigt werden.

Gegen eine 2-1-2-Zone:

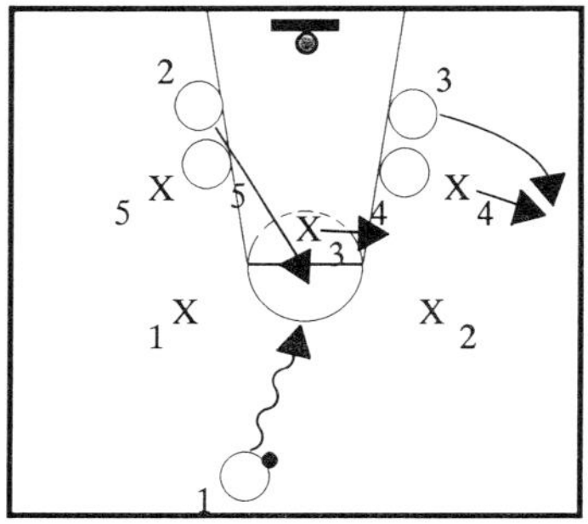

O 1 dribbelt auf X 2 zu und bindet ihn; O 3 kommt wie üblich heraus, wodurch X 4 gezwungen wird, mitzugehen; X 3 muß sich so verschieben, daß ein Paß von O 1 an O 4 verhindert wird (allerdings kann ein Bogenpaß immer noch erfolgreich sein); O 2 kommt auf die Freiwurflinie.

Gegen eine 3-2-Zone:

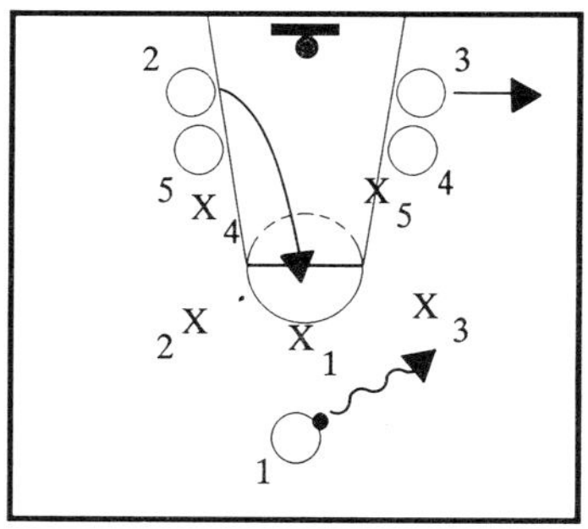

O 1 dribbelt zwischen X 1 und X 3; O 3 kommt auf die Flügelposition (diesmal in die Ecke) und O 2 auf die Freiwurflinie. X 1 muß sich an O 1 orientieren; X 3 muß sich entscheiden, ob er auf O 3 absinken oder O 1 den Weg versperren soll. Sinkt er nicht ab, wird O 3 für einen Wurf frei. Sinkt X 3 zu O 3 ab, kann O 1 sehr gut aus der Halbdistanz werfen. In den meisten Fällen ist auch O 2 gut anspielbar. Erhält er den Ball, soll er sich sofort zum Korb drehen. Er kann werfen oder zu einem Center spielen, wenn er von X 4 bzw. X 5 angegriffen wird.

Bei der Verwendung von "Stack" gegen die Mann-Mann-Verteidigung kommen im Grunde alle Elemente vor, die in der Individual- und Gruppentaktik erarbeitet wurden. Deshalb ergibt sich bei der Erarbeitung und Verfeinerung dieses Spielzuges der zusätzliche Effekt, daß diese Elemente sehr gut geschult werden können.

Außerdem lassen sich die Übungsformen für das Grundmuster und die situativen Lösungen problemlos in einzelne Trainingsabschnitte - z.B. Aufwärmen nach dem Stretching, Wurftraining von verschiedenen Positionen und Verteidigungsarbeit - einbauen.

3. Angriffsmuster: Shuffle

Dieser Spielzug eignet sich gut für Mannschaften mit relativ kleinen Spielern bzw. nur einem großen Center. Shuffle ist ein Angriffsmuster, das als Kontinuum beide Spielfeldseiten nutzt. Die Angriffsaktion beginnt aus einer 1-3-1-Aufstellung:

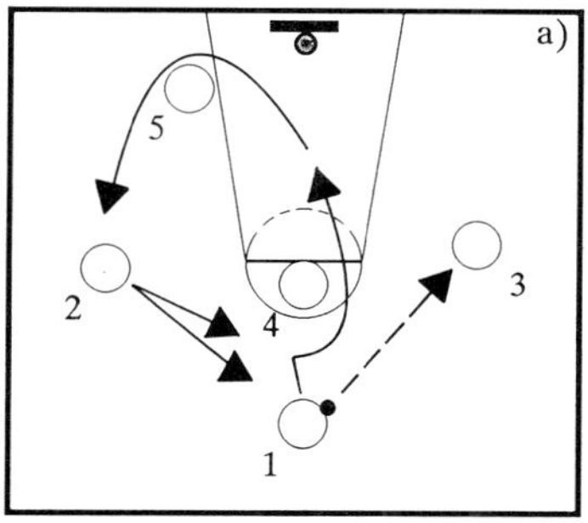

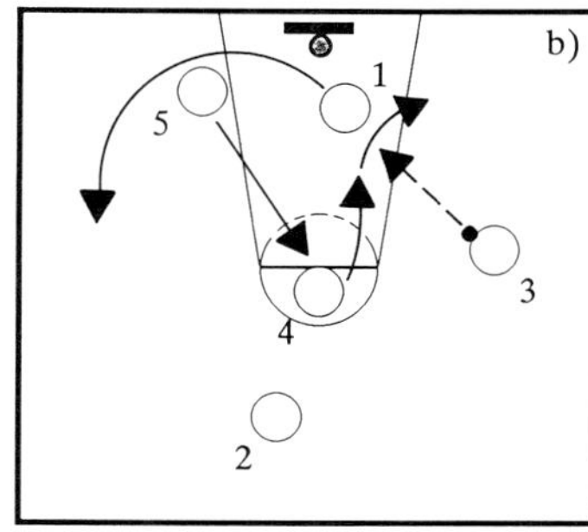

a) *O 1 paßt zur centerfreien Seite und versucht, seinen Verteidiger an O 4 abzustreifen und zum Korb zu schneiden. Kann O 1 nicht angespielt werden, nutzt er O 5 als passiven Block und läuft zur verlängerten Freiwurflinie. O 2 nimmt den Platz von O 1 ein.*

b) *wenn O 1 Mitte des 3-Sekunden-Raumes ist, rollt O 4 zum Korb ab. Kann er nicht angespielt werden, nimmt er am 3-Sekunden-Raum Aufstellung.*

Nachdem O 4 abgerollt ist, kommt O 5 auf die Freiwurflinie. Der Angriff kann auf der anderen Seite erneut beginnen (c):

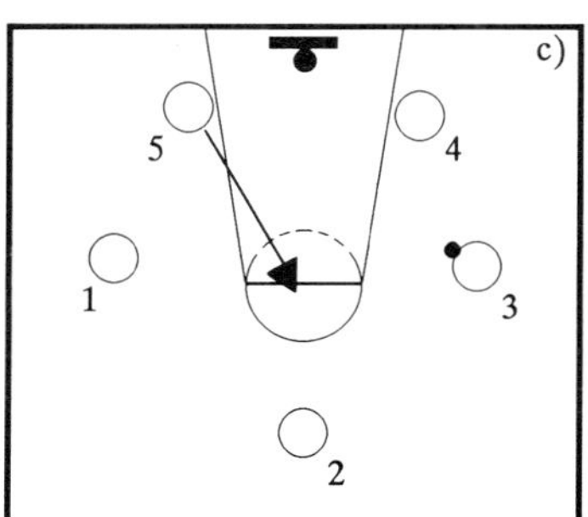

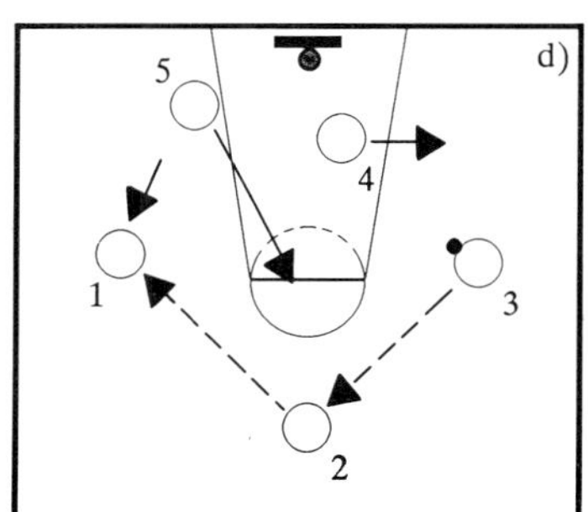

Die Verteidiger werden etwas absinken, um das Durchschneiden bzw, Abrollen von O 1 und O 4 zu bekämpfen. Wird nun der Ball von O 3 über O 2 zu O 1 gespielt, kommt O 1 sehr oft frei an den Ball. O 5 darf aber erst zur Freiwurflinie starten, wenn O 1 an ihm vorbei ist (d).

Manchmal wird die Verteidigung versuchen, den Auftaktpaß zum Flügel zu unterbinden. Dem kann durch die Ausnutzung der back door entgegnet werden, da die Seite völlig frei ist:

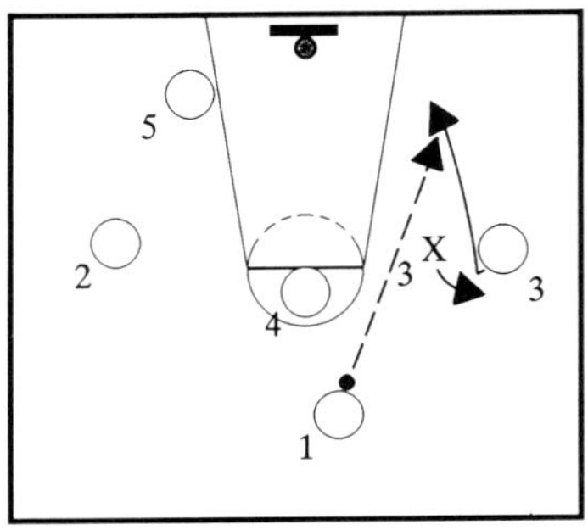

Der Gegner kann das relativ einfache Grundmuster - bei dem O 4 auch auf der Seite der Freiwurflinie beginnen kann - recht gut bekämpfen, wenn er das Prinzip des Angriffs erkannt hat. Es empfiehlt sich daher, Variationen zu haben, die sich ohne Probleme aus dem Grundmuster spielen lassen. Im folgenden werden **zwei Variationen gezeigt**:

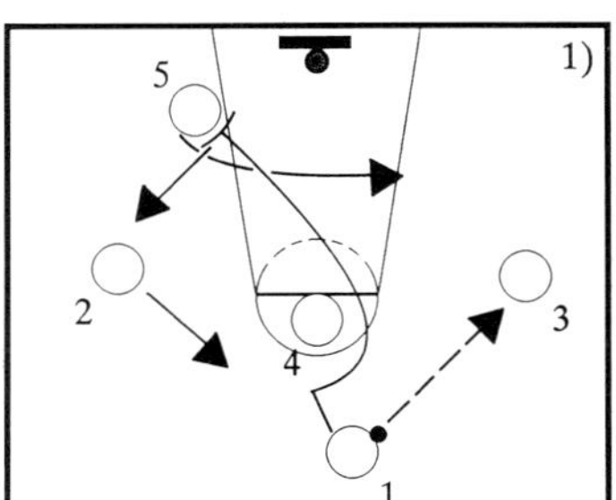

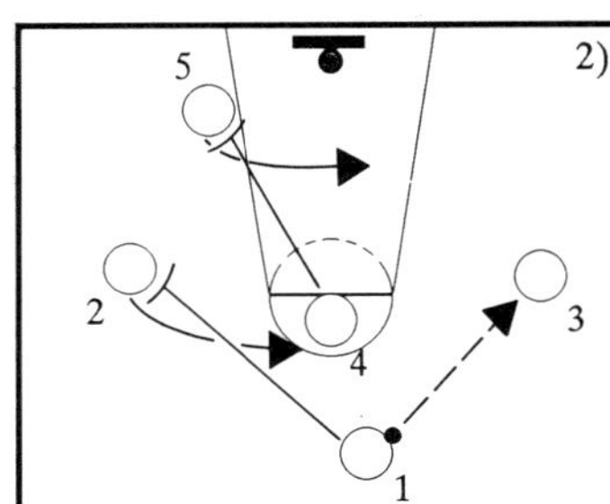

Variation 1: O 1 schneidet wie zuvor zum Korb, stellt aber - wenn er nicht angespielt werden kann - einen Block für O 5. O 4 bleibt auf seiner Position. Kann auch O 5 nicht angespielt werden, nimmt er am 3-Sekunden-Raum Aufstellung. Der Angriff kann auf der anderen Seite neu beginnen.

Variation 2: O 1 und O 4 stellen einen Gegenblock für O 2 und O 5. Wie beim Grundmuster "Stack" läßt sich auch "Shuffle" sehr gut in einzelnen Übungsformen erarbeiten, die man in das allgemeine Technik- und Taktiktraining einbauen kann.

Angriff gegen die Ball-Raum-Verteidigung (Zonen-Verteidigung)

Die Darstellung der Ball-Raum-Verteidigung zeigte, daß eine große Vielfalt von Aufstellungsformen, die oft auch Mischformen sein können, existiert. Es wäre also außerordentlich schwer (um nicht zu sagen unmöglich), einen oder gar mehrere Spielzüge gegen jede denkbare Zone einzustudieren und so zu stabilisieren, daß sie in der aktuellen Spielsituation angewendet werden können. Man wird sich auf wenige Spielzüge beschränken müssen, die aber gegen verschiedene Deckungsformen gespielt werden können. Dabei sind Grundmuster anzustreben, die durch eine einfache Umstellung innerhalb dieses Musters die Bekämpfung der "geraden" Zonen (z.B. 2-1-2; 2-3 usw.) bzw. "ungeraden" Zonen (z.B. 1-2-2; 1-3-1 usw.) ermöglichen. Man sollte demnach jeweils mindestens einen Spielzug gegen gerade und ungerade Zonen haben, die sich variieren lassen. Große Bedeutung kommt der Auswahl geeigneter Spielzüge zu. Zwar bietet die Literatur - vor allem die amerikanische - eine Fülle von Auswahlmöglichkeiten an, doch reicht es sicher nicht aus, einfach ein oder mehrere beliebige Muster zu übernehmen. Vielmehr sollte jeder Trainer genau prüfen, welche Spielzüge sich für seine Mannschaft eignen. Folgende Kriterien können ihm dabei helfen:

1. **Wurf:** welche Wurfmöglichkeiten in welchen Positionen kann ein Spielzug ermöglichen? Habe ich die Spieler, die diese nutzen können?

2. **Rebound:** wie sieht es mit dem Offensivrebound aus? Läßt meine Aufstellung angemessene Reboundmöglichkeiten zu? Ist dies nicht der Fall, wird der Gegner geradezu zum Schnellangriff eingeladen.

3. **Paßwege:** eine Zone kann erfolgreich bekämpft werden, wenn sie sich oft verschieben muß und die erforderlichen Verschiebungen zu Mißverständnissen bei den Verteidigern führen. Ein Spielzug soll daher sinnvolle Paßfolgen haben, durch die eine angemessene Orientierung der Verteidigung erschwert wird.

4. **Hineinschneiden:** eine Zone kommt kaum in Schwierigkeiten, wenn sie nur die Ballbewegung beantworten muß. Schneiden jedoch die Angreifer in die Zone hinein, muß die Deckung darauf achten und sich möglicherweise schon etwas verschieben, was die Fehlerquellen erhöht. Man sollte möglichst zwischen zwei Verteidigern durchschneiden, damit beide Verteidiger abgelenkt werden. Auch ein Schneiden hinter einem Verteidiger ist günstig, da sich dadurch gute Anspielmöglichkeiten ergeben können.

5. **Überlagerung:** Sinn der Überlagerung ist es, auf einer Seite der Zone mehr Spieler zu haben als der Gegner. Dadurch kann es für die Verteidigung sehr schwer werden, potentielle Werfer zu decken. Zumindest muß die Ver-

teidigung beträchtliche Verschiebungen vornehmen und kann sich bei entsprechenden Lauf- und Paßwegen der Angreifer nicht immer schnell genug zurückorientieren. Man kann eine solche Überlagerung von vornherein "aufstellen", besser ist es aber, diese während der eigentlichen Angriffshandlung vorzunehmen. Erkennt nämlich der Gegner von Anfang an eine typische Grundaufstellung, verringern sich für ihn die Anforderungen an Wahrnehmungs-, Verarbeitungs- und Entscheidungsprozesse. Außerdem wird bei einer Verlagerung während der Angriffshandlung die "weak-side" oft gut anspielbar.

6. **Eindringen (Penetration):** es ist Grundsatz einer Zone, den Ball vom Korb und aus der Mitte weg zu halten. Ein Angreifer, der mit oder ohne Ball in diesen Raum eindringt, stellt zunächst eine Gefahr für die Zone dar. Dies gilt besonders für einen eindringenden Ballbesitzer, aber auch für einen Angreifer ohne Ball, wenn dieser angespielt werden kann.

7. **Sicherung:** ein Spielzug gegen eine Zone muß so aufgebaut sein, daß bei Ballverlust (auch nach Korbwurf) schnell auf Verteidigung umgeschaltet werden kann. Die meisten Zonenaufstellungen garantieren eine gute Ausgangsposition für Schnellangriffe. Mindestens ein Angreifer muß sich sofort defensiv orientieren, wenn ein Mitspieler auf den Korb wirft.

8. **Kontinuität:** ein Spielzug soll so konzipiert sein, daß er "fortlaufend" gespielt werden kann. Ist dies nicht gewährleistet, müßte nach erfolglosen Teilabschnitten zuviel improvisiert werden. Es ist auch erforderlich, daß ein Spielzug auf beiden Seiten gespielt werden kann.

Ein Spielzug gegen die Ball-Raum-Verteidigung muß nun nicht alle der genannten Kriterien erfüllen. Treffen jedoch mehrere nicht zu, sollte man eine andere Auswahl treffen. Sehr entscheidend für mich ist aber, daß der Trainer in der Lage sein muß, Übungsformen zu finden, mit denen er das jeweilige Muster erarbeiten kann. Es nutzt nichts, einen Spielzug aus einem "klugen" Buch zu übernehmen, den man dann nicht in lern- und übungsrelevante Teilabschnitte aufgliedern kann. Es ist also erforderlich, entsprechende Übungsformen zu finden (oder zu erfinden) und Variationsmöglichkeiten einzuplanen. Mit diesen Übungsformen sollten möglichst auch grundlegende technisch-taktische Aspekte geschult werden können, die auf andere Aufgaben übertragbar sind.
Im folgenden werden Spielzüge exemplarisch dargestellt. Dabei geht es nicht darum, eine Zusammenstellung möglichst vieler Spielzüge vorzunehmen, sondern es soll aufgezeigt werden, wie die weiter oben gemachten Aussagen in die Praxis umgesetzt werden können.

"Dreieck Oben" (gegen 2-1-2 Zone).

Bei diesem Spielzug werden die Lücken genutzt, die bei einer "normalen" Verschiebung der Verteidiger als Antwort auf die Positionsveränderung der Angreifer entstehen. Ausgangspunkt ist eine 2-1-2 Angriffsaufstellung, die rasch in eine 1-3-1 übergeht:

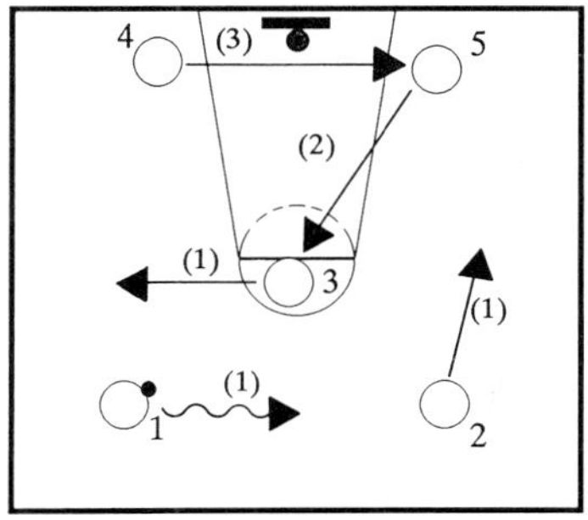

Phase 1:
O 1 beginnt die Angriffshandlung: er dribbelt zur Mitte; gleichzeitig läuft O 2 auf die verlängerte Freiwurflinie: O 3 läuft gegen die Dribbelrichtung zur verlängerten Freiwurflinie.

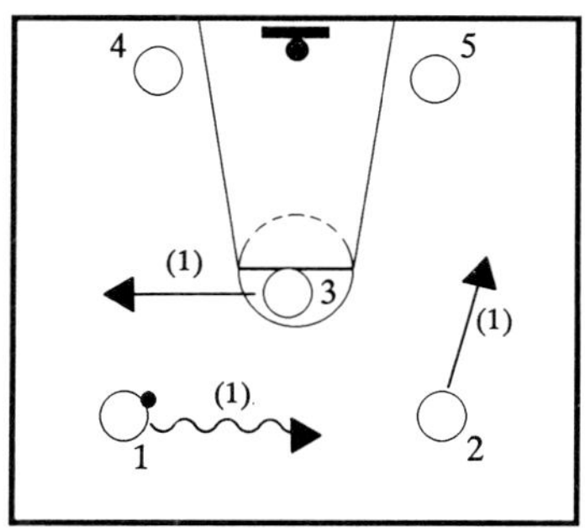

Durch die Auftaktbewegung von O 1 werden X 1 und X 2 zunächst gebunden:

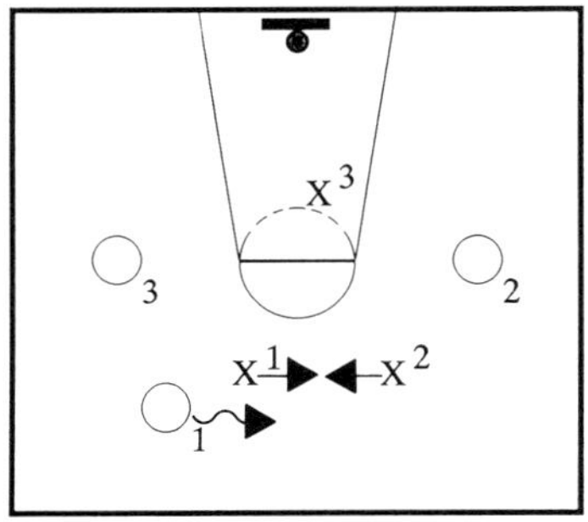

Um einen Durchbruch von O 1 durch die Mitte zu verhindern, wird X 1 etwas mit O 1 mitgehen, und X 2 wird wohl einen Schritt nach innen gleiten. Dadurch werden O 2 und O 3 auf der verlängerten Freiwurflinie kurz anspielbar. X 3 wird verunsichert, weil "sein" High-Post nicht tief geht, sondern nach außen weg. X 4 und X 5 werden im allgemeinen nicht bis zur verlängerten Freiwurflinie herauskommen.

Phase 2:

Nach der Auftaktbewegung läuft O 5 zur Freiwurflinie (es läuft immer der Center, der zu Beginn der Aktion diagonal zum Dribbler steht). O 5 kann auch sofort nach Beginn der Aktion loslaufen, sobald er sieht, daß O 3 seinen Platz verläßt.

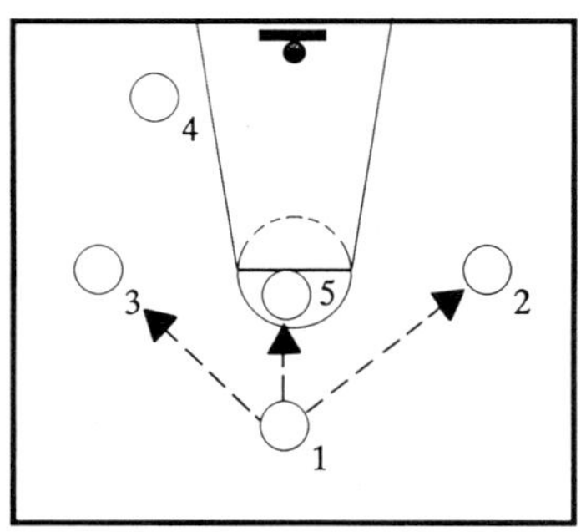

O 1 hat nun drei Paßmöglichkeiten. Besonders günstig ist ein Paß zu O 3, da gegen die Bewegungsrichtung der Verteidigung gespielt wird. Der beste Distanzwerfer soll auf Position 3, der Zweitbeste auf Position 2 spielen.

Phase 3:
Wird O 5 angespielt, wechselt O 4 sofort die Seite:

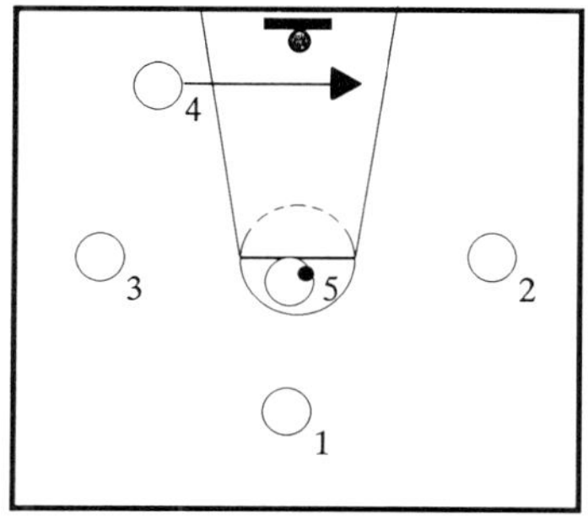

O 5 spielt entweder schnell zu einem Flügel bzw. dreht sich zum Korb und wirft oder versucht zu O 4 zu spielen.
Aus dieser Dreiecksaufstellung werden freie Wurfmöglichkeiten gesucht, wobei sich O 5 auf der centerfreien Seite anbieten kann. In diesem Fall läuft O 4 auf die Freiwurflinie, wodurch wieder eine 1-3-1-Aufstellung gegeben ist usw.

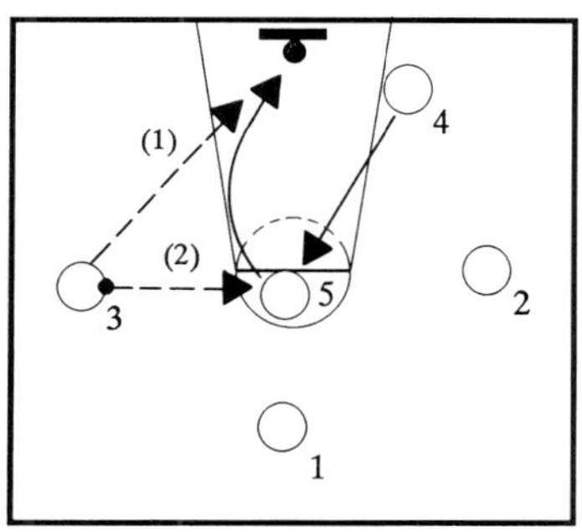

Die Flügelspieler bleiben im Bereich der verlängerten Freiwurflinie, können dabei aber kleine Positionsveränderungen und Durchbruchsversuche unternehmen.
"Dreieck Oben" kann auch auf der anderen Seite gespielt werden. Dann würde O 2 die erste Phase einleiten.

Übungsformen für die Phase 1:
Im normalen Wurftraining werden Wurfserien von den entsprechenden Positionen ausgeführt.

Für das richtige Timing:

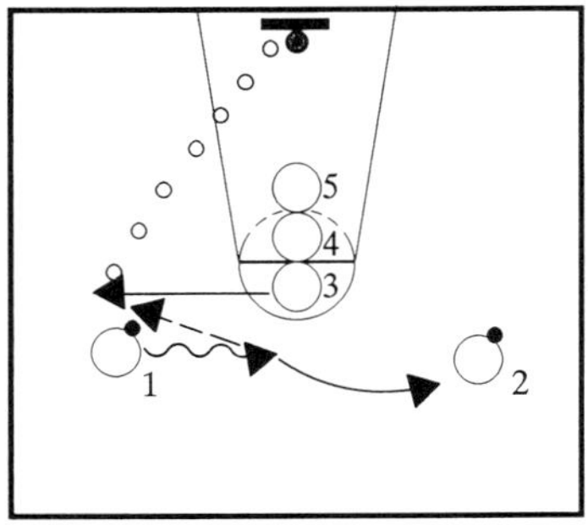

O 1 beginnt mit dem Dribbling; O 3 läuft in Gegenrichtung zum Dribbler, erhält den Ball von O 1, wirft, holt seinen Ball, spielt ihn zurück zu O 1 oder O 2 und schließt sich an die Postreihe an; O 2 führt sofort anschließend die gleiche Aktion aus wie vorher O 1; O 4 (mittlerweile auf der High-Post-Position) läuft in Gegenrichtung zum dribbelnden O 2, erhält den Ball von O 2, wirft usw.

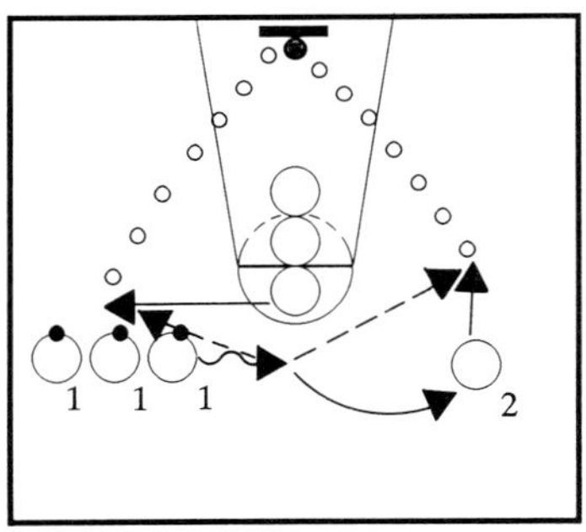

Gleiche Ausführung wie zuvor; O 1 spielt zum Post, der zur verlängerten Freiwurflinie gelaufen ist, oder zu O 2; O 2 schließt sich an die Postspieler an, der Post an die O 1-Reihe und O 1 wird neuer O 2. Es wird auf beiden Seiten geübt.

Übungsform zur Phase 2:

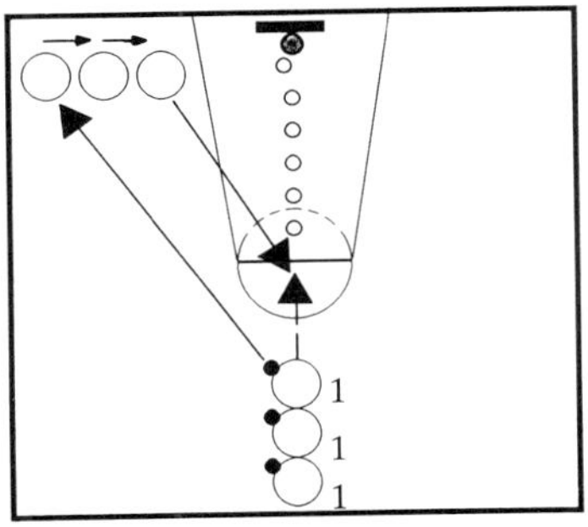

Der Low-Post kommt auf die Freiwurflinie, erhält den Ball von O 1, dreht zum Korb, wirft, holt seinen Ball und schließt sich mit Ball an die O 1-Reihe an. O 1 geht nach dem Paß in die Postreihe.

Übungsform zur Phase 3:

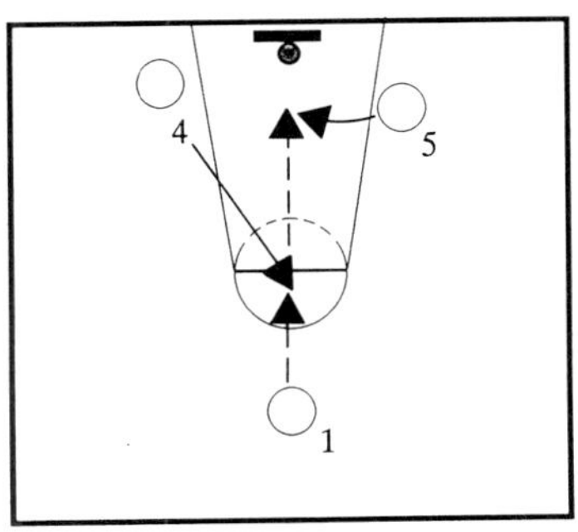

O 4 kommt auf die Freiwurflinie, erhält den Ball von O 1, dreht sich zum Korb und spielt den hereinschneidenden O 5 an; O 5 wirft.

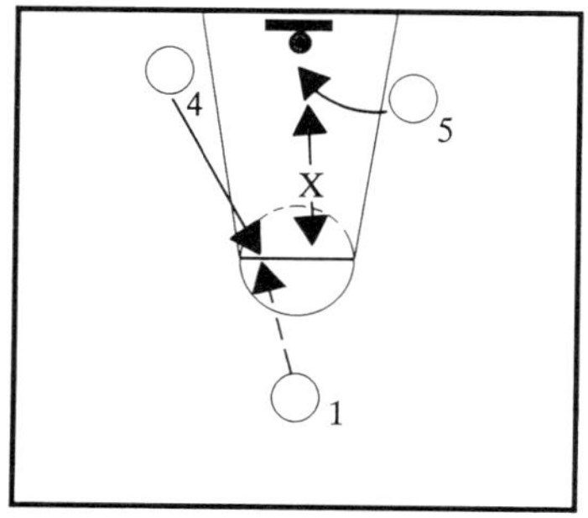

Gleiche Übungsform wie zuvor. Wir geben aber jetzt einen Verteidiger (X) hinzu. X greift O 4 an oder sinkt zu O 5 ab. O 4 muß nun die Situation richtig erkennen und sich für einen Wurf oder einen Paß an O 5 entscheiden.

Eine 2-1-2-Zone kann diesen Spielzug ("Dreieck Oben") nur sehr schwer bekämpfen. Die Erfahrung zeigt, daß die Verteidigung sehr bald gewechselt wird. Will sie in einer Ball-Raum-Verteidigung bleiben, wird sie vernünftigerweise eine 3-2 Aufstellung wählen. Dadurch wird das Hinausschwenken des High-Post und das Vorrücken des zweiten Aufbauspielers auf die verlängerte Freiwurflinie wirkungslos. Die Angreifer können nun die gleiche Grundaufstellung (2-1-2) wählen, um die Schwachpunkte der 3-2-Zone auszunutzen. Wir nennen dieses Muster **"Dreieck Post"**.

"Dreieck Post":

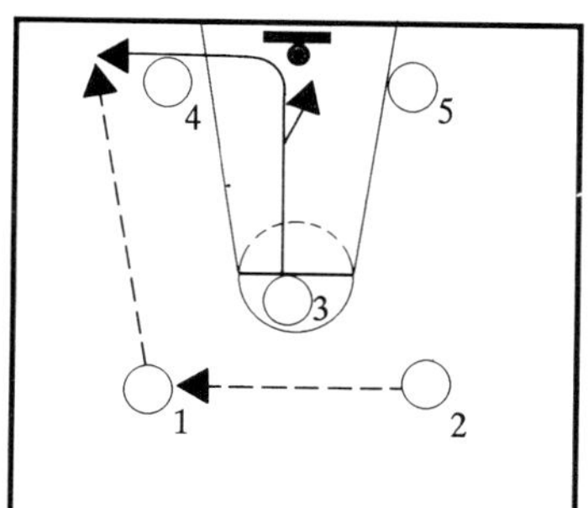

O 3 läuft in Richtung Grundlinie, täuscht nach rechts an und läuft dann eng an O 4 vorbei in die linke Ecke. Sehr häufig kommt O 3 so zum Wurf. Der Vorteil dieses Spielzuges ist, daß O 3 im Rücken der vorderen Deckungsreihe agiert. O 1 kann dies noch unterstützen, indem er vor dem Paß an O 3 auf X 2 zudribbelt und ihn dadurch bindet:

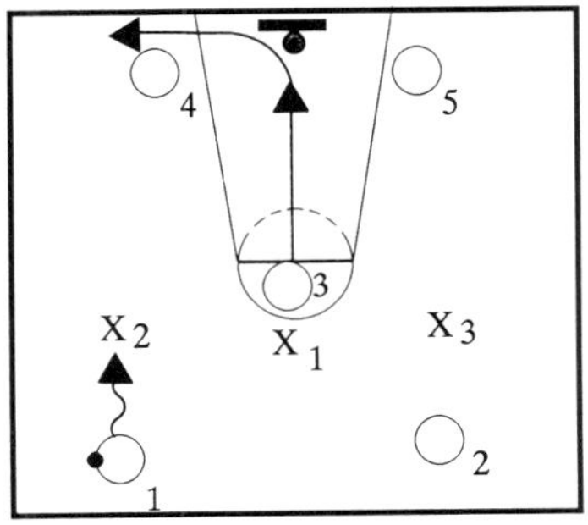

Gelingt es dem Verteidiger X 4 an O 4 vorbei in die Ecke zu kommen, um den Paß an O 3 zu verhindern bzw. einen Wurf zu erschweren, ist oft O 4 kurz frei für einen Paß von O 1 (a) oder O 3 (b).
Wenn O 4 in Ballbesitz ist (wahrscheinlich schon kurz davor), muß X 5 zu O 4 (weakside help). Dadurch wird O 5 frei (c). Es ist also erforderlich, daß O 4 und O 5 während der Aktion von O 3 auf ihrer Position bleiben, allerdings immer mit einem Paß von O 1 rechnen:

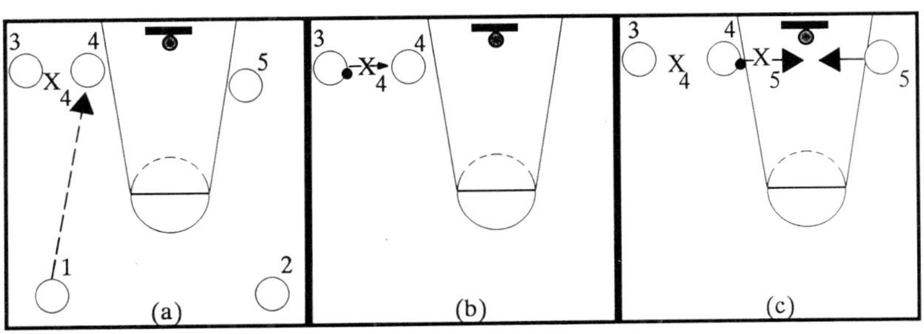

Kann O 3 nicht zu O 4 spielen, wechselt O 4 die Seite; O 5 kommt auf die High-Post-Position. O 3 spielt den Ball an O 1 und rückt an den 3-Sekunden-Raum. Das Angriffsmuster kann erneut beginnen:

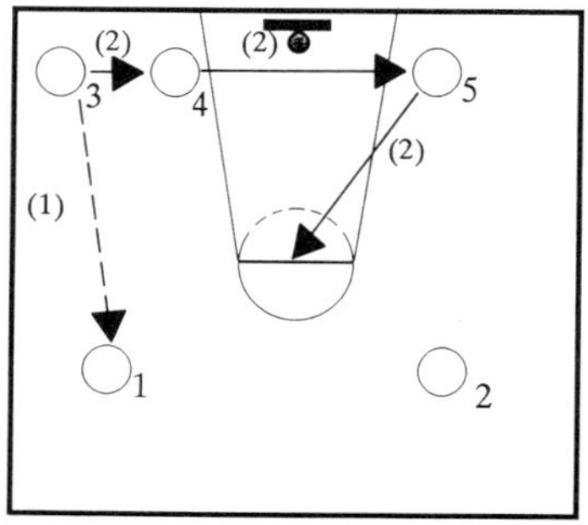

Übungsformen für "Dreieck-Post":

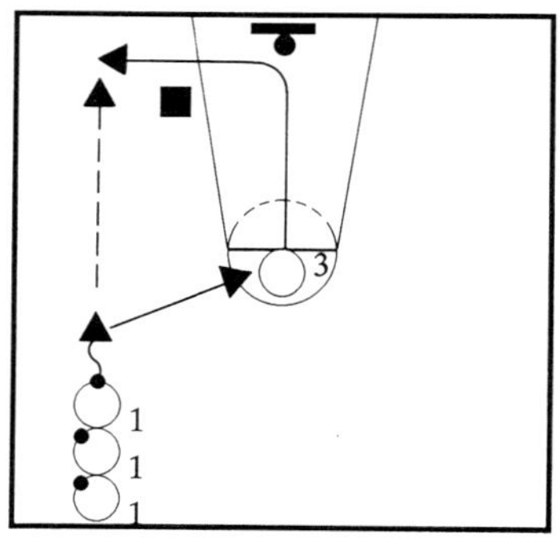

O 3 läuft nach Täuschbewegung (Lauffinte) in die linke Ecke, erhält den Ball, wirft, holt seinen Ball und schließt sich hinter den Zuspieler an. Beidseitig üben.

Mit einem Verteidiger:

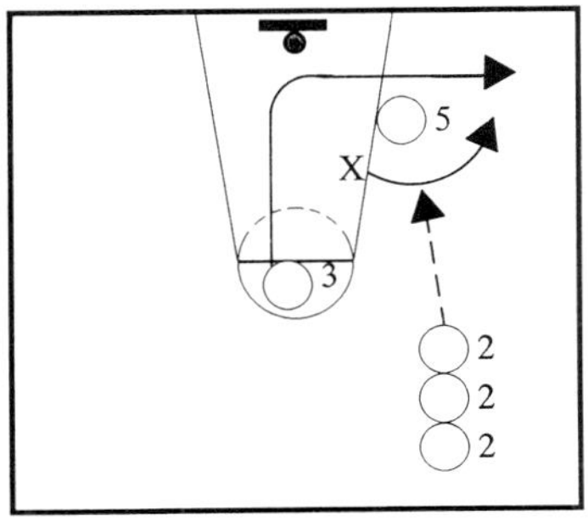

X macht O 3 zu; O 2 paßt zu O 5; O 5 wirft, holt seinen Ball und schließt sich hinter den Anspielern an. O 2 wird nächster Post. Danach die gleiche Übungsform, aber X entscheidet, ob er O 3 oder O 5 zumacht. O 2 paßt zum freien Spieler. Beidseitig üben.

Mit zwei Verteidigern:

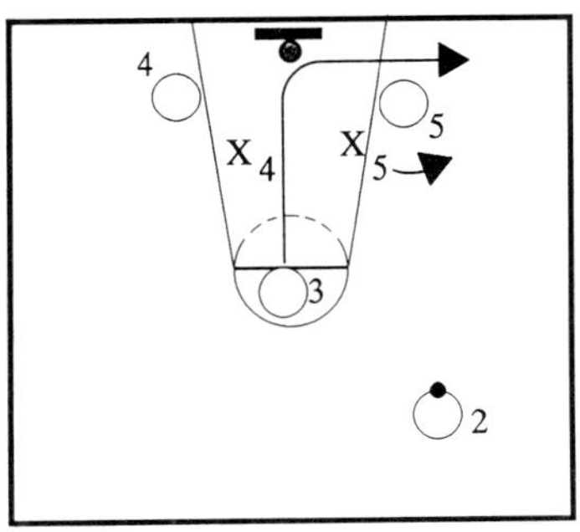

Gleiche Übungsform. O 2 paßt zu O 3 oder O 5; die weiteren Aktionen richten sich nach dem Verhalten von X 4. Beidseitig üben.

Hat sich die Verteidigung auf die Auftaktbewegung von O 3 eingestellt, kann mit Variationen gespielt werden, die alle aus der gleichen Ausgangsstellung möglich sind.

Variation 1:

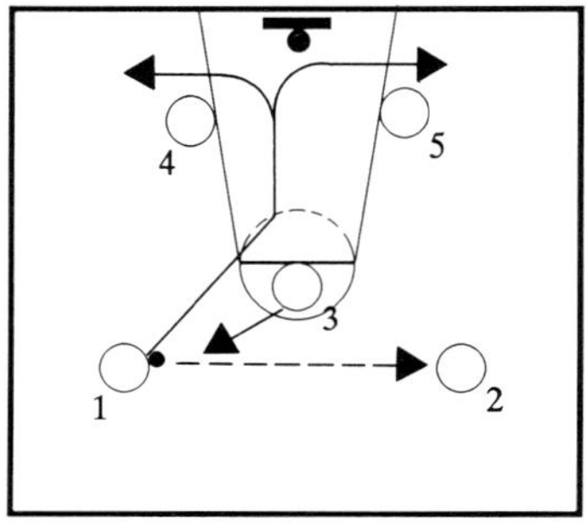

O 1 paßt zu O 2 und führt dann die bisherige Aktion von O 3 aus; O 3 nimmt den Platz von O 1 ein.

Variation 2:

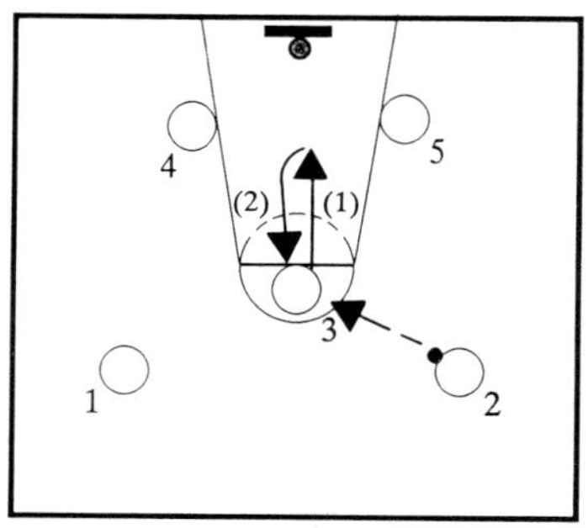

O 3 täuscht den üblichen Laufweg an, kommt dann aber schnell wieder auf die Freiwurflinie zurück.

Variation 3:

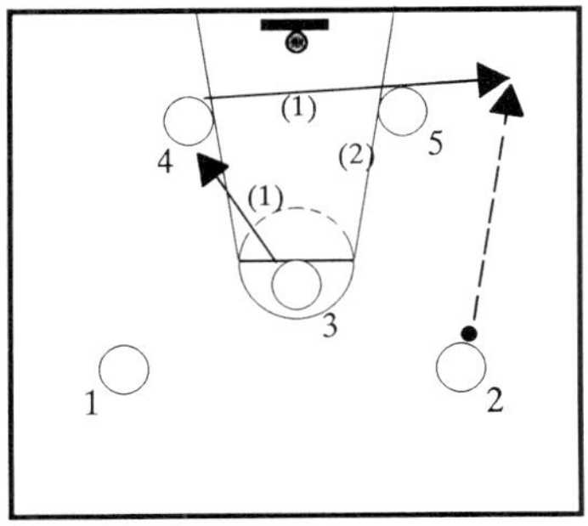

O 4 überlagert auf die Ballseite; O 3 nimmt den Platz von O 4 ein. Ist ein Anspiel von O 2 zu O 4 nicht möglich, kommt O 5 auf die Freiwurflinie. Das Angriffsmuster kann erneut beginnen.

Die Erfahrung zeigt, daß ein Angriffsmuster nicht immer den gewünschten Erfolg bringt, weil sich z.B. die Verteidigung atypisch verhält, weil die Angreifer nicht die sonst üblichen Wurfleistungen aufweisen, oder weil der Gegner bereits die Auftaktphase eines Spielzugs behindert oder unterbindet und dadurch das Timing des Angriffs durcheinanderbringt usw. Für solche Fälle sollte man Alternativen haben. Eine solche **Alternative**, die gegen eine **3-2-Zone** und noch besser gegen eine 1-3-1 Zone gespielt werden kann, will ich im folgenden darstellen. Auch dieses Muster geht von einer 2-1-2 Aufstellung aus, die in eine 1-3-1 übergeht. Wie bei "Dreieck-Post" wird zum Teil hinter der vorderen Deckungsreihe (bzw. der Dreierkette bei der 1-3-1-Zone) agiert. Aus Gründen der Übersicht wird dieses Muster in seinen Teilphasen dargestellt.

Phase 1:

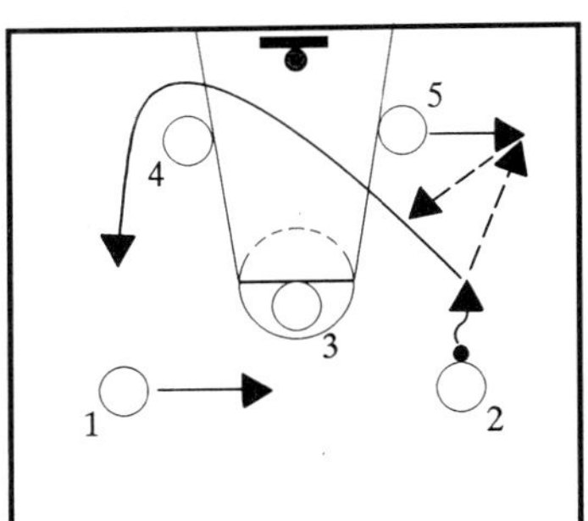

O 2 dribbelt auf die Verteidigung zu (um den für diesen Raum zuständigen Deckungsspieler zu binden), spielt O 5 an (der nach einer kurzen Schrittfinte nach innen zur rechten Ecke herausgeschwenkt ist) und schneidet zum Korb. Ist ein Rückpaß von O 5 zu O 2 möglich, hat O 2 bereits eine Wurfgelegenheit aus dem Nahbereich (Korbleger oder Sprungwurf). Ist dieser Rückpaß nicht möglich, läuft O 2 eng hinter O 4 vorbei und bietet sich an der verlängerten Freiwurflinie (der "weak-side") an.

Phase 2:

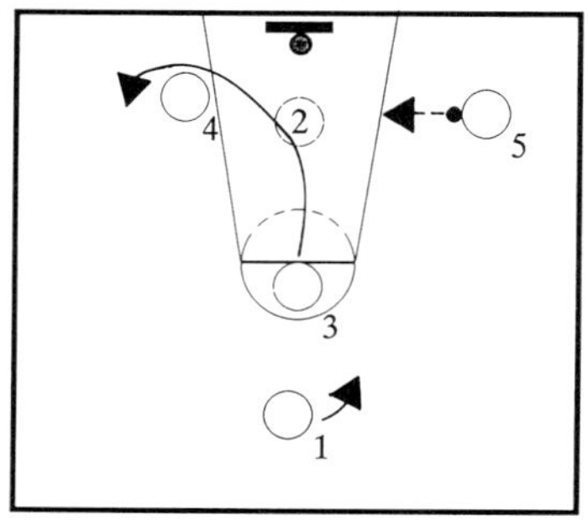

Wenn O 2 ungefähr die Mitte des Drei-Sekunden-Raumes erreicht hat, schneidet O 3 zum Korb. Ist kein Paß von O 5 möglich, läuft O 3 eng hinter O 4 vorbei und bleibt hinter O 4. O 1 ist mittlerweile in der von O 2 verlassenen Position. Wichtig: O 1 muß sich dabei beweglich anbieten.

Phase 3:

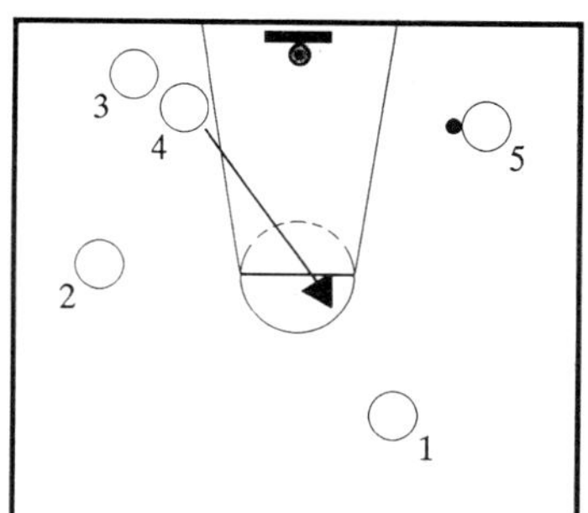

Wenn O 3 an O 4 vorbei ist, kommt O 4 zur Freiwurflinie. Dadurch ist eine 1-3-1 Aufstellung gegeben. O 4 muß warten, bis O 2 und O 3 vorbei sind, da er als passiver Block für O 2 und O 3 dient. Bei dieser flüssig ablaufenden Angriffsaktion hat O 5 folgende Möglichkeiten: Wurf, Paß zu O 2 und O 3, wenn diese durchschneiden, und u.U. zu O 4. Gelingt dies nicht, geht der Ball zurück zu O 1.

Aus der 1-3-1 Aufstellung können weitere Wurfmöglichkeiten gesucht werden, wobei sich der jeweils auf der High-Post-Position befindliche Spieler zum Korb anbietet und der Low-Post auf die Freiwurflinie kommt. Als Überraschungseffekt ist aus der 2-1-2 Aufstellung auch eine schnelle Paßfolge zu O 2 auf der "weak-side" geeignet, weil die Verteidigung sich so verschieben wird, daß sie die Paßmöglichkeiten zu den schneidenden Spielern unterbinden kann. Dadurch wird die "weak-side" häufig gut anspielbar:

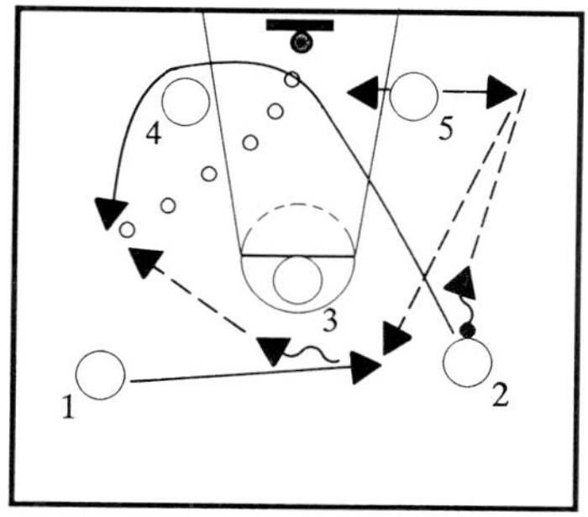

Das gesamte Angriffsmuster wird zunächst ohne Verteidigung auf beiden Seiten mehrmals durchgespielt, damit Laufwege und Timing klar werden. Danach wird die Verteidigung hinzugegeben.

Übungsformen für die Phasen 1 und 2 (auf beiden Seiten üben), die auch zum Aufwärmprogramm von Trainingseinheiten gehören können:

Korbleger und Sprungwürfe:

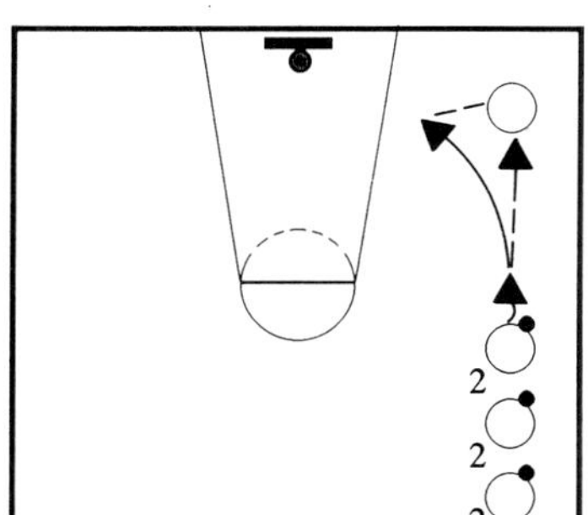

Der Ballbesitzer dribbelt kurz, spielt dann den Ball ab, schneidet zum Korb, erhält den Rückpaß und wirft.

Paß zum schneidenden High-Post und Wurf:

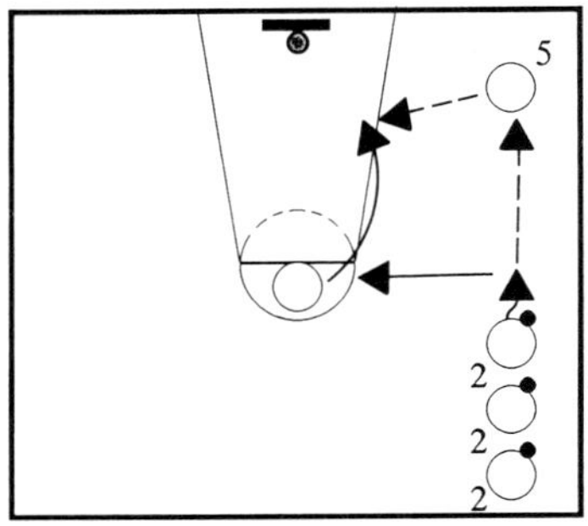

Gleiche Übungsform wie zuvor. Jetzt wird der zum Korb schneidende Post angespielt. Wurf.

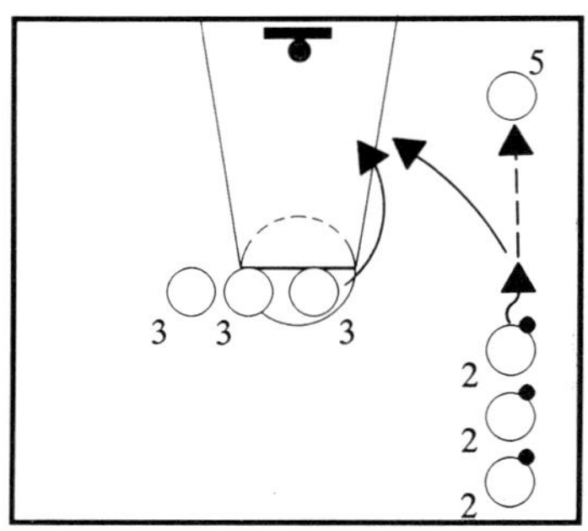

O 5 variiert: Paß zum durchschneidenden O 2 oder nachfolgenden O 3.

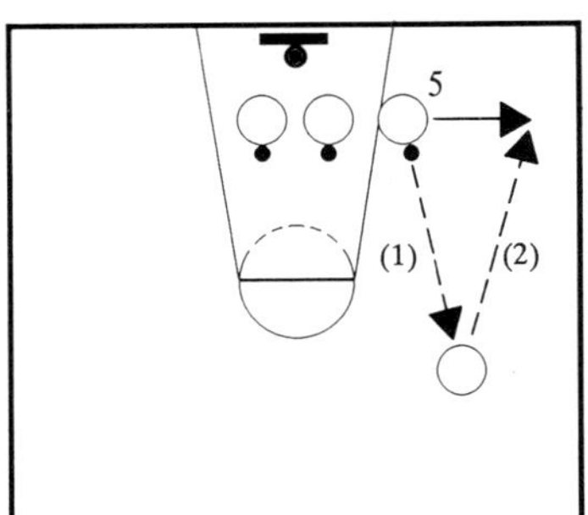

O 5 schwenkt heraus, erhält den Ball, dreht sich zum Korb, wirft und holt seinen Ball.

Bei der Erarbeitung und Verbesserung eines Spielzuges - besonders gegen eine Ball-Raum-Verteidigung - kommt es im Training immer wieder vor, daß die Verteidiger sich so verhalten, daß der Spielzug nicht recht gelingen kann. Sie wissen aus den Erläuterungen des Trainers und den aufgezeigten Laufwegen, wie die Angreifer überlagern sollen und wohin der Ball kommen wird. Dementsprechend unterbinden sie diese Aktionen, indem sie sich sofort nach Beginn des Angriffs so postieren, daß sie die Lauf- und Paßwege blockieren. Der Trainer darf ein solches Verhalten nicht zulassen. Zum einen meinen die Deckungsspieler fälschlicherweise, daß sie gut verteidigen. Zum anderen entwickelt sich bei der ganzen Mannschaft eine deutlich spürbare Skepsis, ob denn der betreffende Spielzug überhaupt tauglich sei. Der Trainer sollte daher allen Spielern verdeutlichen, daß die Erarbeitung eines Spielzuges Zeit braucht. Werden die Laufwege erst einmal beherrscht und Optionen und Variationen zugeschaltet, müssen die Verteidiger "korrekt" verteidigen und viele Eventualitäten bedenken. Spekulieren bringt dann nicht mehr viel. Gelingt ein Spielzug dann freilich immer noch nicht, so taugt er wirklich nichts und sollte schnellstens über Bord geworfen werden.

Angriff gegen eine kombinierte Verteidigung

Eine kombinierte Verteidigung will vor allem den herausragenden Spieler der gegnerischen Mannschaft neutralisieren. Sie will aber auch die gesamte Mannschaft des Gegners in eine ungewohnte Situation bringen. Hat man keine Erfahrung im Spiel gegen eine kombinierte Verteidigung, tendiert man oft dazu, seinen stärksten Spieler irgendwie doch ins Spiel zu bringen, weil man seine Punkte benötigt. Oder man versucht ganz einfach, 4-4 zu spielen, um die Schwächen der Verteidigung (nur vier Verteidiger decken den Raum ab, der sonst von fünf abgeschirmt ist) zu nutzen. Beide Vorgehensweisen stellen aber keine optimale Lösung dar. Im ersten Fall wird es zu überhasteten Aktionen kommen, wohingegen man im zweiten Fall auf die Dienste seines besten Spielers verzichtet. Die Erfahrung zeigt, daß man relativ selten auf eine kombinierte Verteidigung trifft. Bei den meisten Mannschaften gehört diese Verteidigungsform nicht zum Standardrepertoire. Vielmehr wird sie oft kurzfristig eingeübt, um einem bestimmten Gegner zu begegnen. Dadurch bleibt es nicht aus, daß die Verteidiger diese Deckungsart eigentlich nicht völlig beherrschen. Der Trainer, der seine Mannschaft gegen eine kombinierte Verteidigung einstellt, sollte auf diesen Umstand hinweisen, um seinen Spielern das Unbehagen zu nehmen, wenn sie gegen eine für sie ungewohnte Verteidigung spielen müssen.

Am günstigsten ist es, wenn man einen Spielzug, den man ohnehin im Repertoire hat, auch gegen eine kombinierte Verteidigung verwendet und gegebenenfalls leicht variiert. Bei den Angriffsmöglichkeiten gegen eine 3-2-Zone wurde der Spielzug "Dreieck-Post" vorgestellt. Er eignet sich auch gut gegen eine "**Box-and-One**". Dabei wird der Spieler, der Mann gedeckt wird (hier O 3) auf der Freiwurflinie postiert. Durch diese Maßnahme wird der Gegner gezwungen, eine konventionelle Zone (z.B. 2-1-2) zu spielen. Außerdem kann O 3 aktiv in das Angriffsgeschehen eingreifen:

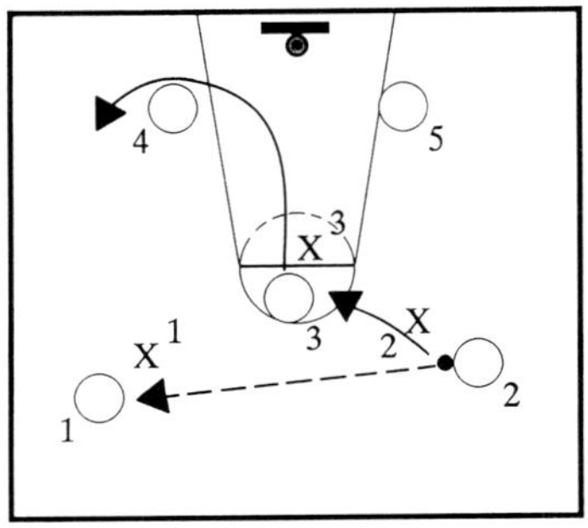

O 3 läuft zu einer Spielfeldecke und versucht dabei, seinen Verteidiger an O 4 abzustreifen. O 2 nimmt die Position auf der Freiwurflinie ein. Da X 3 bei O 3 bleiben will, steht O 2 häufig völlig frei. Auch wird O 3 oft gut anspielbar sein, wenn der passive Block von O 4 ausgenutzt werden kann. Will man seinen stärksten Spieler noch deutlicher ins Spiel bringen, kann O 1 noch zusätzlich einen Block für O 3 stellen, wenn dieser eng an O 4 vorbeigelaufen ist. In diesem Fall übernimmt O 2 die Aufgabe des Anspielers:

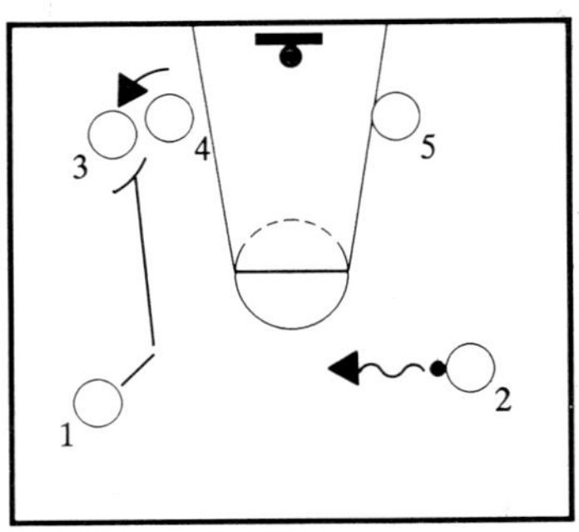

Beherrscht eine Mannschaft keinen Spielzug, der auch gegen eine "Box-and-One" verwendet werden kann, so läßt sich eine sehr **einfache Möglichkeit** sehr **schnell erlernen**, die zumindest die Schwächen der Deckung ausnutzt. Der mann-gedeckte Angreifer (hier O 5) stellt sich in der Nähe der Grundlinie auf. Zwei Flügelspieler stellen sich in die Lücke zwischen zwei Verteidigern:

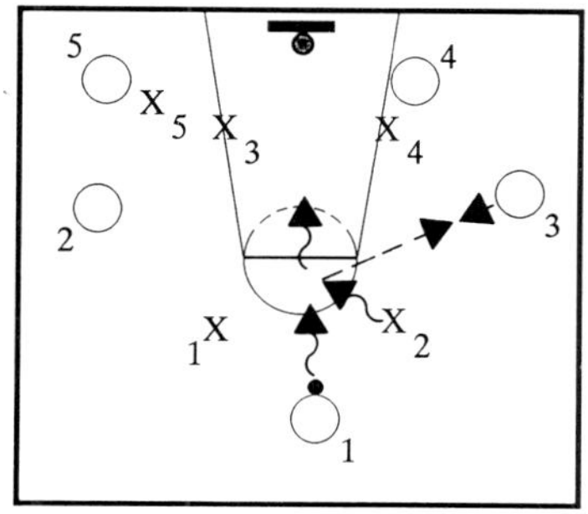

O 1 dribbelt in den Raum zwischen X 1 und X 2. Wird er angegriffen, spielt er zum Flügel auf der Seite, von der aus er angegriffen wurde (hier zu O 3). O 3 kann sofort werfen oder zur Grundlinie dribbeln und O 4 anspielen oder von dort werfen. Wird O 1 nicht angegriffen, zieht er so weit wie möglich durch, wirft oder spielt zum freien Mann, wenn er übernommen wird. Erfahrene Spieler sind durchaus in der Lage, diese Lösungsmöglichkeit auf Anhieb mit befriedigendem Erfolg zu spielen.

Gegen eine "Diamond-and-One" kann ebenfalls aus einer 2-1-2-Aufstellung angegriffen werden. Der mann-gedeckte Spieler (O 5) nimmt wieder an der Grundlinie Aufstellung:

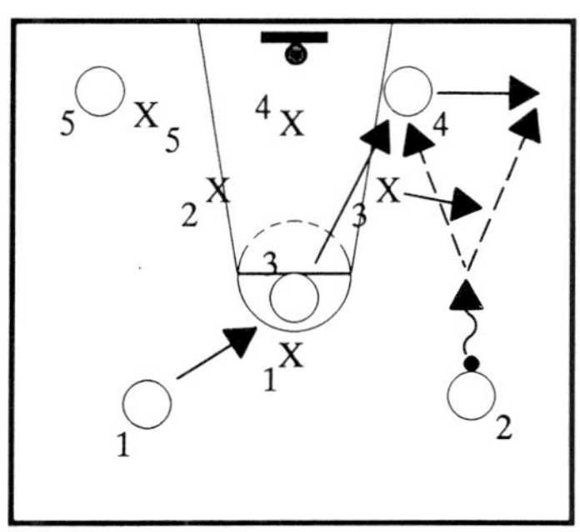

O 2 dribbelt auf X 3 zu, um ihn zu binden. Während dieser Aktion kommt O 4 zur Ecke heraus und O 3 geht auf seinen Platz. O 2 kann O 4 anspielen, der einen freien Wurf hat, wenn X 4 nicht zu ihm herauskommt. Übernimmt X 4 O 4 ist O 3 frei bzw. O 2, wenn X 3 zu O 3 absinkt.

Angriff gegen die Zonen-Presse

Unabhängig von der vom Gegner gewählten Deckungsform gilt für eine Angriffskonzeption: die Stärken der Verteidigung nach Möglichkeit "meiden" und die Schwachpunkte suchen und für den Angriff nutzen. Dies trifft für die Zonen-Presse noch stärker zu, weil sie spezifische Stärken und Schwächen hat, die deutlicher gegeben sind als bei den meisten anderen Deckungsformen. Bei der Entwicklung und Verfeinerung des Spiels gegen eine Zonen-Presse ist es hilfreich, sich noch einmal die wesentlichen Ziele und **Grundsätze** dieser Deckungsart vor Augen zu führen und daraus **Konsequenzen** abzuleiten:

1. *Die Zonen-Presse will verunsichern und psychischen Druck ausüben, um zu Fehlern zu provozieren. Daher ruhig und besonnen bleiben. Keine Hektik!*

2. *Die Zonen-Presse lebt auch vom Überraschungseffekt. Daher soll man immer mit der Möglichkeit rechnen, daß der Gegner sie verwendet. Im allgemeinen weiß man, ob eine gegnerische Mannschaft eine Zonen-Presse im Repertoire hat und sie auch tatsächlich anwendet. Kritische Momente können direkt nach Auszeiten oder Freiwürfen gegeben sein. Bei Auszeiten genügt oft schon ein kurzer Blick auf das Verhalten des gegnerischen Coaches und seiner Spieler, um zu erkennen, ob eine Preßdeckung geplant ist.*

3. *Die Zonen-Presse will den Ballbesitzer aus der Mitte abdrängen bzw. ein Anspiel zur Mitte verhindern, da das Doppeln in den Ecken und an den Seitenlinien erfolgversprechender ist. Daher darf der Ballbesitzer nur in Notfällen in die Ecken dribbeln oder Mitspieler in den Ecken oder auf dem Weg dorthin anspielen.*

4. *Die Zonen-Presse will zum Dribbling verleiten, da der Dribbler dann oft eine eingeschränkte Möglichkeit hat, das Spiel zu "lesen" und gut postierte Mitspieler zu sehen. Außerdem läßt sich ein Spieler, der sein Dribbling abbrechen muß, sehr leicht doppeln. Daher das Dribbling vermeiden, es sei denn man hat genug freien Raum oder man will das Doppeln an gewissen Stellen provozieren, um dann freie Mitspieler anzuspielen.*

5. *Die Zonen-Presse will den Ballbesitzer so oft wie möglich in Räumen doppeln, die für die Verteidiger günstig sind (Ecken, Seiten- und Mittellinie). Daher die Verteidiger dort zum Doppeln verleiten, wo die Angreifer im Vorteil sind (z.B. Spielfeldmitte; genug Platz bis zu den Verteidigern, die nicht am Doppeln beteiligt sind usw.) Dadurch kann das Doppeln zur Falle für die Verteidiger werden, da Paßwege zu freien Mitspielern offen bleiben müssen. Das richtige Verhalten von Spielern, die gedoppelt werden, soll im Training aufgezeigt und geübt werden.*

6. *Die Zonen-Presse muß die Räume in Ballnähe eng machen und nimmt eher lange (aber oft unkontrollierte) Pässe in Kauf. Daher sollen sich die Angreifer so zum Ball anbieten, daß sie vom Ballbesitzer gesehen werden und doch die Räume nicht verengen.*

7. *Die Zonen-Presse will die Angreifer dazu zwingen, viel Aufmerksamkeit auf die Überwindung des Rückfeldes zu legen und wertvolle Zeit aufzubrauchen, bis sie ihren üblichen Positionsangriff spielen können. Daher sollen die Angreifer nach Überschreiten der Mittellinie das Spiel nicht "anhalten", um ihren Positionsangriff zu organisieren. Hat der Angriff erst einmal die erste "Verteidigungssperre" überwunden, ist er meist im Vorteil, den er auch konsequent ausnutzen soll. Dies bedeutet aber auch, daß man die Überzahl zum Wurf aus der Nahdistanz anstreben soll und den Angriff nicht überhastet aus der Halbdistanz oder noch weiter entfernt abschließt, nur weil man dort gerade so schön frei ist.*

Ein letzter Punkt: die Verteidigung benötigt Zeit, um die Zonen-Presse zu organisieren. Es kann daher vorteilhaft sein, den Ball nach einem gegnerischen Korb möglichst schnell ins Spiel zu bringen, was im allgemeinen keine Schwierigkeiten macht. Allerdings resultieren daraus oft überhastete Aktionen, weil die Angreifer ihrerseits keine optimale Raumaufteilung haben. Ich empfehle, daß sich die Angreifer Zeit lassen, wenn der Einwurf zugelassen wird. Verfügt man über eine bewährte Waffe gegen die Zonen-Presse, besteht kein Grund für überhastete Aktionen, die auf lange Sicht den psychischen Druck auf die Angreifer eher verstärken als mindern.

Im folgenden wird ein **Spielzug** gegen eine **1-2-1-1-Zonen-Presse** über das ganze Feld (auch möglich gegen eine 1-2-2) dargestellt, der die oben genannten Grundsätze berücksichtigt. Der Gegner arbeitet bei dieser Aufstellung mit 4 Verteidigern im Rückfeld. Daher ist es erforderlich, seinerseits mindestens 3 Angreifer (besser 4) im Rückfeld zu haben. Würde man von vornherein 2 oder 3 Angreifer in der gegnerischen Hälfte postieren, könnte ein Verteidiger ohne große Probleme zwei Angreifer abschirmen.

In dem vorgestellten Spielzug nehmen zunächst 5 Angreifer im Rückfeld Aufstellung. Dies geschieht einmal in der Annahme, daß der Gegner die Zonen-Presse gut spielt. Zum anderen erweist es sich als vorteilhaft, wenn sich die Angreifer nach Überwindung der ersten Sperre in der Vorwärtsbewegung zum Korb befinden:

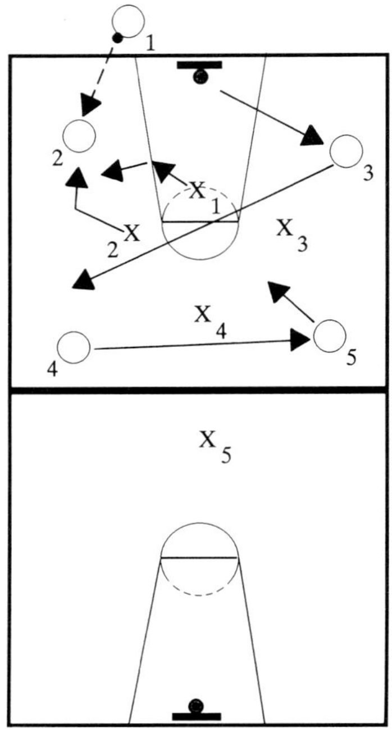

O 1 spielt zu O 2 und läuft schnell auf die Position von O 3; O 3 startet diagonal; O 5 startet diagonal zum Ball, damit er sich in der Mitte des Rückfeldes anbieten kann, wenn O 3 durch ist. O 4 wechselt die Seite. Durch diese Laufbewegung soll gewährleistet sein, daß der Ball in die Mitte kommt (zu O 3 oder O 5).

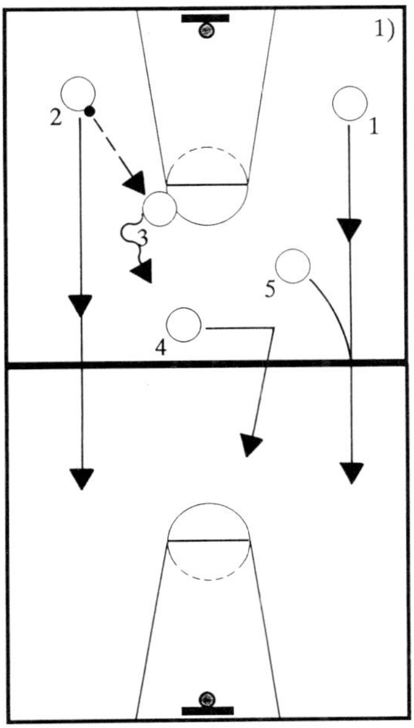

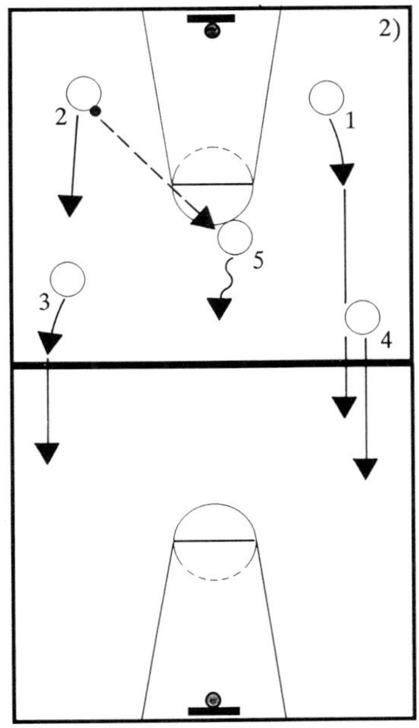

Möglichkeit 1: kann O 2 zum durchlaufenden O 3 spielen, dribbelt dieser kurz auf X 4 zu; inzwischen sind O 1 und O 2 an den Seiten gestartet und meist gut anspielbar. O 5 läuft nun zum gegnerischen Korb. O 4 bietet sich im Vorfeld zwischen Mittellinie und Birne als Anspielstation an. Wird dieser Spielzug dynamisch ausgeführt, ergeben sich eine Reihe guter Paßmöglichkeiten und Überzahlsituationen am gegnerischen Korb.

Möglichkeit 2: kann O 2 nicht zu O 3 passen, versucht er zu O 5 zu spielen, der sich in der Mitte angeboten hat. Ist dieser Paß möglich, starten O 3 und O 4 entlang der Seitenlinien zum gegnerischen Korb. O 2 und O 1 folgen nach. Auch hier ergeben sich wieder sehr gute Anspielmöglichkeiten.

Eine **Alternative** zu diesen Auftaktaktionen:

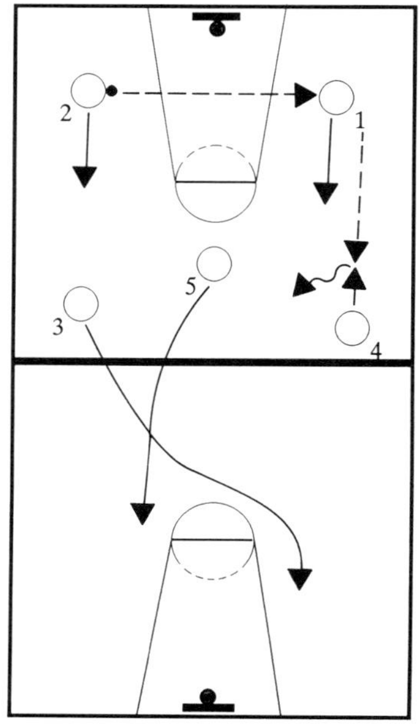

Kann O 2 weder zu O 3 noch zu O 5 passen, wird O 1 frei (bedingt durch die Verschiebung der Deckung). O 4 bietet sich an und kann den Ball ohne Schwierigkeiten erhalten. O 4 dribbelt kurz nach innen und setzt die durchstartenden O 3 und O 5 ein. Dies kann auch ohne vorheriges Dribbeln erfolgen.

Methodisches Vorgehen

Im Sinne der Ganz-Teil-Ganz-Methode laufen die Angreifer den Spielzug ein paarmal ohne Verteidigung durch, damit sich das Angriffsmuster einprägt und durchgeführt werden kann. Zunächst verwenden sie aber nur die Paßmöglichkeiten zu O 3 und O 5. Dies wird auf beiden Seiten geübt. Danach werden die Verteidiger X 1, X 2 und X 3 hinzugegeben, dann X 4 und schließlich X 5. Daß zunächst nur die Paßmöglichkeiten zu O 3 und O 5 erfolgen sollen, liegt daran, daß dies die optimale Lösung für die Überwindung der Zonen-Presse mit Abschluß in Überzahl darstellt. Erst wenn sich die Verteidigung deutlich auf die Pässe zu O 3 und O 5 eingestellt hat, wird die Alternative Paß von O 2 zu O 1 verwendet. Der Grund für diese Maßnahme ist, daß diese Alternative einen Tempoverlust darstellt und daher nicht als erste Option angestrebt werden soll.

Teile dieses Spielzuges können als Übungsformen in normale Trainingseinheiten einbezogen werden, auch wenn nicht speziell gegen Zonen-Presse trainiert wird. Beispiel: 3-2 in verschiedenen Variationen:

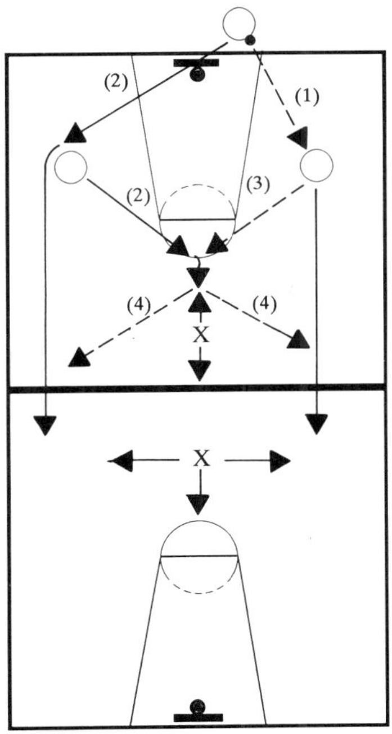

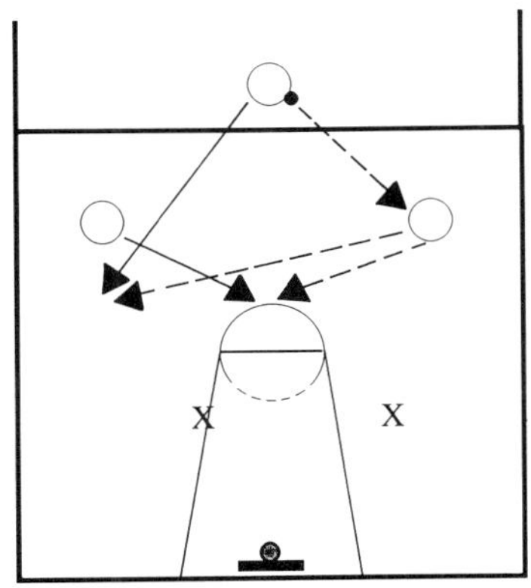

Beim **Angriff** gegen eine **Halbfeld-Zonen-Presse** gelten die gleichen Grundsätze wie beim Spiel gegen die Ganzfeld-Presse. Der Ball soll nach Möglichkeit in die **Mitte**. Versuchen die Verteidiger, den Ballbesitzer kurz vor der Mittellinie zu doppeln, eignet sich eine 2-1-2 Aufstellung:

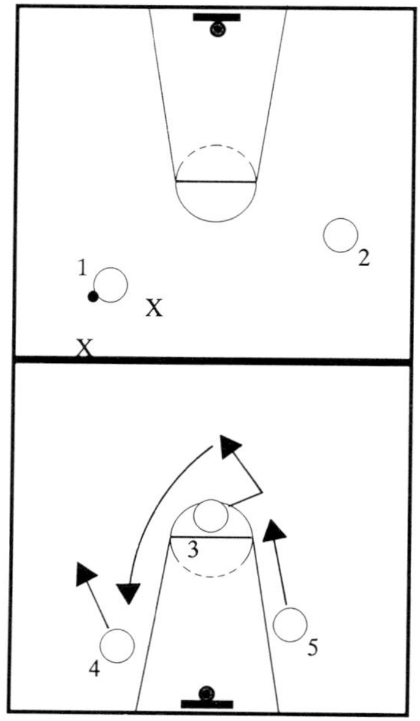

O 1 führt den Ball; O 2 bleibt etwas zurück. Wenn die Verteidiger O 1 doppeln wollen, kommt O 3 heraus und O 4 bietet sich an der Seite an. Kann O 3 nicht angespielt werden, geht er auf der Ballseite tief und O 5 kommt auf die Freiwurflinie oder noch etwas höher. O 1 hat nun Anspielmöglichkeiten zu O 3, O 5 oder O 4. Sollte dies nicht möglich sein, wird O 2 angespielt, der durch die Verschiebung der Deckung die Mittellinie schnell überqueren kann.

Angriff gegen die Mann-Presse

Preß-Verteidigungen sind im allgemeinen mit hohem Risiko für die Verteidigung verbunden, weil sie vom richtigen Verhalten aller Verteidiger zum richtigen Zeitpunkt abhängen. Die Angreifer haben mehr Raum zur Verfügung, als dies bei kompakten Verteidigungsformen der Fall ist. Normalerweise ist ein schnelles Paßspiel eine ausgezeichnete Waffe gegen jede Verteidigungsaufstellung. Bei der Bekämpfung der Mann-Presse ist es allerdings auch sinnvoll, den Ball von einem hervorragenden Dribbler (sofern vorhanden) vortragen zu lassen, vorausgesetzt, dieser Spieler verfügt über eine gute Spielübersicht. Wichtig ist aber, daß der Dribbler versucht, den Ball **in der Mitte** zu halten (Korb-Korb-Linie) bzw. immer wieder dorthin zurückkehrt, wenn er einen Gegner umspielen mußte.

Eine Mannschaft, die ruhig und besonnen bleibt, kann eine Presse recht leicht ausspielen, wenn sie einige wichtige **Grundsätze** - wie sie im folgenden beschrieben werden - befolgt:

- *bei einer Ganzfeld-Presse soll der Ballempfänger in Höhe der (verlängerten) Freiwurflinie Aufstellung nehmen und sich zum Ball hinbewegen. Dadurch hat er genügend Raum, um sich zu allen Seiten anzubieten und kann die Gefahr ausschließen, daß ein Paß zu ihm herausgefangen wird.*

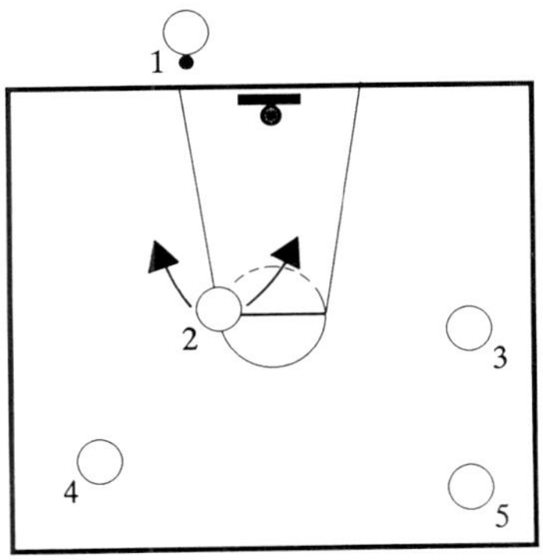

- *der erste Paß soll kein Bodenpaß sein. Dieser Paß ist langsamer als ein direkter Paß und kann leichter abgefangen werden.*
- *den Ballbesitzer nach dem Einwurf möglichst allein lassen. Viele Spieler meinen, sie müßten dem Ballbesitzer (z.B. mit einem passiven Block) helfen. Sie übersehen dabei, daß sie "ihren" Verteidiger mitbringen, dadurch die Räume eng machen (sie erleichtern das Doppeln) und Fehlerquellen geradezu provozieren.*

Eine Ausnahme von dieser Taktik ist dann erforderlich, wenn der Gegner mit "Traps" arbeitet, also den Ballbesitzer in eine Situation lockt, in der er gedoppelt werden kann. In einem solchen Fall soll der Ballbesitzer dieser Falle nicht ausweichen, sondern scheinbar in sie hineintappen und den Ball kurz vor dem Zuschnappen der Falle abspielen. Der durch das Doppeln freie Mitspieler soll sich zur Mitte (nicht zur Seitenlinie) hin anbieten, wenn er bemerkt, daß sein Verteidiger zum Doppeln geht. Bekommt er den Ball, kann er durchschneidende Spieler (Cutter) anspielen.

Ob eine Falle vorgesehen ist, läßt sich oft leicht erkennen:

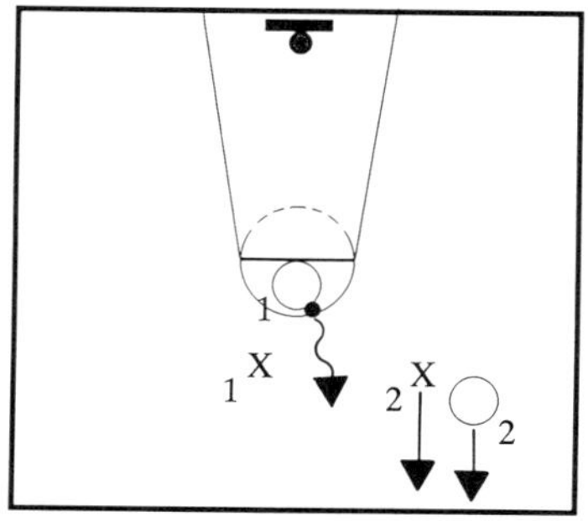

Geht X 2 ohne zu zögern mit O 2 mit, ist keine Falle zu befürchten. Ändert X 2 doch die Richtung, um zu doppeln, hilft O 2 mit Orientierung zur Mitte aus.

- *bedrängt der Gegner nur den Ballbesitzer, der aber gegen seinen "überlegenen" Verteidiger große Schwierigkeiten hat, sollte man den Ball von dem Spieler vorbringen lassen, der vom unbeweglichsten Gegenspieler gedeckt wird. Geht der für diese Aufgabe an sich ungeeignete Verteidiger eng an den Ballbesitzer heran, kann er leicht überspielt werden und gute Überzahlsituationen herausgespielt werden. Sinkt er deutlich zurück, kann der Ball völlig problemlos nach vorn gebracht werden.*
- *wer soll den Ball einwerfen, wenn der Einwerfer behindert wird? Hier bieten sich zwei Möglichkeiten an:*

  1. ein Center: *dann weiß man auch, ob der Gegner eine Ganzfeld-Presse spielen will. Ein großer Spieler kann auch mehr sehen als ein kleiner. Außerdem besteht nicht die Gefahr, daß dieser Center mit Ball im Rückfeld gedoppelt wird.*

  2. der Spieler (Spielmacher), *der den Ball nach dem Einwurf haben will. Es fällt den Verteidigern im allgemeinen leichter, den Spieler vom ersten Paß fernzuhalten, der für das Vorbringen des Balles vorgesehen ist, als vom zweiten Paß. Dies trifft vor allem dann zu, wenn der Einwerfer auf alle Fälle den Ball zu diesem Spieler passen will und u.U. in Zeitdruck kommt, wenn er doch einen anderen Spieler anspielen muß. Oft resultieren daraus Ballverluste.*

- *zuerst keine langen Pässe (vor allem keine langen Diagonalpässe) spielen. Die Gefahr von Ballverlusten wäre zu groß. Außerdem ist ein Ballverlust zu Beginn der Angriffsaktion schlimmer als zu einem späteren Zeitpunkt, weil die ballbesitzende Mannschaft räumlich und gedanklich auf den Angriff eingestellt ist. Sie kann bei einem überraschenden Ballverlust nicht schnell genug umschalten. Der Gegner kann dadurch leichte Körbe erzielen, die sehr demoralisierend wirken.*

Ein langer Paß darf nur gespielt werden, wenn ein Mitspieler die Deckung so überlaufen hat, daß eine sofortige Wurfgelegenheit sicher ist.

- *das Spiel soll auseinandergezogen werden. Dadurch wird es für den Gegner schwer, zu doppeln oder auszuhelfen, wenn ein Verteidiger überspielt ist.*

Sollten die geschilderten Maßnahmen nicht ausreichen, weil z.B. der erste Paß bei dem beschriebenen Verhalten nicht möglich ist, können folgende Varianten verwendet werden:

a)

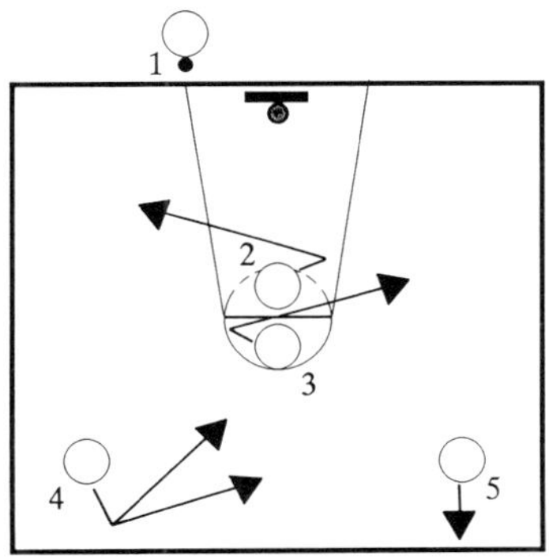

O 2 führt eine Lauffinte zu einer Seite aus und bietet sich zur anderen Seite an. Kurz danach (fast gleichzeitig) führt O 3 das gleiche Manöver zur anderen Seite aus. O 4 bietet sich zusätzlich zur jetzt freien Mitte an.

b)

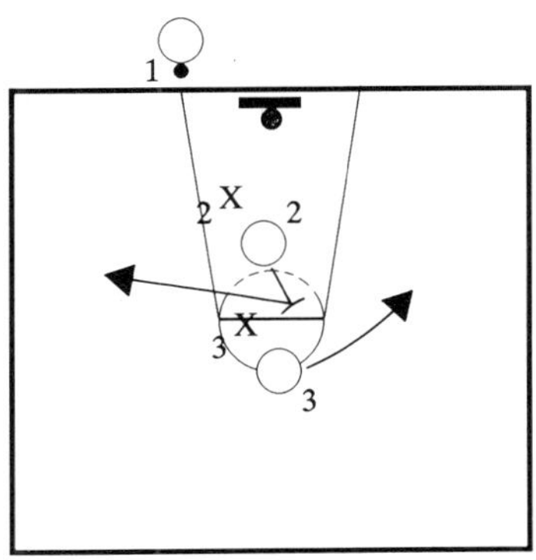

O 2 stellt einen Block für O 3 und löst den Block zur Seite auf. O 4 bietet sich wieder zur freien Mitte an.

c)

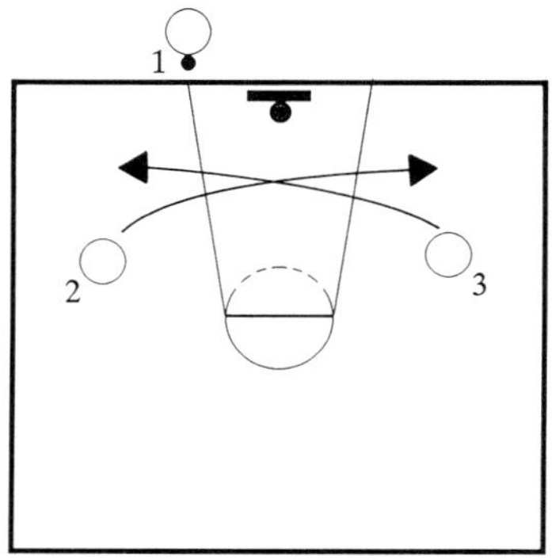

O 2 und O 3 wechseln schnell die Seite und laufen dabei eng aneinander vorbei. Beide Spieler müssen dabei mit einem Paß rechnen, weil sie möglicherweise plötzlich freikommen, wenn die gegnerischen Verteidiger z.B. übernehmen und dabei Fehler machen. Wird der Einwurf nicht behindert, um einen zusätzlichen Verteidiger an dem Spieler zu haben, der den Ball erhalten soll, kann eine Variante gespielt werden, die den Angreifern einen verblüffenden Vorteil eröffnet.

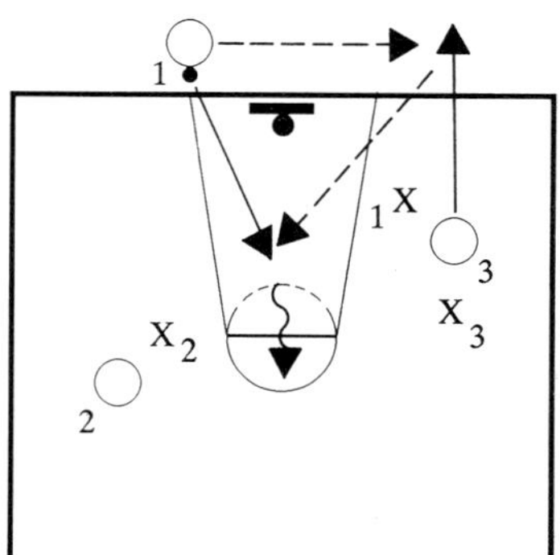

O 3 sprintet hinter die Grundlinie; O 1 paßt ihm außerhalb des Spielfeldes den Ball zu und läuft sofort ins Feld. Nach einem Rückpaß ist O 1 völlig frei und kann durch die Mitte nach vorn dribbeln. Diese Variante ist vom Regelwerk her erlaubt, muß aber innerhalb von 5 Sekunden erfolgen.

Auch wenn die beschriebenen Möglichkeiten gegen eine Mann-Presse beherrscht werden, sollten sie im Training immer wieder einmal geübt werden. Dadurch ist gewährleistet, daß sich die Spieler wieder daran "erinnern", wenn der Gegner über-

raschend mit einer Presse operiert. Außerdem haben sie dann auch das Selbstvertrauen gegen eine solche Verteidigung, weil sie wissen, wie man sie ausspielt. Besondere Aufmerksamkeit ist dem Verhalten bei einer Falle zu widmen. Gelingt es den Angreifern, eine Falle ohne Probleme zu überwinden, ist die Presse tot.
Bei einer **Halbfeld-Presse** soll man zuerst sicher sein, ob es sich überhaupt um eine echte Presse handelt. Oft wird nur der Ballbesitzer in der Nähe der Mittellinie aggressiv angegriffen. In diesem Fall sollte man in seinem Angriffsmuster bleiben. Der Ballbesitzer kann im allgemeinen ein solches Verteidigungsverhalten allein bewältigen. Wenn Hilfe nötig ist, reicht dazu ein weiterer Angreifer aus.

Im folgenden wird eine Lösungsmöglichkeit gezeigt, wenn die Verteidigung tatsächlich eine Halbfeld-Presse spielt. Es geht dabei nicht nur um die Darstellung eines Spielzuges, sondern um die Verdeutlichung des Prinzips, mit dem man auch eine Halbfeld-Presse bekämpfen kann: Auseinanderziehen der Deckung durch entsprechende Aufstellung der Angreifer; Eindringen in die Mitte; Überwinden des Doppelns usw. Gegen die Halbfeld-Presse kann der Ball zwischen Mittel- und Seitenspur vorgebracht und dann in die Mitte gespielt werden. Dies gelingt sehr gut aus einer weit auseinandergezogenen 2-1-2 Aufstellung.

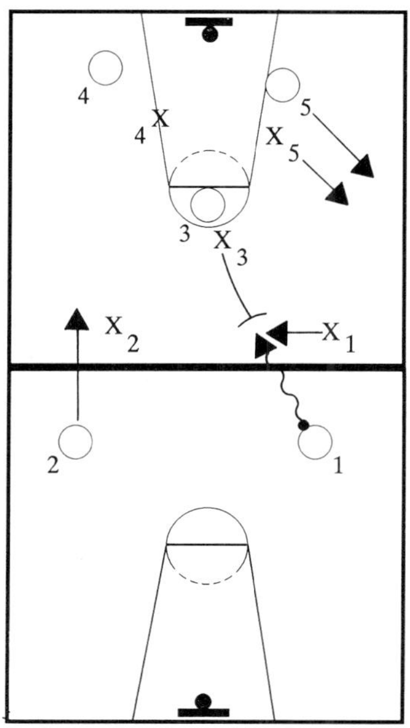

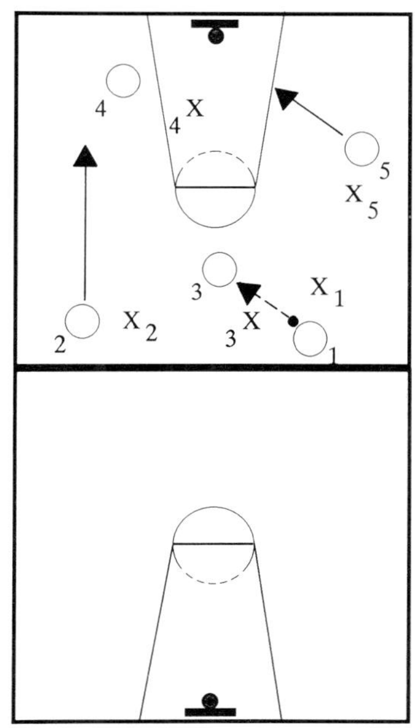

Der Center, der auf der Ballseite steht (hier O 5), kommt auf die Flügelposition. Sein Verteidiger (X 5) muß mitgehen, um einen leichten Paß von O 1 zu O 5 zu verhindern. Erfolgt das Doppeln durch X 1 und X 3, kommt O 3 etwas heraus und wird kurz vor

dem Zuschnappen der Falle angespielt. Er dreht sich sofort zum Korb und hat nun verschiedene Möglichkeiten: Paß zu O 5, der "back door" geht; Paß zu O 2, falls dieser seinen Verteidiger überlaufen kann bzw. wenn X 2 bei O 3 aushilft; kurzes Dribbling zum Korb und Wurf oder Paß zu O 4, wenn er von X 4 angegriffen wird.

Als **Übungsformen gegen eine Mann-Presse** eignen sich grundsätzlich alle Drills, mit denen individuelle Fertigkeiten und gruppentaktisches Verhalten geschult werden. Besonderes Augenmerk liegt dabei auf dem Dribbling, dem Passen aus dem Lauf und der Ballannahme in schneller Bewegung. Die methodische Stufung kann dabei vom Spiel 1-1 über 2-2 bis 3-3 gehen. Die Verteidiger sollen dabei überraschend doppeln, zurückweichen, aushelfen usw. Gelegentlich sind auch Unterzahlsituationen zu verwenden, z.B. 1-2, damit sich die Fähigkeit ausbildet, den Ball unter Druck unter Kontrolle halten zu können. In diese Übungsformen sollen auch die Centerspieler einbezogen werden. Zum einen kann es durchaus erforderlich sein, daß ein Center den Ball bringen muß, wenn der Gegner über hervorragende Verteidiger gegen die Spielmacher verfügt. Zum anderen schadet es keinem Spieler, wenn sich seine individuellen Fertigkeiten und Fähigkeiten verbessern. Über deren taktische Anwendung entscheidet dann die jeweilige Spielsituation.

Der Schnellangriff

Abweichend vom sonst gewählten Aufbau dieses Buches - nämlich zunächst die verschiedenen Verteidigungskonzeptionen als Ganzes darzustellen und danach die Angriffsmöglichkeiten - wird der Schnellangriff zusammenhängend behandelt. Diese Entscheidung wurde getroffen, weil der Schnellangriff unabhängig von einer bestimmten Verteidigung gespielt wird.
Der Schnellangriff trägt zweifellos zur Attraktivität des Basketballspiels bei. Diese Attraktiviät allein wäre aber für einen Trainer noch kein ausreichender Grund, viel Zeit für die Entwicklung und Verfeinerung dieser Angriffsmöglichkeit zu verwenden. Daß er doch gut beraten ist, den Schnellangriff zu einem wichtigen Thema zu machen, liegt daran, daß er eine ausgezeichnete Waffe gegen nahezu alle Deckungsformen zur Verfügung hat, wenn es durch schnelles Umschalten von Verteidigung in Angriff gelingt, Überzahlsituationen herauszuspielen. Dies ist beim Spiel gegen Ball-Raum-Verteidigungen offensichtlich. Eine Ball-Raum-Verteidigung lebt davon, die Räume eng zu machen und als kompakter Deckungsverband arbeiten zu können. Gelingt es den Angreifern, ihren Angriff vorzutragen, bevor sich die Verteidiger in ihre zugewiesenen Räume orientieren können, werden gute Wurfmöglichkeiten nahe am Korb herausgearbeitet.
Der Schnellangriff ist aber auch gegen eine Mann-Mann-Verteidigung wertvoll. Es ist sicher schwerer, gegen eine organisierte Deckung zu spielen, in der ausgeholfen werden kann und in der Paßwege und Würfe aus der Nahdistanz erschwert werden können, als gegen eine unvollständig organisierte bzw. improvisierte Verteidigung. Auch wenn sich keine Überzahl herausspielen läßt, sind Situationen 2-2 oder 3-3 immer noch günstig, weil für das individuelle Können der Angreifer mehr Raum

zur Verfügung steht. Für die Verwendung des Schnellangriffs sprechen noch weitere Gründe:

1. Der Gegner wird in seinen Angriffsmöglichkeiten etwas eingeschränkt. Er muß eher auf Ball- bzw. Rückraumsicherung bedacht sein, als dies gegen eine Mannschaft erforderlich wäre, die keinen Schnellangriff spielt. Dies gilt auch für das Reboundverhalten. Der Gegner kann nicht bedingungslos mit 3 oder 4 Spielern zum Offensivrebound gehen.
2. Wird der Schnellangriff auch sofort nach einem gegnerischen Korberfolg eingeleitet - und nicht nur nach einem Rebound oder Ballgewinn - muß die bisher angreifende Mannschaft schnell auf Verteidigung umstellen. Viele Spieler haben die Tendenz, sich nach einem Korberfolg der eigenen Mannschaft erst einmal zu entspannen. Gelingt es dann, mit einem Schnellangriff rasch einen Gegenkorb zu erzielen, ist die psychologische Wirkung oft mehr wert als zwei Punkte.
3. Spieler, die sonst bei einem Positionsangriff nicht so sehr dazu kommen, können Körbe erzielen. Dies kann sehr motivierend für das mannschaftsdienliche Spiel der Betroffenen sein, die sich sonst vielleicht nur als "Wasserträger" empfinden.

Übungen zum Schnellangriff sollen in fast jeder Trainingseinheit enthalten sein. Neben der Tatsache, daß er im Spiel gebraucht wird, gibt es für mich noch folgende Gründe:

1. Der Schnellangriff ist ein hervorragendes Mittel zur Erarbeitung der speziellen Kondition (und dies in spielerischer Form). Durch entsprechende Übungsformen kann auch nach dem Intervallprinzip gearbeitet werden.
2. Mit Schnellangriff-Übungsformen können viele technische und taktische Elemente verbessert werden (z.B. Passen und Fangen in der Bewegung, Erarbeitung und Nutzung von Überzahlsituationen, Spiel gegen Überzahl). Auch das Entscheidungshandeln kann einbezogen werden.
3. Die Spieler gewöhnen sich an variables Spiel (auch variables Spieltempo) und lernen, Spielsituationen schnell wahrzunehmen.
4. Wer selbst keinen Schnellangriff spielen kann, wird auch Probleme haben, gegen eine Mannschaft zu verteidigen, die mit Schnellangriff operiert.
5. Interessante Schnellangriff-Übungen können im Training motivierend sein.

Es gibt **unterschiedliche Auffassungen** darüber, wie der Schnellangriff gespielt werden soll. Unabhängig davon, sind m.E. einige Punkte zu berücksichtigen:

1. Der Schnellangriff soll organisiert sein. Wenn eine Mannschaft erst einmal in unüberlegtes "Rennen" gekommen ist, wird ein Zurückschrauben zu solidem Spiel sehr schwer. Allerdings soll der Schnellangriff auch nicht "überorganisiert" sein, d.h. nicht nach einem immer wiederkehrenden Schema ablaufen. Er wäre dann leicht zu durchschauen und zu bekämpfen. Günstiger

ist eine bestimmte Eröffnung, wonach sich dann der Angriff je nach Situation weiterentwickeln kann. Diese Situationen und ihre Lösung sollen im Training bereitgestellt werden, damit Lösungsmöglichkeiten erfahren und geübt werden, die dann im Spiel abrufbar sind.

2. Einige Verteidigungsaufstellungen eignen sich besser als andere für einen anschließenden Schnellangriff. So ist eine Raumdeckung oft günstiger, weil sich die Spieler meist in vorher absehbaren Räumen befinden, die eine Eröffnung des Schnellangriffs erleichtern. Defensivrebound, Freiwurf und Ballgewinn aus der Spielsituation eignen sich im allgemeinen besser, als Einwürfe nach einem Ausball.

3. Die Spieler sollen erkennen lernen, wann sie einen Schnellangriff abbrechen sollen. Dies kann mit entsprechenden Übungsformen erarbeitet werden.

4. Im Rück- oder Mittelfeld soll der Ball möglichst nicht zu einem Centerspieler gepaßt werden, der sich nach vorn bewegt. Die Gefahr von Ballverlusten wäre zu groß, weil Center dafür meist nicht genügend geschult sind und andere Aufgaben haben.

Wenngleich die Art und Weise, wie ein Schnellangriff ausgeführt wird, Ansichtssache ist, läßt er sich doch idealtypisch in **drei Phasen** einteilen, die in ihrer Grundstruktur stets vorhanden sind:

1. **Ballsicherung (Rebound, Ballgewinn),**
2. **Vorbringen des Balles (Ballvortrag) und**
3. **Abschluß (Korbwurf).**

Im folgenden werden zwei Möglichkeiten dargestellt: 1. Ballvortrag durch die Mitte und 2. Ballvortrag an der Seite. Die erste Möglichkeit entspricht meiner Präferenz.

1. Schnellangriff mit Ballvortrag durch die Mitte.
Hinweise zur 1. Phase:
Nach der **Ballsicherung** wird sofort ein Angriff eingeleitet. Hat ein Spieler der bisher verteidigenden Mannschaft den Ball herausgefangen, soll er sich zuerst mit dem Ball freidribbeln (möglichst nach vorn). Er kann dann besser abspielen, da die Mitspieler in dieser Situation etwas Zeit zum Erkennen der neuen Sachlage benötigen.
Beim **Ballgewinn durch Rebound** müssen die Mitspieler einen schnellen und sicheren Paß des Ballbesitzers ermöglichen. Daher: Lösen vom jeweiligen Gegenspieler und Anspielbereitschaft signalisieren. Wird der Schnellangriff nach Korberfolg des Gegners eingeleitet, muß der Einwerfer die Gefahr ausschließen, daß er den Ball von hinten gegen das Spielbrett wirft. Also sofort kurzer Paß zu einem Mitspieler oder seitliches Entfernen vom Brett hinter der Grundlinie vor einem langen Paß. Geübte Verteidiger erkennen nämlich an der Stellung des Einwerfers, ob überhaupt ein langer Paß gespielt werden soll und kann.

Hinweise zur 2. Phase (Vorbringen des Balles):
Wohin soll der erste Paß nach Ballbesitz durch einen Rebound? Ich befürworte den ersten Paß zur Seite.

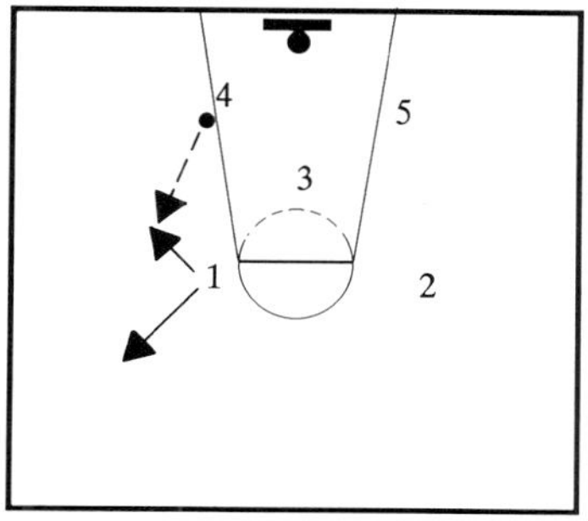

Als Aufstellungsräume bieten sich vor allem die Bereiche der verlängerten Freiwurflinie (nach Möglichkeit schon mehr in Richtung Mittellinie statt zur Grundlinie) an. Allerdings soll der neue Ballbesitzer nicht zu nahe an die Seitenlinie heran, da er sonst in seinen Bewegungsmöglichkeiten eingeschränkt wäre. Im Falle, daß der erste Paß nicht in der beschriebenen Weise möglich ist, sollte er zu dem Spieler der vorderen Reihe gespielt werden, der sich Richtung Birne/Freiwurflinie anbietet (a). Nur im Ausnahmefall soll der Rebounder selbst dribbeln (b).

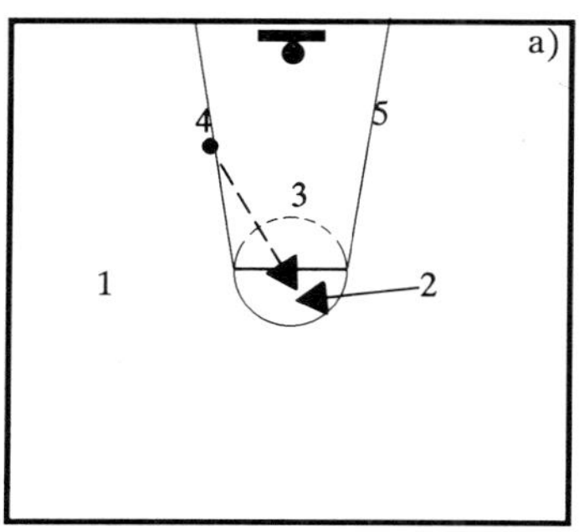

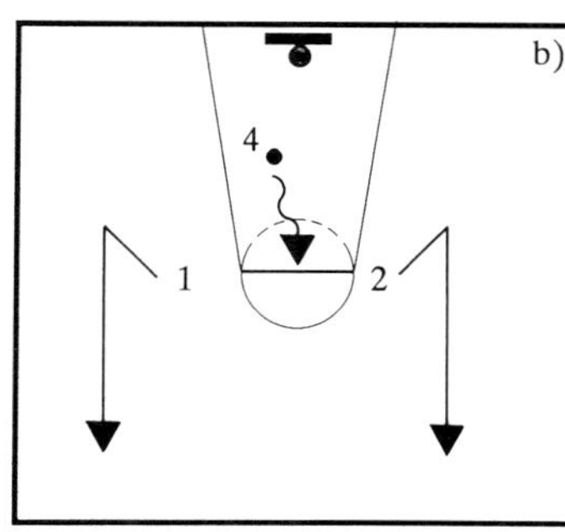

In der hier dargestellten Form soll der Ball nach dem ersten Paß in die Mitte. Er bleibt dort, bis etwa die gegnerische Birne oder Freiwurflinie erreicht ist. Der Vorteil dieses Ballvortrags: für den Abschluß des Angriffs stehen - je nach Situation - drei Möglichkeiten offen: 1. Paß nach links, 2. Paß nach rechts und 3. Durchziehen oder Wurf durch den Ballbesitzer. Diese taktische Lösung ist nur dann sinnvoll, wenn der jeweilige Mittelmann gut mit dem Ball umgehen kann. Im Regelfall sind zunächst drei Spieler am Angriff beteiligt. Kommt der erste Paß zum für den Ballvortrag am besten geeigneten Spieler (meist der Spielmacher), so dribbelt dieser in und durch die Mitte. Die beiden anderen Spieler füllen die **Außenspuren**.

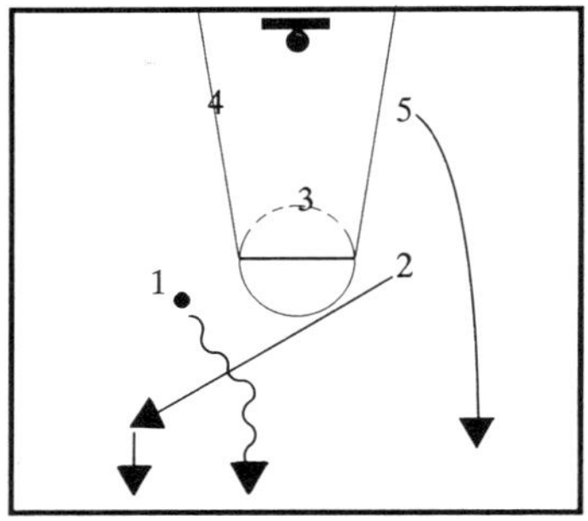

Kommt der erste Paß zu einem anderen Spieler, bietet sich der für den Ballvortrag vorgesehene Spieler (Spielmacher) in der Mitte an, erhält den Ball und treibt ihn durch die Mitte nach vorn. Die Spieler 1 und 5 füllen die Außenspuren.

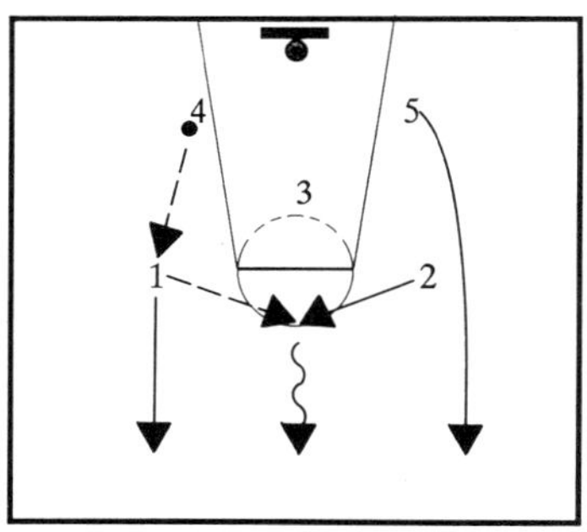

Welche zwei **Spieler** sind für die Außenspuren vorgesehen? Ich bevorzuge die beiden Spieler, die in Angriffsrichtung am weitesten vorne sind. Der jeweils hintere der beiden übernimmt die dann noch freie Spur. Bei einer Ball-Raum-Verteidigung werden dies häufig ein Vorderspieler und ein Hinterspieler (der nicht am Rebound beteiligt ist) sein. Sollte ein Spieler zu viel starten, übernimmt der Spieler, der kurz vor der Mittellinie am weitesten zurück ist, die Funktion des Trailers (Hänger). Die Spieler sollen in die Außenspuren sprinten und bemüht sein, vor die Ballinie zu kommen. Dies gibt dem Ballbesitzer bessere Anspielmöglichkeiten, ohne einen Tempoverlust in Kauf nehmen zu müssen.

Bei dieser Art des Ballvortrages muß notwendigerweise relativ viel gedribbelt werden, allerdings von einem ballsicheren Spieler. Vereinzelt kann es vorkommen, daß beim zweiten Paß kein dafür geeigneter Spieler angespielt werden kann. In diesem Fall läuft dieser Spieler weiter zu der Außenspur, wo der Ball ist. Der Ballbesitzer dribbelt zur Mitte und bringt den Ball nach vorn.

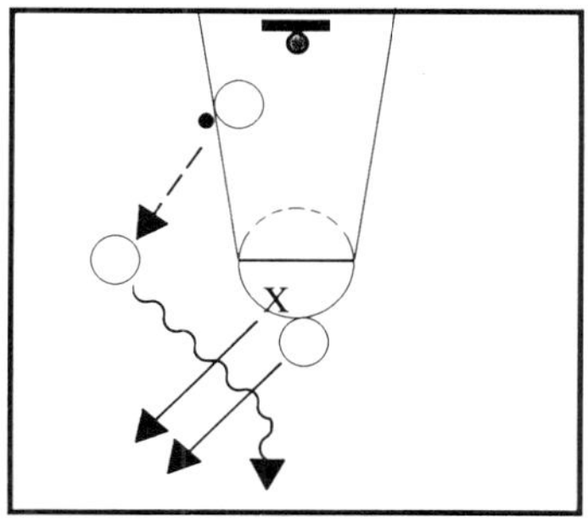

Dies aber nur, wenn es sich dabei um einen Spieler handelt, der sicher dribbeln kann. Ansonsten wird der Schnellangriff abgebrochen. Merke: Sicherheit geht vor.

Hinweise zur 3.Phase (Abschluß des Schnellangriffs):
Der ballbesitzende Spieler hat die Aufgabe, den Abschluß des Angriffs vorzubereiten. Hat sich eine Überzahlsituation ergeben (z.B 3-2), werden die Verteidiger, die zurückgelaufen sind, eher nebeneinander postiert sein (Parallelstellung) oder eher hintereinander (Tandemstellung). Sind die Verteidiger nebeneinander postiert, soll der Ballbesitzer die Verteidiger zwingen, sich zu entscheiden, ob sie angreifen oder absinken sollen. Er stoppt seinen Durchbruch nicht ohne Not ab. Wird er von einem Verteidiger angegriffen, spielt er zur dadurch freigewordenen Seite ab, muß dann aber an der Freiwurflinie bleiben. Er ist dadurch für einen eventuellen Rückpaß von einem Flügel frei. Der Flügelspieler muß sich darauf verlassen können, daß die Freiwurflinie besetzt ist. Der angespielte Seitenspieler zieht zum Korb, bis er angegriffen wird. Wird der Mittelmann nicht angegriffen, zieht er bis zum Korb durch oder wirft aus der Nahdistanz. Ergibt sich keine Überzahlsituation, bleiben **zwei Möglichkeiten:**

1. warten auf den Trailer, der zwischen einer Außenspur und der Mittelspur nachkommt.
2. Paß zu einem Flügel und Schneiden zum Korb.

Sind die beiden Verteidiger bei einer Überzahlsituation hintereinander postiert, paßt der Ballbesitzer kurz nach Überschreiten der Mittellinie (nicht zu spät!) zu einer Außenspur. Der angespielte Flügel dribbelt konsequent zum Korb. Wird er angegriffen, paßt er zum freien Spieler.

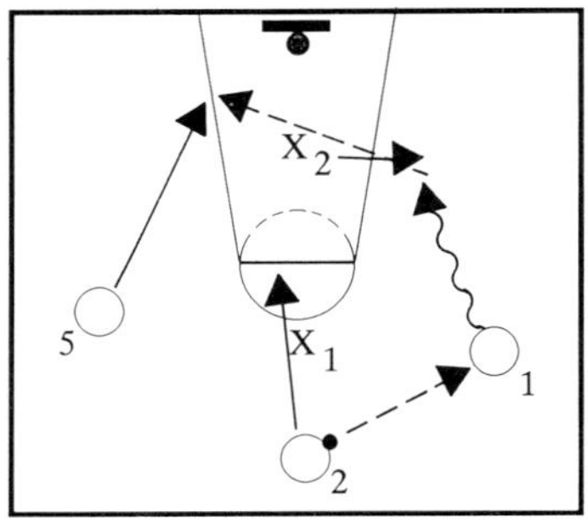

2. Ballvortrag beim Schnellangriff entlang der Seitenlinie:
Es gibt auch gute Gründe, den Schnellangriff entlang der Seitenlinie vorzutragen und nicht durch die Mitte. Welche Gründe sind das: der Ball soll so schnell und sicher wie möglich ins Vorfeld gespielt werden. Viele Trainer meinen, daß der Ballvortrag durch die Mitte zu gefährlich sei (sowohl der zweite Paß wie auch die weitere Entwicklung), weil sich Deckungsspieler vorwiegend durch die Mitte zurückziehen. Viele Trainer fordern nämlich von ihren Verteidigern, bei Ballverlust sofort durch die Mitte zurückzulaufen und dann erst die eigentlichen Verteidigungsaufgaben zu übernehmen. Außerdem gehen Verteidiger von sich aus nicht gern zur Seitenlinie, wenn sie in Unterzahl sind. Die Gefahr von Fehlpässen ist demnach geringer als beim Angriff durch die Mitte. Ein weiteres Argument ist, daß der Ballbesitzer nicht so früh gestoppt wird. Dadurch rückt der Angriff insgesamt etwas näher an den Korb heran. Im folgenden werden die wesentlichen Entscheidungspunkte des Schnellangriffs an der Seitenlinie exemplarisch aufgezeigt:

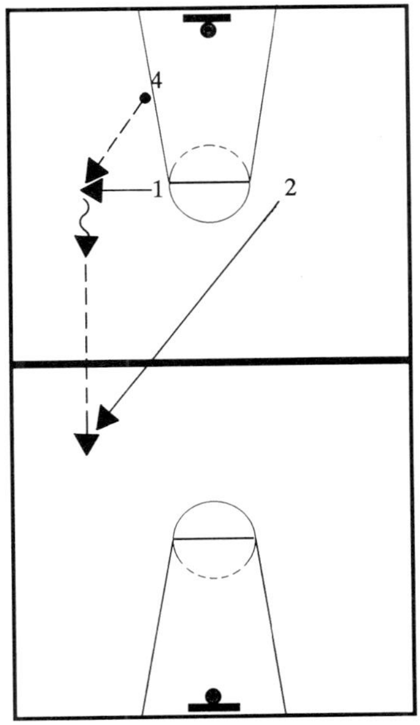

Der erste Paß geht zur Seite (wie auch beim Schnellangriff durch die Mitte), im allgemeinen zu der Seite, auf der der Rebound erfolgt ist. Der neue Ballbesitzer pivotiert sofort zum gegnerischen Korb, wenn er den Ball erhalten hat. Erst dann soll er dribbeln oder passen. Zuerst muß er nämlich "lesen", ob er sofort passen kann oder dribbeln muß. Würde er sofort mit dem Dribbling beginnen, entstünden häufig zwei Probleme: die Gefahr, auf einen Verteidiger aufzulaufen und die Gefahr, daß die Übersicht kurz verloren geht, wodurch der entscheidende Moment für eine optimale Lösung der Spielsituation verpaßt wird. Wenn der erste Paß erfolgt ist, läuft der am weitesten vorn postierte Spieler (hier 2) zur Ballseite über die Mittellinie. Der Ballbesitzer dribbelt kurz oder versucht den Paß sofort.

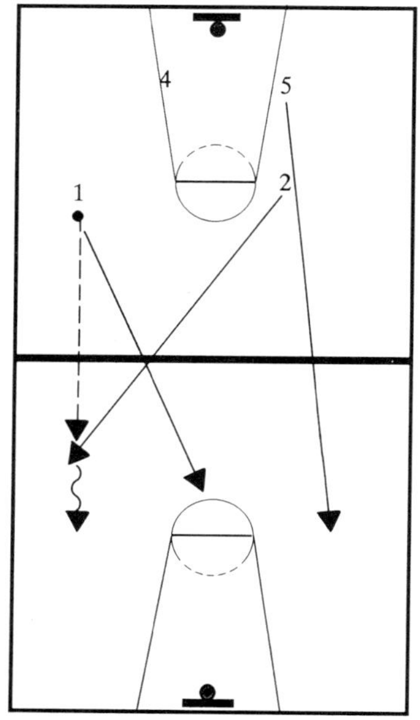

Gelingt dies, dribbelt der neue Ballbesitzer an der Seitenlinie weiter; der Paßgeber füllt die Mittelspur und ein dritter Spieler (hier 5) füllt die freie Außenspur. Die Endphase erfolgt wie beim Angriff durch die Mitte. Ist der zweite Paß nicht möglich, dribbelt der Ballbesitzer nach dem ersten Paß entlang der Seitenlinie nach vorn. Der vorderste Spieler macht den Weg frei und läuft zur Freiwurflinie. Das Einfüllen in die freie Spur erfolgt wie vorher.

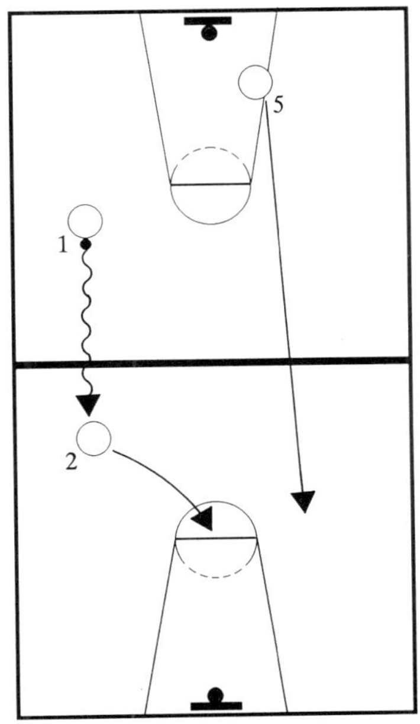

Nun kann es bei dieser Art des Ballvortrags auch vorkommen, daß der Paß an die Seitenlinie schon sehr weit in Richtung Vorfeld (fast bis zur Mittellinie) gelingt:

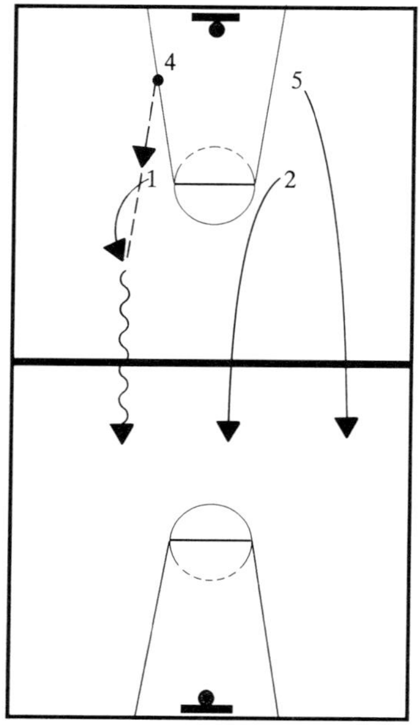

In diesem Fall erfolgt keine Kreuzbewegung, sondern der Ballbesitzer dribbelt sofort entlang der Seitenlinie weiter. Die beiden anderen Spieler füllen die Mittelspur und die andere Außenspur.

Hinweise für die Übungspraxis:

1. Viele Trainer gehen so vor, daß sie die komplexe Spielhandlung eines Schnellangriffs (ob durch die Mitte oder entlang der Seitenlinie) zunächst in Einzelteile aufgliedern und in diesen Teilen üben lassen. Dagegen ist im Prinzip nichts einzuwenden, doch sollen die Teile für die Spieler als Bausteine des Gesamtangriffs erkennbar bleiben. Man soll jedoch über das Üben der genau festgelegten Bausteine bzw. nur des einen Schemas hinausgehen und auch Übungsformen verwenden, in denen Spieler Bewegungshandlungen und taktische Problemlösungen erfahren und trainerunabhängig anwenden können.
2. Bis die Laufwege klar sind und die Spielhandlungen richtig ausgeführt werden können, sind die Übungsbedingungen so zu vereinfachen, daß die Angreifer zunächst zahlenmäßig im Vorteil sind (z.B. 3-1; 2-1; 3-2- und dann erst Gleichzahl).
3. Schnellangriffe sind nur bei richtigem "Timing" erfolgreich. Daher sollen die Übungen von Beginn an im spieladäquaten Bewegungstempo ausgeführt werden. Es ist besser, die Übungsbedingungen zu erleichtern, als die Bewegungsausführung zu verlangsamen. Daran können Übungen anschließen,

bei denen das Bewegungstempo und die Ausführung des Schnellangriffs je nach Situation variiert werden.

Die nachfolgenden Übungsformen stellen eine kleine Auswahl unter Berücksichtigung der gegebenen Hinweise dar.

Rebound und langer Paß:

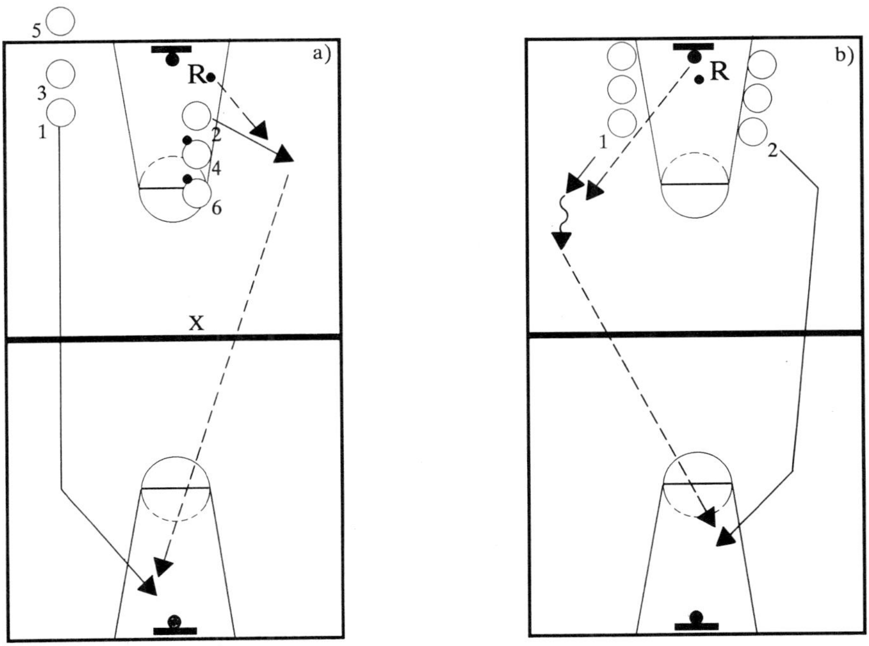

a) *R wirft ans Brett und reboundet; O 2 läuft in die Anspielstation und erhält den Ball von R; wenn R den Rebound hat (noch in der Luft), startet O 1, erhält einen langen Paß von O 2 und wirft. Zusätzlich kann ein Verteidiger im Bereich der Mittellinie eingesetzt werden, damit der lange Paß auch entsprechend hoch angesetzt wird. Anschließend O 4 mit O 3 usw. R bleibt.*

b) *R wirft ans Brett und reboundet. O 1 und O 2 laufen in die Anspielstationen. R paßt zu O 1 oder zu O 2. Der nicht angespielte Spieler startet zum Korb, erhält den Ball und wirft. Nach der Aktion sollen Passer und Werfer das Spielfeld rasch freimachen, damit ohne Verzögerung geübt werden kann.*

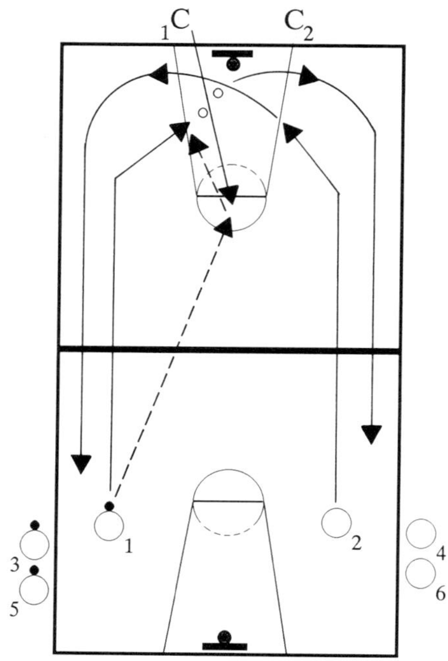

C 1 kommt auf die Freiwurflinie; Paß von O 1 zu C 1; O 1 und O 2 laufen zum Korb; C 1 paßt zu O 1 oder O 2 -Wurf; C 1 holt den Rebound und paßt zu O 1 oder O 2, die nach einem Seitenwechsel auf dem Rückweg sind -Wurf. Danach führen O 3 und O 4 mit C 2 die gleiche Übung aus usw.

2-1:

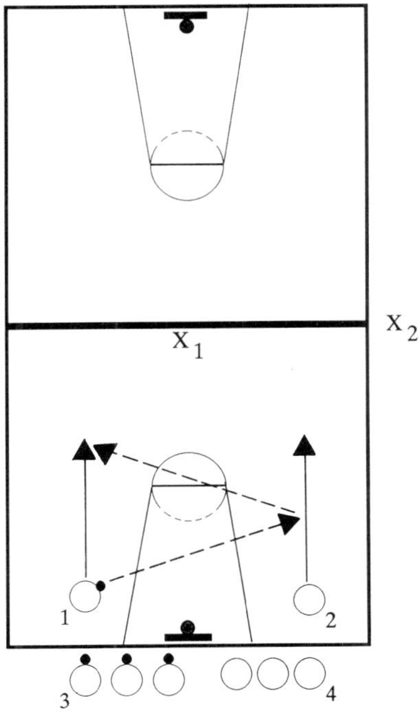

O 1 und O 2 greifen an; X 1 verteidigt (abwechselnd mit X 2); O 1 und O 2 dürfen nur dribbeln, wenn anschließend sofort geworfen wird. Danach O 3 und O 4 usw.

3-2:

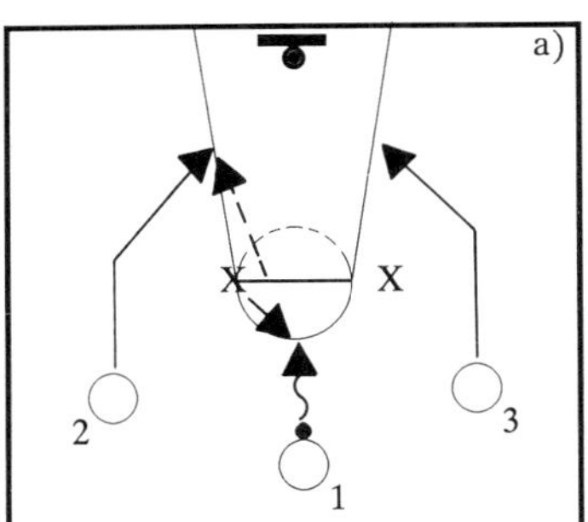

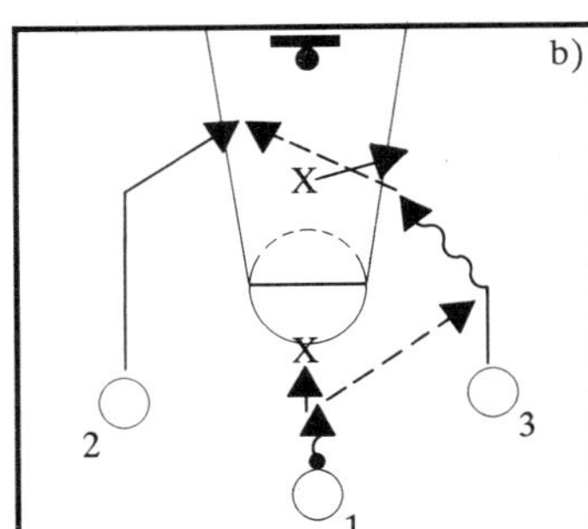

a) Gegen Parallelstellung der Verteidiger dribbelt O 1, bis er angegriffen wird. Dann Abspiel zum freien Spieler (hier zu O 2).

b) Gegen Tandemstellung der Verteidiger spielt O 1 früher zu einem Flügel (hier zu O 3), der zum Korb durchzieht und wirft oder zum freien Spieler abspielt, wenn er angegriffen wird. Anschließend variieren die Verteidiger ihre Aufstellung, so daß sich die Angreifer entsprechend verhalten müssen.

3-2, dann 3-3:

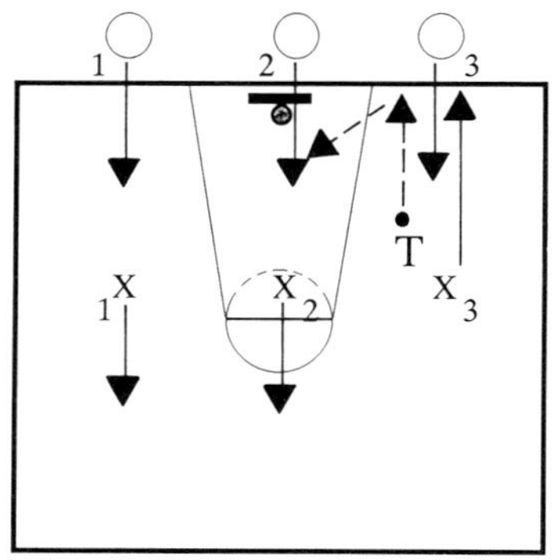

Der Trainer wirft zu O 1 oder O 2 oder O 3; dann Angriff; der Verteidiger, dessen Gegenspieler den Ball erhielt (hier X 3), muß zunächst die Grundlinie berühren und sich dann in die Verteidigung einschalten. Dies hat zur Folge, daß eine kurze Zeit in Überzahl gespielt werden kann. Wird diese nicht konsequent ausgenutzt, kann X 3 wieder eingreifen.

3-2 kontinuierlich:

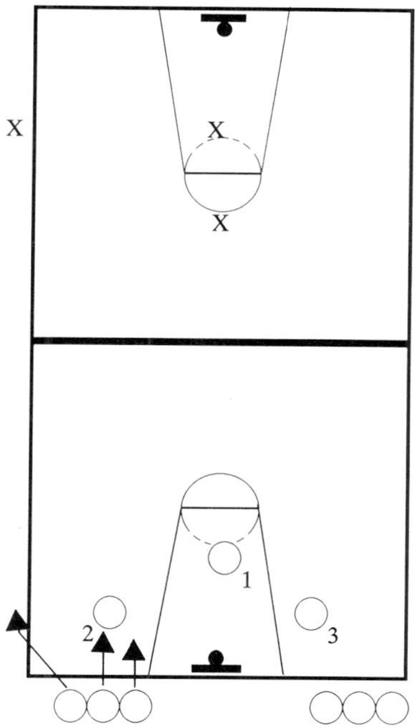

Am gegnerischen Korb stellen sich zwei Verteidiger auf, ein dritter wartet an der Seitenlinie. O 1, O 2 und O 3 greifen an. Sobald diese ihren Angriff begonnen haben, kommen zwei Spieler der nächsten Dreiergruppe aufs Feld und postieren sich in Verteidigungsstellung (parallel oder Tandem); der dritte Spieler nimmt an der Seitenlinie Aufstellung. Wenn die Verteidiger am anderen Korb den Ball erhalten (entweder durch Herausfangen, Rebound oder Einwurf nach Korberfolg), greifen sie ihrerseits zusammen mit dem an der Seite wartenden Spieler gegen die neue Verteidigung an. Die Angreifer der ersten Gruppe bilden sofort ein neues Verteidigungspaar. Der dritte Spieler postiert sich wieder an der Seitenlinie. Diese Übungssform eignet sich bei 9 oder 12 Spielern auch sehr gut für die Erarbeitung der speziellen Kondition nach dem Intervallprinzip. Dafür ist aber erforderlich, daß der Trainer sofort einen neuen Ball ins Spiel bringt, wenn der Spielball zu weit aus dem Feld gerät (z.B. bei einem Fehlpaß ins Aus). Wartet man zu lange auf einen neuen Ball, wird keine optimale Reizsetzung und Pausenlänge im Sinne der gewünschten Trainingsmethode gewährleistet.

Verteidigung gegen Schnellangriff

Ist ein Schnellangriff erst einmal in Gang gekommen, ist er im allgemeinen schwer zu stoppen. Eine unbefriedigende Lösung bei Ballverlust (z.B. bei einem erfolglosen Wurf und Rebound durch den Gegner) wäre es, wenn alle bisherigen Angreifer sofort in die Verteidigungshälfte zurückliefen. Bei diesem Vorgehen könnte man allenfalls einen einfachen Korbleger verhindern, nicht aber den Sprungwurf aus der Nah- bis Mitteldistanz. Das Hauptaugenmerk der Verteidiger ist vielmehr auf den Beginn des Schnellangriffs zu legen: Rebound und erster Paß.

Eine **wirksame Verteidigung** beginnt eigentlich schon bei dem eigenen **Offensivrebound**. Muß nämlich die gegnerische Mannschaft erst um den Rebound kämpfen, wird ihre Möglichkeit etwas eingeschränkt, den Schnellangriff einzuleiten. Hat sich der Gegner aber den Rebound gesichert, wird der Ballbesitzer auf dessen bevorzugter Hand angegriffen, um einen langen Paß zu verhindern. Wir gehen also auf Zeitgewinn. Zusätzlich versuchen wir, die Paßwege zu den Aufstellungsräumen, die der Gegner im allgemeinen für den ersten Paß sucht, zu unterbinden bzw. zu behindern. Wenn es der Verteidigung nur ein paar Mal gelingt, den ersten Paß herauszufangen, wird der Gegner entweder auf den Schnellangriff verzichten oder sein Muster ändern, was zu einer Verzögerung führt. Es ist schon hilfreich, wenn die für den ersten Paß vorgesehenen Spieler etwas zum Ball zurück müssen. Dieser Tempoverlust bringt den Verteidigern zusätzliche Zeit, um sich zu organisieren.

Ist der **erste Paß** doch erfolgt, versuchen wir den Weg in die Mitte zu erschweren. Dies gilt vor allem für die Verteidigung gegen den Dribbler. Der Dribbler muß gestoppt oder zumindest zur Seite abgedrängt werden. Zusätzlich sollen die an dieser Aktion nicht beteiligten Verteidiger schnell durch die Mitte zurücklaufen und ihre eigentliche Verteidigungsaufgabe (Abschirmung eines zugewiesenen Gegenspielers oder Raums) erst übernehmen, wenn der Schnellangriff gestoppt wurde. Weiß man aus Beobachtung, daß der Gegner den Ball immer zu einem bestimmten Spieler bringen will, sollte man von vornherein einen Verteidiger anweisen, diesen Spieler nach Ballverlust sofort abzuschirmen.

Ist die Verteidigung in **Unterzahl**, muß versucht werden, den Ballbesitzer durch geschicktes Angreifen und wieder Zurückweichen aufzuhalten, bis die anderen Verteidiger aufgeholt haben. Ist die Verteidigung in Korbnähe noch immer in Unterzahl, soll sie einen Wurf aus der Halbdistanz eher zulassen als einen Korbleger.

Die Übungsformen **gegen Verteidigung**, die für den Schnellangriff als Offensivwaffe gedacht sind, eignen sich im Grunde auch für die Abwehr des Schnellangriffs. Im folgenden werden daher nur ein paar zusätzliche Beispiele gegeben.

1 - 2 (Unterzahl) **Abdrängen des Dribblers**

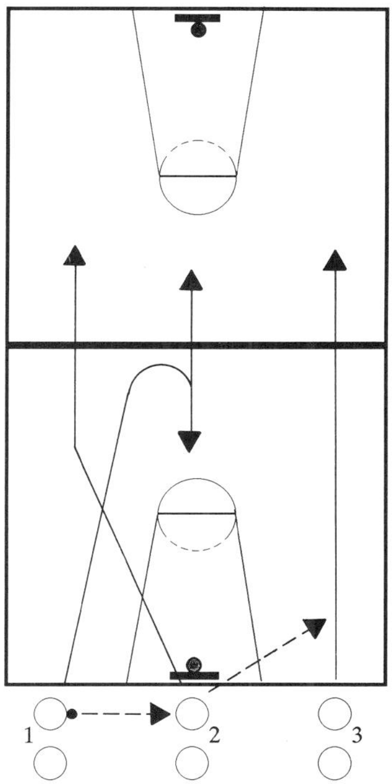

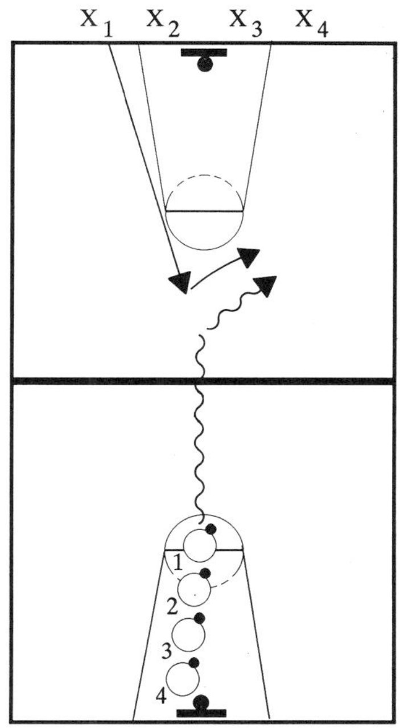

1-2 (Unterzahl):
Der Ballbesitzer O 1 paßt hinter der Grundlinie zu O 2 und übernimmt dann die Rolle eines Verteidigers. O 2 und O 3 greifen gegen O 1 an. O 2 und O 3 dürfen erst starten, wenn O 2 den Ball hat. Nach jedem Durchgang tauschen O 1, O 2 und O 3 die Plätze und Aufgaben.

Abdrängen des Dribblers:
Die Spieler stellen sich in zwei Gruppen an beiden Körben auf. Der erste Angreifer dribbelt auf den anderen Korb zu und wird vom ersten Verteidiger angegriffen, wenn er in Höhe der Mittellinie ist. Der Verteidiger versucht, den Dribbler zur Seite abzudrängen.

1-2 (Unterzahl):

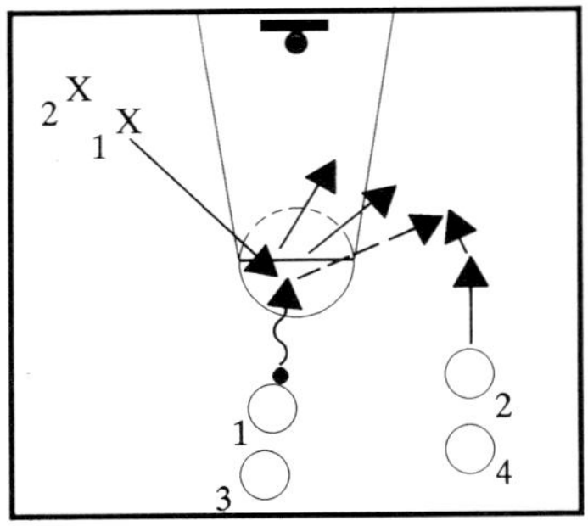

O 1 dribbelt zum Korb; O 2 läuft ohne Ball zum Korb; X 1 stoppt den Dribbler und greift dann sofort O 2 an. O 1 muß an der Freiwurflinie bleiben. Paßt O 2 zu O 1 zurück, verhindert X 1 einen erneuten Paß zu O 2. O 1 muß dann von der Freiwurflinie werfen. X 1 blockt O 2 heraus und beide kämpfen um den Rebound.

3-2 und 2-1 auf dem Rückweg:

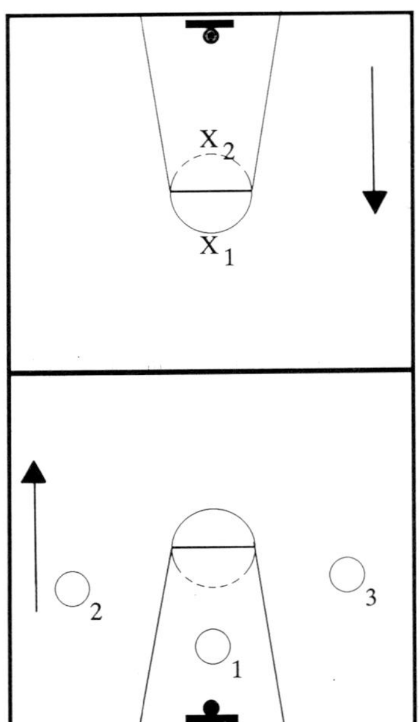

O 1, O 2 und O 3 greifen gegen X 1 und X 2 an. Auf Rückweg, der sofort nach Korberfolg oder Ballwechsel angetreten wird, werden die bisherigen Verteidiger (X 1 und X 2) Angreifer; der Werfer wird Verteidiger. Bei dieser Übungsform soll das schnelle Umschalten von Angriff auf Verteidigung geschult werden.

Teil III: Kondition

Entwicklung der konditionellen Fähigkeiten.

Konditionelle Fähigkeiten sind solche motorische Fähigkeiten, die wesentlich durch energetische Faktoren bestimmt sind. Zu ihnen zählen Kraft-, Ausdauer- und Schnelligkeitsfähigkeiten. Wie überall im Sport treten diese Fähigkeiten auch im Basketball als Mischformen bzw. kombinierte Formen auf (z.B. Schnellkraft bei Sprüngen). Die konditionellen Fähigkeiten sind eine Grundvoraussetzung für motorische Handlungen und stehen in Wechselwirkung zu anderen Bausteinen der Spielleistung. Sie stehen aber auch zueinander in Beziehung. Würde man beispielsweise die aerobe Ausdauerfähigkeit zu sehr betonen - bei den meisten Mannschaften besteht freilich eher die Gefahr des Gegenteils - , hätte dies eine nachteilige Auswirkung auf andere Fähigkeiten. Denn die Entwicklung einzelner konditioneller Fähigkeiten führt zu organischen, morphologischen und funktionellen Anpassungen. Wäre dies nicht der Fall, müßte man die "Kondition" schließlich nicht trainieren. Der Trainer ist also vor die schwierige Aufgabe gestellt, eine ausgewogene Entwicklung aller leistungsbestimmenden Faktoren zu gewährleisten.

Entwicklung der Ausdauer.

Unter Ausdauer versteht man im allgemeinen die Widerstandsfähigkeit des Organismus gegen Ermüdung bei andauernden Belastungen. Für jede Sportart wird eine (sportart)spezifische Ausdauer benötigt. Im Basketball ist dies - wie weiter unten erläutert wird - eine **azyklische Langzeitausdauer** mit **Intervallcharakter**.

Um nun einschätzen zu können, welche Trainingsmethoden für das Ausdauertraining des Basketballspielers auszuwählen sind und mit welchen Belastungen gearbeitet werden soll, ist es erforderlich, das Anforderungsprofil hinsichtlich der Ausdauer zu kennen. Man muß wissen, in welcher Form und Ausprägung Basketballspieler eine Ausdauerleistungsfähigkeit im Spiel und im Training benötigen. Daß hier auch das Training genannt wird, erklärt sich so: Technik- und Taktikschulung in spielnahen Situationen läßt sich nur dann effektiv bewältigen, wenn die Spieler über ein gewisses Maß an Ausdauer (und damit auch Erholungsfähigkeit) verfügen. Erfordert ein zu trainierendes Element hohe Wiederholungszahlen, so ist Training u.U. nicht ergiebig, wenn die gewünschten Wiederholungszahlen auf Grund von Ermüdung nicht eingehalten werden können.
In vielen Individualsportarten ist der Faktor Ausdauer einfacher einzuschätzen als in den Sportspielen, weil die Beanspruchungsformen in den Individualsportarten oft leichter überschaubar und damit auch meßbar sind. Erschwerend kommt beim Basketballspiel hinzu, daß Trainingsmaßnahmen im Ausdauerbereich andere Trainingsinhalte (z.B. Technik- und Taktikschulung) - oft von Trainern unbemerkt - beeinflussen. So wäre beispielsweise das Einüben eines neuen Spielzugs nach einem Intervalltraining nicht sinnvoll. Die Spieler wären für ein Neulernen nicht mehr aufnahmebereit.

Zur Analyse der Ausdauerfähigkeit von Basketballspielern wurden bisher vor allem **drei** Zugangswege genutzt, aus denen man Rückschlüsse für das Training ziehen kann:

1. Die Feststellung von Laufleistungen in einem Spiel.

Aus Spielbeobachtungen (vgl. STEINHÖFER 1983), bei denen Häufigkeiten festgehalten wurden, weiß man, daß z.B. Aufbauspieler pro Minute effektiver Spielzeit ca. 100 Meter zurücklegen. Auf die Gesamtspielzeit bezogen sind dies rund 4000 Meter. Dabei entfallen 25% auf Gehen, 75 % auf Laufen und 5% auf Sprinten. Centerspieler legen etwa 15% weniger an Gesamtstrecke zurück. Ein Flügelspieler führt - auf das ganze Spiel bezogen - ungefähr 300 Richtungswechsel und noch mehr Tempowechsel aus. Hinzu kommen bei allen Spielern noch zahlreiche Sprünge bei Wurf- und Reboundaktionen. Aus der Anzahl und Dauer der einzelnen Bewegungsphasen und den Pausen dazwischen lassen sich bereits Rückschlüsse auf das Training ziehen.

2. Untersuchung der Herzfrequenz.

Telemetrische Herzfrequenzmessungen im Spiel (vgl. STEINHÖFER 1983) ergaben durchschnittliche Werte von 170-175 Schlägen pro Minute, wobei die Spanne von 120 bis über 200 reichte. Bei Auszeiten sinkt die Herzfrequenz rasch um 50-60 Schläge, um bei erneuter Belastung schnell wieder auf den vorherigen Wert anzusteigen.

Herzfrequenzmessungen allein stellen allerdings kein ausreichendes Beurteilungskriterium dar. Zum einen korrelieren die tatsächlichen Beanspruchungen nicht immer mit der Herzfrequenz, zum anderen kommen die beobachteten Frequenzen nicht ausschließlich durch dynamische Arbeit zustande. Psychische Faktoren spielen ebenfalls eine wichtige Rolle. Ein Indiz hierfür ist, daß beispielsweise Basketballtrainer bei entscheidenden Spielszenen 150 Schläge pro Minute erreichen, was sicherlich nicht auf eine physische Belastung zurückzuführen ist. Solche "psychischen Pulse" wirken natürlich auch auf Spieler ein.

3. Laktatmessungen.

Warum können Laktatmessungen aussagekräftigere Daten liefern?

Die für körperliche Arbeit erforderliche Energie wird durch oxidativen Abbau der Nährstoffe bereitgestellt. Bei starker körperlicher Belastung (über eine bestimmte Zeitdauer) erfolgt diese Energiebereitstellung durch den Abbau von Glykogen mit Bildung von Laktat (Milchsäure). Wird dieser Milchsäurewert im Blut zu hoch, wird die Kontraktionsfähigkeit des Muskels eingeschränkt. Im Extremfall wird der Muskel unerregbar. Die Laktatkonzentration im Blut läßt eine Aussage über den Grad der Belastung und die Beanspruchung des Stoffwechsels zu. Messungen im Basketball (MÜLLER/STEINHÖFER 1982) ergaben, daß die Laktatwerte meist unter 4 mmol/l (bei Spitzenwerten von 7,3, was nur eine mittlere Übersäuerung ist) lagen. Diese Messungen wurden allerdings nicht im Spiel durchgeführt (dies ist durch das Regelwerk und die zu kurzen Pausen zwischen Belastungen auch kaum möglich). Die zur Messung verwendeten Spiel- und Übungsformen erlauben aber die Fest-

stellung, daß die Energiegewinnung aerob bzw. überwiegend anaerob-alaktazid erfolgt.
Aerob meint hier, daß die Energiebereitstellung unter Beteiligung von ausreichendem Sauerstoff abläuft; **anaerob** meint, daß die Energiebereitstellung ohne oder bei unzureichendem Sauerstoff erfolgt. Anaerob-alaktazid bedeutet, daß bei der Energiegewinnung ohne Sauerstoffbeteiligung noch kein Laktat anfällt. Bei kurzen intensiven dynamischen Belastungen (ca. 6-8 Sekunden) wird die Energie durch ATP (Adenosintriphosphat) und KP (Kreatinphosphat) geliefert. Danach beginnt die anaerob-laktazide Glykolyse bei gleichzeitiger Bildung von Milchsäure.
Nun dauern im Basketball viele Belastungsphasen länger als 6-8 Sekunden, doch reichen die Pausen zwischen den Belastungen meist aus, um die Phosphatspeicher auf oxidativem Wege wieder aufzufüllen. Außerdem kann durch entsprechendes Training (Wechsel von Ausschöpfung und Wiederauffüllen des KP-Speichers) eine verbesserte anaerob-alaktazide Energiebereitstellung erreicht werden. Es wird aber doch erforderlich sein, auch die anaerob-laktazide Energiebereitstellung im Training zu berücksichtigen, weil in bestimmten Spielsituationen durch die Intensität und Dauer der Belastung relativ hohe Laktatwerte anfallen. Immerhin ein Drittel aller Spielphasen dauert länger als 20 Sekunden (vgl. VOIGT/DE MAREES 1988, 104). Diese anaerobe Kapazität kann aber durchaus mit basketballspezifischen Übungs- und Spielformen trainiert werden.
In diesem Zusammenhang sei auf das "**Auslaufen**" als aktive Erholungsmaßnahme hingewiesen. Das Auslaufen - Traben bei ca. 40-50% Intensität - beschleunigt den Laktatabbau erheblich.
Zusammenfassend kann man die erforderliche Ausdauer des Basketballspielers als eine azyklische Langzeitausdauer mit Intervallcharakter bei gemischt aerob-anaerober Energiebereitstellung bezeichnen (vgl. BRACK 1985). Daraus ergibt sich, daß das Ausdauertraining des Basketballspielers 1. die aerobe, 2. die anaerob-alaktazide und 3. die anaerob-laktazide Ausdauer ansteuern soll.

Die aerobe Ausdauer muß erarbeitet werden, weil sie die Grundlage dafür ist, daß die Spieler später im Training und im Spiel ein möglichst hohes bzw. effektives Bewegungstempo ohne Fehler in der Technik beibehalten und sich in den Pausen zwischen Belastungen (oder bei Bewegungshandlungen mit geringerer Intensität) erholen können. Die Funktion der aeroben Kapazität für die Erholungsfähigkeit liegt in einer verbesserten Sauerstoffausnutzung und der oxidativen Resynthese der ATP- und KP-Speicher in den Spielpausen.
Zur Ausbildung der aeroben Ausdauerfähigkeit eignen sich die in der allgemeinen Trainingslehre beschriebenen und erprobten Methoden, wobei - wie bei der Verwendung von Trainingsmethoden überhaupt - bestimmte Belastungsnormative (**Belastungskomponenten**) zu berücksichtigen sind. Die wichtigsten dieser Belastungsnormative sind Reizumfang, Reizintensität, Reizdauer und Reizdichte (vgl. LETZELTER 1987, 34, der noch Reiz- und Trainingshäufigkeit nennt).

Unter **Reizumfang** versteht man die Summe (Dauer und Zahl) der pro Trainingseinheit gesetzten Reize; mit **Reizintensität** ist die Stärke eines einzelnen Reizes oder einer Reizserie gemeint; **Reizdauer** ist die Einwirkungszeit eines Reizes oder einer Reizserie (z.B. 30 Minuten, 45 Minuten usw. beim aeroben Ausdauertraining); **Reizdichte** meint die Aufeinanderfolge von Belastungs- und Erholungsphasen.
Zur Entwicklung der aeroben Ausdauer des Basketballspielers können folgende Methoden herangezogen werden:

1. Die Dauermethode.
Sie ist durch einen hohen bis sehr hohen Umfang ohne Pause bei geringer bis mittlerer Intensität charakterisiert. Es wird empfohlen, die Laufbelastung zwischen mindestens 30 Minuten und einer Stunde zu wählen. Waldläufe und Läufe auf weichem Untergrund (Rasen) sind Beanspruchungen auf Hallenböden oder Kunststoffbahnen unbedingt vorzuziehen.
Daß hier nicht vorgeschlagen wird, die aerobe Ausdauerfähigkeit mit kontinuierlichen Spielformen (z.B. 30-45 Minuten freies Spiel übers ganze Feld) zu erarbeiten, liegt am intervallartigen Charakter des Basketballspiels. Man würde bei einem solchen Vorgehen zu häufig in anaerobe Phasen kommen.

2. Wechselmethode und Fahrtspiel.
Bei beiden Methoden beginnt man zunächst mit einer dauerlaufartigen Belastung und wechselt dann die Intensität, um kurzfristig eine Sauerstoffschuld einzugehen. Dabei geschieht der Intensitätswechsel bei der Wechselmethode durch eine willkürliche Variation der Laufgeschwindigkeit, während man beim Fahrtspiel das Gelände für die unterschiedliche Tempogestaltung und damit für die wechselnde Belastungsform nutzt. Bei der Verwendung der Fahrtspielmethode sollte das Gelände nicht zu stark profiliert sein (z.B. keine zu starken Anstiege), damit die anaerobe Phase nicht bestimmend wird.

3. Die extensive Intervallmethode.
Diese Methode ist durch hohe Wiederholungszahlen, kurze Pausen und geringer Belastung gekennzeichnet. Dieses Verhältnis kehrt sich dann bei der intensiven Intervallmethode (die weiter unten beschrieben wird) um.
Warum verwendet man das Intervallprinzip? Es ermöglicht einen relativ großen Umfang trotz höherer Intensität als bei der Dauermethode (vgl. LETZELTER 1987,180).
Wie trainiert man nach dem Intervallprinzip? Man wählt einen systematischen Wechsel von Belastung und Erholung. Es findet also eine Belastung statt, dann kommt eine Pause, dann wieder die nächste Belastung usw. Die Pausenlänge soll dabei so gestaltet sein, daß es zu keiner vollständigen Erholung zwischen den Belastungen kommt. Man spricht daher von einer unvollständigen oder "**lohnenden**" Pause. Würde man eine vollständige Pause zulassen, müßten zu Beginn der neuen Belastung die verschiedenen Energiegewinnungsstadien und Regulationsmechanismen wieder neu durchlaufen werden. Dies würde den gewünschten

Trainingseffekt - auch im Sinne der Ökonomie - schmälern. Die Trainingswirkung der Intervallmethoden wird so erklärt: während der Belastung leistet das Herz **Druckarbeit** (dies stellt einen Reiz zur Hypertrophie des Herzmuskels dar). In der "lohnenden" Pause leistet das Herz **Volumenarbeit** (dies ist ein Reiz zur Erweiterung der Herzhöhlen).
Bei der extensiven Intervallmethode soll mit mittlerer Intensität (60-80% des individuellen Leistungsvermögens) belastet werden. Wird das extensive Intervalltraining für die aerobe Ausdauer eingesetzt, sollte die Belastungsdauer zwischen 2 und 8 Minuten betragen. Die erneute Belastung soll einsetzen, wenn die Herzfrequenz in der "lohnenden" Pause auf 120 bis 130 Schläge pro Minute gefallen ist. Es ist dabei durchaus möglich, mit basketballspezifischen Spiel- und Übungsformen zu arbeiten.
Welche Methoden zur Erarbeitung und Erhaltung der aeroben Ausdauer sollen **wann** verwendet werden?
Die Dauermethode bietet sich besonders im ersten Teil der Vorbereitungsperiode an. Bei Spitzenmannschaften, die normalerweise täglich trainieren, ist in dieser Zeit von einem dreimaligen Training pro Woche nach der Dauermethode auszugehen. Bei Fortschreiten der Vorbereitungsperiode kann zunächst das Fahrtspiel und dann die extensive Intervallmethode gewählt werden. Allerdings muß auch in der Wettkampfperiode ein Trainingstag mit überwiegend aerober Arbeit zur Regeneration nach einem Wettspiel eingeschaltet werden. Außerdem läßt sich dadurch das in der Vorbereitungszeit Erarbeitete besser erhalten. Dies kann bei Mannschaften mit geringerer Trainingshäufigkeit (2-3maliges Training in der Woche) auch mit basketballspezifischen Spielformen erfolgen. Man muß sich dann aber im Klaren darüber sein, daß dies eine Kompromißlösung ist. Diese Feststellung gilt auch für Spitzenmannschaften, die in der Wettkampfperiode auf ein Ausdauertraining nach der Dauer- oder Fahrtspielmethode verzichten.

Zur Ausbildung der **anaeroben Ausdauer** (Schnelligkeitsausdauer) können im Basketballtraining die in der allgemeinen Trainingslehre beschriebenen Trainingsmethoden auf basketballspezifische Spiel-und Übungsformen übertragen werden. Man hört zwar manchmal von Basketballtrainern, daß es ausreiche, wenn man im Training spielen lasse, da das Basketballspiel durch eine ständig wechselnde Belastung charakterisiert sei. Diese Auffassung ist aber so pauschal nicht zutreffend: die Belastungsreize und Pausen dazwischen sind doch recht zufällig (Regelverletzungen, Ball im Aus, unterschiedliche Belastung einzelner Spieler an bestimmten Spielszenen usw.). Die Bedingungen der genau abgestimmten Reizsetzungen und Pausen sind also nicht optimal erfüllt, so daß man nicht von einer Intervallbelastung im geforderten Sinn sprechen kann. Man wählt daher Übungsbzw. Spielformen aus, die den Grundsätzen der intensiven Intervallmethode oder der Wiederholungsmethode (was für die letztgenannte etwas problematisch ist) entsprechen.

Bei der **intensiven Intervallarbeit** werden Übungen mit einer Intensität von 80-90% des individuellen Leistungsvermögens gewählt. Die Belastungsdauer reicht etwa von 20 bis 60 Sekunden. Wie beim extensiven Intervall soll auch hier die nächste Belastung einsetzen, wenn die Herzfrequenz auf 120 bis 130 Schläge pro Minute abgesunken ist.

Beispiel für eine Übungsform nach dem **intensiven Intervallprinzip**:

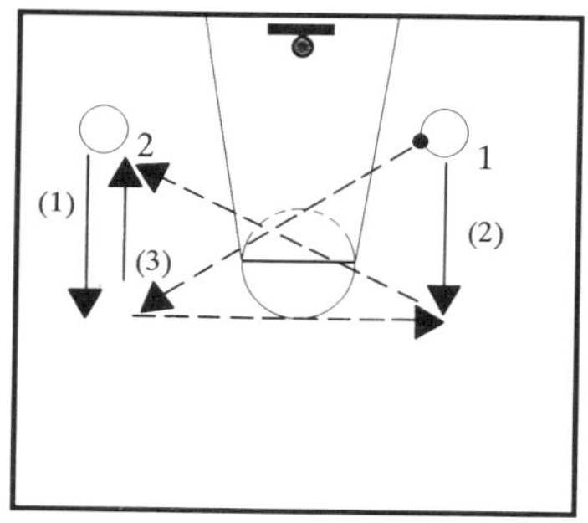

Spieler O 2 tritt kurz an und erhält den Ball von O 1 in den Lauf gespielt. Sofort nach dem Abspiel tritt auch O 1 kurz an und erhält seinerseits den Ball in den Lauf gespielt usw. Übungsdauer: 20 Sekunden pro Paar. 3 Serien mit 3 Wiederholungen nach entsprechender "lohnender" Pause. Diese wird durch die Übungsorganisation gewährleistet; bei 12 Spielern werden beispielsweise 6 Paare gebildet. Die ersten drei Paare verteilen sich so auf der Spielfläche, daß sie sich nicht gegenseitig behindern können. Abstand zwischen zwei Spielern eines Paares etwa 5 Meter. Die erste Gruppe von 3 Paaren führt die Übung durch. Danach kommt die zweite Gruppe an die Reihe und die erste Gruppe kann sich erholen usw.

Etwas schwieriger stellt sich die Verwendung der **Wiederholungsmethode** mit basketballspezifischen Übungsformen dar. Zwar wird für die Entwicklung der Schnelligkeitsausdauer die Wiederholungsmethode empfohlen (vgl. BRACK 1985/34,18), sie wird aber in ihrer idealtypischen Form nur schwer durchführbar sein. Die Wiederholungsmethode ist nämlich durch maximale Intensität bei geringem Umfang und vollständigen Pausen charakterisiert. Würde man nun Umfänge entsprechend der Vorgehensweise in der Leichtathletik wählen, nämlich Strecken jenseits von 60 Metern, so müßte man zwischen den maximalen Belastungen sehr lange Zeitspannen zur vollständigen Erholung zulassen. Zudem würde dann eine Schnelligkeitsausdauer angesteuert, wie sie im Basketball nicht vorkommt, wo man eher von der Fähigkeit sprechen sollte, kürzere Sprints bzw. Antritte in schneller Folge zu leisten. Man wird sich also so behelfen müssen, daß man Übungsformen auswählt, die den Bedingungen der Wiederholungsmethode sehr nahe kommen (der Übergang zur Intervallmethode ist dabei aber nicht immer völlig auszuschließen). Dies kann so geschehen, daß eine Belastungsdauer von ca. 10-15 Sekunden bei 4-5 Wiederholungen festgelegt wird. Günstig ist auch folgende Vorgehensweise: Man läßt 3 X 5 Minuten mit einer Spielerzahl 3-3 oder 4-4 über das ganze Feld spielen. Dabei sollen die Spieler ständig in Bewegung sein und ihre Aktionen in Angriff und Verteidigung in hohem Tempo ausführen. Dies kann mit Regelerleichterungen geschehen (z.B. kein Aus, großzügige Auslegung der Schrittregel usw.). Die Pausen zwischen den einzelnen Spielen sollen ca. 8 Minuten betragen.

Warum will man überhaupt nach der **Wiederholungsmethode** trainieren?
Weil bei jeder Belastung nach (fast) vollständiger Erholung die Regulationsprozesse neu durchlaufen werden und die Energiespeicher gezielt vermehrt werden (vgl. WEINECK 1987, 117). Man wird also den oben beschriebenen Kompromiß eingehen müssen, will man aus Gründen der Trainingsökonomie die Ausbildung der Leistungsgrundlagen so oft wie möglich mit der Arbeit mit dem Ball verbinden.

Beispiel einer entsprechenden Übungsform:

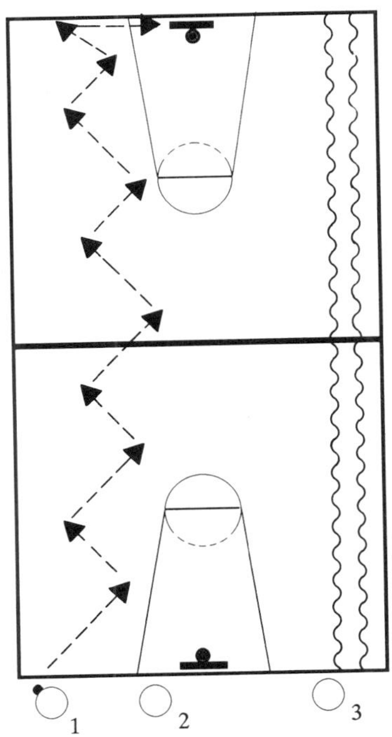

Die Spieler O 1 und O 2 laufen mit Zweierpaß durch die Halle und zurück; Spieler O 3 dribbelt die gleiche Strecke. Wer ist schneller? Wenn diese Dreiergruppe wieder an der Reihe ist, wechseln die Spieler die Positionen, bis jeder einmal gedribbelt hat. In den

meisten Fällen wird der Dribbler gewinnen, weil es sich hier um Querpässe handelt. Bei Steilpässen wäre der Dribbler langsamer.

Die Entwicklung der Kraft.
Bei Spitzenmannschaften gehört das Krafttraining mittlerweile zum festen Bestandteil des Trainings in der Vorbereitungs- und Wettkampfperiode. Früher waren viele Spieler und Trainer der Auffassung, daß ein Krafttraining für Basketballspieler überflüssig, ja schädlich sei. Vielleicht kam diese Meinung deshalb zustande, weil damals keine eigenen Erfahrungen damit vorlagen. Auch heute hört man noch zuweilen, daß ein betontes Krafttraining langsam mache und die Feinkoordination beim Wurf störe. Daß ein Krafttraining nicht unbedingt langsam machen muß, wird schon bei einem Blick auf die explosiven Antritte und das hohe Sprinttempo von Gewichthebern und Kugelstoßern widerlegt. Auch eine Störung der Feinkoordination kann durch einfache organisatorische Maßnahmen verhindert werden.

Wofür benötigt ein Basketballspieler ein besonderes Kraftniveau?
Zur Beantwortung dieser Frage orientieren wir uns an den bei Spielbeobachtungen ermittelten Häufigkeiten: ein Spieler führt auf die Gesamtdauer eines Spieles bezogen 80-120 Sprünge (mit submaximalem und maximalem Krafteinsatz) aus. Hinzu kommen noch ungefähr 300 Richtungs- und Tempowechsel. Und schließlich ist auch eine effektive Beinarbeit in der Verteidigungsstellung von der vorhandenen Kraftausdauer abhängig.

Welche Kraftfähigkeiten benötigt der Basketballspieler?
Aus dem geschilderten Anforderungsprofil ergibt sich, daß sowohl die Schnellkraft als auch die Kraftausdauer anzustreben sind.
Schnellkraft wird als die Fähigkeit des Nerv-Muskelsystems bezeichnet, Widerstände mit höchstmöglicher (Kontraktions-) Geschwindigkeit zu überwinden. Es geht also darum, möglichst hohe Kraftwerte bei einer einzelnen Anstrengung zu erreichen. Die Schnellkraft ist dabei abhängig von der Maximalkraft. Eine Verbesserung der Maximalkraft wird sich positiv auf die Schnellkraft auswirken. Dies läßt sich einerseits durch eine Querschnittszunahme der betroffenen Muskulatur erklären, andererseits aber auch durch eine verbesserte **intramuskuläre Koordination**. Damit ist gemeint, daß möglichst viele motorische Einheiten zum gewünschten Zeitpunkt ihren maximalen Kraftwert erreichen. Anzumerken ist, daß im ersten Stadium eines Maximalkrafttrainings ein Kraftzuwachs vor allem durch die Verbesserung der intramuskulären Koordination erfolgt. In den weiteren Trainingsstadien kommt es dann zu einer Vergrößerung des Muskelquerschnitts.
Zur Verbesserung der **intramuskulären Koordination** eignen sich kurzzeitige maximale Kontraktionen. Zur Vergrößerung des **Muskelquerschnitts** eignen sich wiederholte submaximale Kontraktionen. Es werden beispielsweise 3-5 Serien mit je 6-8 Wiederholungen bei einer Pausenlänge von 3 Minuten zwischen den Serien gewählt.

Wie können wir die Sprungkraft noch verbessern, vor allem wenn es um wiederholte Sprünge geht (z.B. bei Reboundaktionen: Sprung-Landung-Sprung)? Diese als "**reaktive Fähigkeit**" bezeichnete Form der Schnellkraft (vgl. HOSTER 2/1984) läßt sich mit dem "**Plyometrischen Training**" (Schlagmethode) erarbeiten. Reaktive Übungen sind z.B. Nieder-Hochsprünge. Es erfolgt ein Niedersprung von einer erhöhten Position auf einen festen Untergrund bei sofortigem vorwärts-aufwärts Sprung nach dem Aufsetzen auf dem Boden. Ein Beispiel: Kasten- tiefer liegende (Lande-und) Absprungfläche-Kasten. Läßt man sich nun vom ersten Kasten so "herunterfallen", daß man mit den Füßen aufkommt (Stichwort: Abtropfen), setzt bei der Landung erst eine nachgebende Arbeitsweise (exzentrische Muskelkontraktion) ein, dann folgt die überwindende (konzentrische) Arbeitsweise beim Absprung auf den nächsten Kasten. Durch die Folge von Abbremsen des eigenen Körpergewichts aus der gewählten Fallhöhe und sofortigem Absprung wird ein stärkerer Reiz auf die Sprungmuskulatur ausgeübt, als dies bei normalen Sprungübungen der Fall wäre (eine ausführliche Darstellung dieser Art des Sprungkrafttrainings bei BÜHRLE 1986 und Schmidtbleicher 1986). Die Landung soll auf den Fußballen (nicht Fersen!) erfolgen. Die Fallhöhe soll nicht höher als 1 Meter betragen (dies entspricht etwa einem Kasten mit Sockel, zwei Kastenelementen und dem gepolsterten Kastendeckel). Da es sich bei diesem reaktiven Krafttraining um eine sehr intensive Trainingsform handelt, sollen nicht mehr als 5-8 Wiederholungen durchgeführt werden. Dies ist auch wegen der sehr starken Belastung der Gelenke und Sehnen ratsam.
Weitere Möglichkeiten des reaktiven Trainings liegen in Hürdensprüngen (beidbeiniger Absprung-Landung-sofortiger Absprung ohne Zwischensprung über 5-6 Hürden), einbeinige (z.B. 5-er Hop) und beidbeinige Mehrfachsprünge, Pässe mit schwereren Bällen (Medizinball) usw.

Wesentlich wird nun die Herausbildung der speziellen Schnellkraft mit basketballspezifischen Übungen. Ziel ist dabei die intermuskuläre Koordination und die spieladäquate Verfügbarkeit der Schnellkraft.

Ein Beispiel: Sprint-Gleitschritte-Sprint:

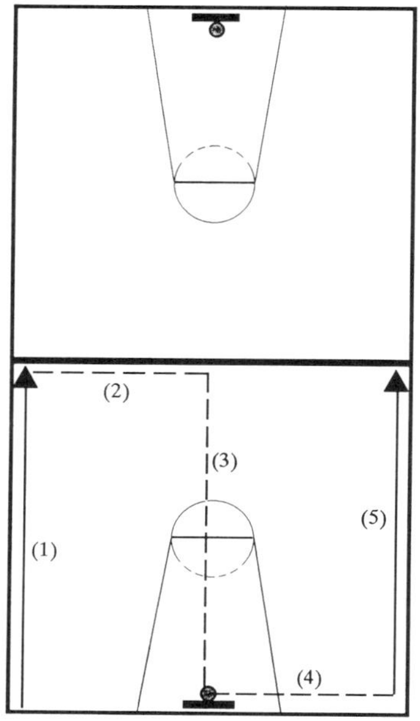

Durchführung: *Jeweils zwei Spieler bilden ein Paar und sprinten von der Grundlinie zur Mittellinie (1); dann sofort Gleitschritte bis zum Mittelkreis, dabei rechtes Bein vorn (2); Gleitschritte zurück zur Grundlinie, dabei linkes Bein vorn (3); Gleitschritte bis zur Seitenlinie, rechtes Bein vorn (4), dann sofort Übergang in Sprint bis zur Mittellinie (5); locker Auslaufen bis zurück zur Ausgangsposition. 3 Wiederholungen.*

Die **Kraftausdauer** wird als die Fähigkeit des Organismus bezeichnet, der Ermüdung bei langandauernden Kraftleistungen zu widerstehen. Beim Basketball ist besonders die Schnellkraftausdauer als die Fähigkeit, Kraftleistungen bei Sprüngen, Antritten und Richtungswechseln über möglichst lange Spielphasen bzw. die ganze Spielzeit aufrechtzuerhalten, erforderlich.
Als Trainingsmethode bietet sich das **Circuit-Training** mit ca. 8-10 Stationen an. Um die anaerobe Komponente zu berücksichtigen, wird mit hoher Belastung an jeder Station gearbeitet. Im allgemeinen werden drei Durchgänge durchgeführt. Die Pausen zwischen den einzelnen Stationen können der Dauer der Belastung entsprechen. Beim ersten Durchgang ist eine etwas längere Pause ratsam, beim zweiten Durchgang empfiehlt sich ein Verhältnis von 30 zu 30 Sekunden und im dritten 20 zu 20 Sekunden. Die Pause zwischen den Durchgängen soll ca. 6 Minuten betragen.

Teil IV: Trainingsgestaltung

Ziel des Trainingsprozesses ist es, eine Mannschaft so vorzubereiten, daß sie in dem Zeitraum, in dem die Wettspiele liegen, eine möglichst hohe sportliche Form erreicht. Um dieser Aufgabe gerecht zu werden, muß das Training geplant werden. Die sportliche Form ist dabei durch das Zusammenwirken der leistungsbestimmenden Faktoren Technik, Taktik und konditionelle Fähigkeiten geprägt. Die **Trainingsplanung** muß die **Inhaltsplanung** und die Belastungsstruktur berücksichtigen (vgl. hierzu BRACK 1985).
Die Bestimmung der Belastungsstruktur orientiert sich an Gesetzmäßigkeiten des Trainings, die in der allgemeinen Trainingslehre als Prinzipien formuliert wurden. Im folgenden werden die für das Basketballtraining wichtigsten dargestellt.

Das Prinzip der Superkompensation
Anpassungsvorgänge des Organismus auf Trainingsreize werden entscheidend von der Höhe der Belastungen und den Pausen dazwischen beeinflußt. Bei Belastungen kommt es zunächst zu einem Abbau von Energiereserven. Es treten Ermüdungserscheinungen auf. In der auf eine Belastung folgenden Erholungsphase werden die verbrauchten energetischen Potentiale wieder aufgefüllt. In einer Trainingseinheit muß also ein Wechsel zwischen Belastung und Erholung gegeben sein. Aber auch zwischen einzelnen Trainingseinheiten muß genügend Zeit zur Erholung bleiben, damit der Organismus den Abbau der Substanz (energetisches Potential) ausgleichen kann. Diese Erholungszeiten innerhalb eines Trainings und zwischen einzelnen Trainingseinheiten dürfen aber nicht beliebig lange sein. Es soll erreicht werden, daß ein Neuaufbau über das vorherige Niveau möglich wird. Diese gewünschte Anpassungsleistung hängt mit der **Superkompensation** zusammen.

Wie läßt sich dieses Prinzip erklären? Der Mensch (als "System" betrachtet) hat die Tendenz, in einem biologischen Gleichgewicht zu bleiben. Erfolgt durch Belastungsreize eine Störung dieser Homöostase, versucht das System, das Gleichgewicht durch Anpassungsvorgänge wiederherzustellen. Das Prinzip der Superkompensation besagt nun, daß der Organismus als Anpassungsleistung an Reizsetzungen gleichsam eine vorsorgende Reaktion trifft. Es wird - vereinfacht dargestellt - ein **Mehrausgleich** (Superkompensation) geschaffen, um für künftige Erfordernisse gewappnet zu sein.
Will man die geschilderte Gesetzmäßigkeit nutzen, muß der nächste Trainingsreiz möglichst genau in die Superkompensationsphase fallen, also in die Zeit der erhöhten Wiederherstellung.

Aus dem Prinzip der Superkompensation lassen sich **praktische Konsequenzen** ableiten:

1. Es ist günstig, wenn man zwei oder drei Tage vor dem Spieltag eine starke Belastung mit relativ hohem Umfang setzt. Wenn am Samstag gespielt wird, wäre dies der Donnerstag oder Mittwoch. Damit ist die erforderliche Wieder-

herstellung gegeben. Der Trainer muß allerdings die geeignete Belastungshöhe und den entsprechenden Zeitpunkt für seine Mannschaft (und auch mit ihr) herausfinden. Gute Erfahrungen habe ich mit dem **Mittwoch** als "**Hauptbelastungstag**" gemacht, wenn der Spieltag auf einen Samstag fiel.

2. Auch einen Tag vor dem Spiel kann durchaus noch belastet werden, dann allerdings mit hoher Intensität bei geringem Umfang.
3. Das Prinzip der Superkompensation muß auch bei der Gestaltung der einzelnen Trainingseinheiten in einer Woche beachtet werden. Dies bedeutet, daß die einzelne Trainingseinheit im Zusammenhang mit den anderen geplant werden muß. Hierbei spielt der **Heterochronismus der Wiederherstellung** eine wichtige Rolle. Damit ist gemeint, daß unterschiedliche Belastungsformen auch eine unterschiedliche Zeit zur Wiederherstellung benötigen. Man kann also in einer Trainingseinheit bestimmte Belastungsformen wählen und in der nächsten Trainingseinheiten andere bzw. unterschiedlich lokalisierte Belastungen. Man braucht also die völlige Wiederherstellung von A (beispielsweise nach Beanspruchung der Beinmuskulatur) nicht abzuwarten, bevor man mit B (z.B. Belastung der Arm- und Schultermuskulatur) beginnen kann.
4. Erfolgen in einem Trainingsprozeß keine entsprechenden Trainingsreize mehr (oder zum falschen Zeitpunkt), kommt es entweder zu einem Rückgang zum Ausgangsniveau oder zu einer mangelnden Anpassung.

Das Prinzip der kontinuierlichen Belastung

Sind die Pausen zwischen den Trainingsbelastungen zu lang (Verletzungen, Krankheit usw.), kommt es zu einem Leistungsabfall. Daher ist eine kontinuierliche Belastung anzustreben. Das Ausmaß des Rückgangs der Leistungsfähigkeit hängt einerseits vom Trainingszustand ab, mehr aber noch von der Art und Weise, wie vor der Pause trainiert wurde. Wurde ein Leistungsanstieg schnell erarbeitet - etwa durch eine hohe Reizintensität wie bei der intensiven Intervallmethode -, so geht die Leistungsfähigkeit schnell zurück. Dies liegt daran, daß der Organismus nur in einzelnen Funktionssystemen seine volle Anpassungsleistung erreicht hat. Deshalb ist auch eine Instabilität des Leistungsniveaus gegeben. Wurde der Leistungsanstieg langsam erarbeitet - z.B. bei relativ geringer Reizintensität und hohem Umfang -, bleibt das Leistungsniveau stabiler.

Das Prinzip der ansteigenden (progressiven) Belastung

Trainingswirkungen lassen sich nur durch Bewegungsreize erzielen. Der Organismus paßt sich an diese Reize an. Daher sind nach einer erfolgten Anpassung höhere Belastungen erforderlich, um die Leistungsfähigkeit eines Spielers zu steigern. Bei höherem Leistungsniveau kann die Belastungserhöhung sprunghaft erfolgen. Dies kann durchaus innerhalb der zur Verfügung stehenden Trainingszeit mit bekannten Übungen geschehen.

Beispiel: Achterlauf "schnell":

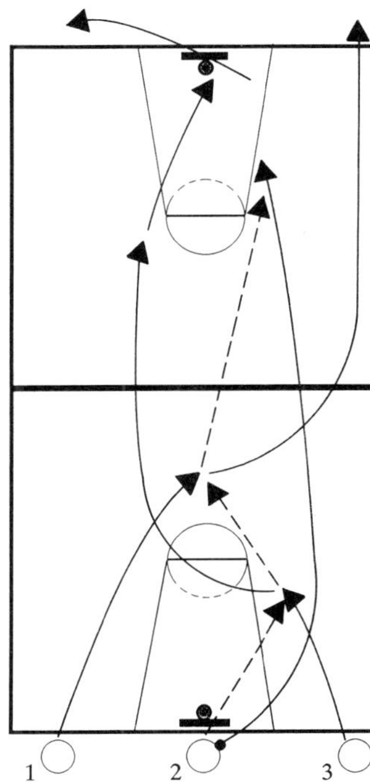

Diese Übungsform wird wie ein üblicher Achterlauf durchgeführt, allerdings mit nur drei Pässen auf einer Längsbahn. Dadurch kann eine **recht hohe Belastung** erreicht werden: *O 2 zu O 3; O 3 zu O 1 und O 1 zu O 2; O 2 wirft; O 2 läuft nach seinem Wurf sofort zur Ecke; O 3 holt den Ball und bleibt in der Mitte und O 1 läuft zur anderen Ecke. Der Rückweg erfolgt wie der Hinweg.*

Die progressive Belastung läßt sich bei dieser Übungsform durch die Wiederholungszahl und die Pausen zwischen den Achterläufen steuern. Außerdem können Handikaps eingebaut werden, z.B. daß Hin- und Rückweg fehlerfrei und mit erfolgreichem Korbwurf abgeschlossen werden müssen. Ist dies nicht der Fall, wiederholt die entsprechende Dreiergruppe sofort die Übung usw.

Das Prinzip der wechselnden Belastung

Oft macht es die begrenzte Wochentrainingszeit erforderlich, daß in einer Trainingseinheit mehrere Schwerpunkte gesetzt werden müssen, die unterschiedliche Formen der Beanspruchung darstellen. Eine zufällige Aneinanderreihung solcher Schwerpunkte wäre freilich fatal. In der allgemeinen Trainingslehre wird zu Recht eine systematische Reihenfolge der Übungsanordnung gefordert, damit sich die "Effektivität der Übungen gegenseitig nicht aufheben kann" (Martin 1979, 61).

Im allgemeinen kann man sich von folgendem Grundsatz leiten lassen: Will man Reaktion, Schnelligkeit, Technik- und Taktiklernen behandeln, sollte dies in der ersten Hälfte einer Trainingseinheit stehen. Im zweiten Teil können dann Schnelligkeitsausdauer, Sprungkraftausdauer und allgemeine Spielausdauer berücksichtigt werden. Eine solche Reihung schlagen auch HERZOG/VOIGT/WESTPHAL für das Volleyball-Training vor. Daraus kann die nachstehende Abfolge innerhalb einer Trainingseinheit abgeleitet werden:

1. Allgemeines Aufwärmen (kurz) und spezifisches Aufwärmen (betont) stehen am Anfang des Trainings.

Das betonte spezifische Aufwärmen ergibt sich aus der Erkenntnis, daß das Aufwärmen nicht nur eine physiologische Funktion hat, sondern sehr wesentlich auch der Schaffung eines günstigen Arbeitsklimas mit Einfluß auf die Lern- und Aktionsbereitschaft der Spieler dient. Es ist daher sinnvoll, wenn das Aufwärmen bereits an kommenden inhaltlichen Schwerpunkten ausgerichtet ist und dafür einstimmt.

2. Koordinative Technikarbeit kommt vor dem Konditionstraining.

Dies ist dadurch begründet, daß sich Steuerungsprozesse in ermüdetem Zustand nicht optimal schulen lassen. Im Kapitel "Technik" wurde bereits darauf hingewiesen, daß natürlich Technikteile auch nach anstrengenden Belastungsphasen eingeschoben werden sollen. Dann soll es sich aber um bekannte und bereits beherrschte Technikteile handeln. Dies trifft auch für die Taktikschulung zu.

3. Schnelligkeits-(Schnellkraft-) kommt vor Kraft-(Maximalkraft-) Training.

Für die Schnelligkeit spielt das neuro-muskuläre Zusammenspiel eine entscheidende Rolle. Das Zentralnervensystem darf nicht ermüdet sein. Stichwort: Wo die Ermüdung anfängt, hört die Schnelligkeit auf.

4. Ausdauerbelastungen, die auf dem Prinzip der unvollständigen Erholung beruhen, kommen am Schluß der Trainingseinheit.

Damit sind vor allem die extensive und intensive Intervallmethode gemeint.
Diese Forderung der allgemeinen Trainingslehre - wohl auf Individualsportarten zugeschnitten - ist im Prinzip richtig. Allerdings muß beim Basketballspiel, das überwiegend aus einer intervallartigen Belastung mit unterschiedlicher Technikbeteiligung besteht, ab und zu auch die Fähigkeit trainiert werden, nach Belastungen mit unvollständiger Erholung ohne großen Qualitätsverlust weiterzuspielen.

Das Prinzip der periodisierten Belastung
An anderer Stelle wurde als Ziel des Trainingsprozesses formuliert, eine möglichst hohe sportliche Form für die Zeit der Wettspiele zu erreichen. Nun ist die sportliche Leistungsfähigkeit auf hohem Niveau nicht unbegrenzt lange aufrechtzuerhalten. Dem stehen biologische Gesetzmäßigkeiten (vgl. die bisher abgehandelten Trainingsprinzipien) und auch psychische Faktoren (z.B. Motivation) entgegen. In Anlehnung an MATWEJEW (1972) will man der Gesetzmäßigkeit der phasenmäßigen

Entwicklung der sportlichen Form durch eine **Periodisierung des Trainings** entsprechen.
Der Begriff Periodisierung bezeichnet die Einteilung eines Trainingsjahres in Perioden mit unterschiedlicher Zielsetzung. Im allgemeinen nimmt man eine **Dreiteilung** in Vorbereitungs-, Wettkampf- und Übergangsperiode vor. Sie soll die Gesetzmäßigkeiten der Entwicklung der sportlichen Form berücksichtigen. Im Basketball spielen bestimmte Vorgaben eine entscheidende Rolle: Spielplan, Dauer der Wettkampfsaison, Zeiträume zwischen den Spielen und Bedeutung der einzelnen Wettkämpfe. Eigentlich sollte es umgekehrt sein, d.h. der Wettkampfkalender sollte die Gesetzmäßigkeiten des sportlichen Trainings berücksichtigen. Würden die Spielplangestalter eine neue Spielzeit mit einer "englischen Woche" (Samstag-Mittwoch-Samstag) beginnen - wie es bei der Bundesliga schon vorgekommen ist -, wäre dies unverständlich.

Der Trainer ist bei der Planung des Trainingsjahres vor einige Probleme gestellt. Oft weiß er zu Saisonbeginn noch nicht, welche Gegner sich als die schwersten erweisen werden bzw. welche Spiele unbedingt gewonnen werden müssen, um das Saisonziel zu erreichen. Außerdem reagieren einzelne Spieler unterschiedlich auf die Trainingsbelastungen, die im allgemeinen auf die ganze Mannschaft zugeschnitten sind. Der Trainer kann daher Periodisierungsvorschläge, wie sie in der Literatur gemacht werden, nicht automatisch übernehmen, sondern muß sie auf die Bedingungen seiner Mannschaft zuschneiden. Diese Notwendigkeit wird sich für solche Mannschaften noch erhöhen, bei denen die Häufigkeit von zwei Spielen pro Woche weiter zunimmt (z.B. Änderung des Spielmodus in der 1. Bundesliga).

Im folgenden werden zunächst die allgemeingültigen Aufgaben in den einzelnen Perioden genannt. Danach werden Vorschläge zur Trainingsgestaltung in diesen Zeiträumen gemacht. Als weiterführende Literatur wird der ausführliche Beitrag von BRACK (1985) empfohlen.

1. Die Vorbereitungsperiode:
Hier sind im wesentlichen drei Aufgaben zu lösen:

a) Es sollen die Grundlagen für die spezielle Kondition gelegt und die Arbeitsfähigkeit des Organismus erhöht werden.

b) Es sollen die vorhandenen spieltechnischen Fertigkeiten wieder abrufbar und verfeinert und neue erlernt werden. Wichtig in diesem Zusammenhang ist, daß die Technik in Übereinstimmung mit den sich verbessernden physischen Leistungsgrundlagen gebracht wird.

c) Es sollen die taktischen Maßnahmen in Angriff und Verteidigung vorgestellt (oder wieder aufgegriffen), eingeübt und in Spielsituationen angewendet werden.

2. Die Wettkampfperiode:
Als Aufgabe dieser Periode wird die Erhaltung der sportlichen Form und deren relative Stabilisierung genannt. Im Mittelpunkt steht die Taktik. Doch müssen auch Technik und Kondition erhalten oder weiter verbessert werden. Die Weiterentwicklung der physischen Leistungsgrundlagen ist aber im allgemeinen nicht die Aufgabe dieses Trainingsabschnitts. Sie wird freilich dann erforderlich sein, wenn die Vorbereitungsperiode nicht optimal gestaltet werden konnte. Dieser Fall kann zwar eintreten (Vereinswechsel von Spielern, Trainerwechsel, Hallenprobleme usw.), stellt aber sicherlich nur die "zweitbeste" Lösung dar.
Bei der sehr langen Saison kann es allerdings ratsam sein, innerhalb der Wettkampfperiode eine Art "**Übergangsetappe**" einzuplanen, in der Umfang und Intensität kurzzeitig gesenkt und dann wieder entsprechend erhöht werden. Dies wird aber nur dann erfolgreich sein, wenn die Vorbereitungsperiode aufgabengerecht erledigt wurde.

3. Die Übergangsperiode:
In dieser Periode kommt es (bewußt) zu einem zeitweiligen Verlust der sportlichen Form. Sie hat die Funktion der aktiven Erholung. Die Bezeichnung "Verlust der sportlichen Form" darf allerdings nicht mißverstanden werden. Es soll gewährleistet sein, daß die Betonung auf der Funktion des "Übergangs" liegt. Dies bedeutet, daß zu Beginn einer neuen Vorbereitungsphase ein höheres Niveau vorhanden sein soll, als dies am Anfang der vorausgegangenen Vorbereitungsperiode der Fall war. Daher darf keine lange vollständige Trainingspause eingelegt werden. Dies wäre eine passive Erholung, durch die das Leistungsniveau zu sehr absinken würde.

Die Gestaltung der Vorbereitungsperiode
Das klassische Periodisierungsmodell von MATWEJEW (1972) ging von einer Wettkampfperiode von 4-5 Monaten, einer Übergangsperiode von 1-2 Monaten und einer Vorbereitungsperiode von 5-7 Monaten aus. Diesem Modell, bei dem die Vorbereitungszeit länger war als die Wettkampfperiode, lagen Individualsportarten (Leichtathletik, Schwimmen und Gewichtheben) zugrunde. In den **Spielsportarten** sind freilich **andere Voraussetzungen** gegeben, da der Zeitraum der Punktspiele länger ist als die Vorbereitungsperiode.
Eine idealtypische Trainingsperiodisierung ist nur in Ausnahmefällen möglich. Es wäre realitätsfern, würde man nicht Ferienzeiten, Urlaub usw. berücksichtigen. Dementsprechend sollte die VP in zwei oder drei Abschnitte unterteilt werden. In den meisten Fällen wird man eine **Zweiteilung** wählen. Bei diesem Vorgehen sind unterschiedliche Schwerpunkte vorzusehen. Der erste Teil der VP dient der eher allgemeinen, der zweite Teil der eher speziellen Vorbereitung. Beide Teile sind aber trotz der Unterbrechung durch Ferien, Urlaub usw. als Einheit zu betrachten. Um dies zu gewährleisten, müssen die Spieler bereit sein, im Urlaub den Rückgang der aeroben Ausdauerfähigkeit möglichst gering zu halten. Dies kann durch Strandläufe, Waldläufe etc. geschehen.

In den folgenden Ausführungen wird auf ein konkretes Beispiel anhand einer bestimmten Leistungsstufe verzichtet. Es werden vielmehr **grundsätzliche Hinweise** gegeben, die der Trainer den Bedürfnissen seiner Mannschaft entsprechend aufgreifen kann. Im zeitlichen Verlauf von Beginn der VP bis zum Beginn der Wettkampfperiode soll zunächst die Schulung der allgemeinen konditionellen Grundlagen und die Verbesserung der allgemeinen technisch/taktischen Fertigkeiten und Fähigkeiten stehen. Danach kommen Inhalte zur Verbesserung der speziellen Kondition und der speziellen technisch/taktischen Elemente.
Im physischen Bereich wird die "Reihung" aerobe Ausdauerfähigkeit und allgemeine Beweglichkeit, dann Schnelligkeitsausdauer, Schnelligkeit, und Kraft (vor allem Sprungkraft) empfohlen. Dabei soll zunächst der Belastungsumfang höher sein als die Intensität. Im zweiten Teil der VP kehrt sich das Verhältnis von Belastungsumfang und Belastungsintensität um, d.h. die Intensität steigt.
Der Wechsel der Schwerpunkte im Verlauf der VP drückt sich auch in der Verwendung entsprechender Trainingsmethoden aus. So sind zunächst die Dauermethode, dann die Wechselmethode und das Fahrtspiel und schließlich die extensive und intensive Intervallarbeit heranzuziehen. Insgesamt erfolgt im zweiten Teil der Vorbereitungsperiode die höchste Gesamtbelastung.

Als Aufgabe der Vorbereitungsperiode wurde weiter oben auch die Verbesserung der technisch/taktischen Elemente des Basketballspiels formuliert. Viele Mannschaften neigen dazu, die Technik in der VP zunächst etwas zu vernachlässigen. Dies widerspricht der Forderung, daß die Technik in Übereinstimmung mit den sich verbessernden physischen Leistungsgrundlagen zu bringen ist. Dies kann durch die Stufung von allgemeiner zur speziellen Technikschulung gewährleistet werden. In Ergänzung zur konditionellen Ausbildung sollen in allen Trainingsphasen Elemente der Basketballgrundschule (Fundamentals) und der im taktischen Konzept erforderlichen speziellen Techniken herangezogen werden. Mit etwas Phantasie ist es durchaus möglich, spieltechnische Elemente mit konditionellen Aspekten in entsprechenden Übungsformen zu verbinden. Der legendäre Fußballtrainer Sepp Herberger hat einmal gesagt, daß man Fußballspielen nur durch Fußballspielen erlernt. Wenngleich diese angebliche Binsenweisheit so pauschal nicht stimmt, gilt auch für mich der oberste Grundsatz, daß sich die Spieler möglichst viel **mit dem Ball** beschäftigen sollen. Trotz der Bedeutung anderer Aspekte ist letztlich eine gute Technik entscheidend. Ziel des Spiels ist es schließlich, Körbe (mindestens einen mehr als der Gegner) zu erzielen.

Als dritte Aufgabe der Vorbereitungsperiode wurde formuliert, daß die taktischen Maßnahmen in Angriff und Verteidigung vorgestellt (oder wieder aufgegriffen), eingeübt und in Spielsituationen angewendet werden sollen. Es stellt sich nun die Frage, zu welchem Zeitpunkt dies geschehen soll. Es ist empfehlenswert, die Individual- und Gruppentaktik von Anfang an zu berücksichtigen, wenngleich zu Beginn der VP der Schwerpunkt eindeutig auf den physischen Leistungsgrundlagen liegt. Mit Fortschreiten der VP wird die taktische Arbeit immer größeres Gewicht

erhalten. Hierzu ist erforderlich, daß die Taktik in Trainings- und Übungsspielen erprobt und gefestigt wird.
Hat man die taktische Konzeption gegenüber dem Vorjahr deutlich verändert, empfiehlt sich zunächst, einige Trainingsspiele durchzuführen. Dabei können mit dem gegnerischen Trainer - der vielleicht ähnliche Probleme hat - Absprachen getroffen werden. Eine Mannschaft soll beispielsweise eine bestimmte Verteidigung spielen, damit die andere Mannschaft im Spiel das anwenden lernt, was sie gegen dieses Deckungsverhalten geübt hat. Beginnt man im geschilderten Fall sofort mit Übungsspielen, bei denen solche Absprachen nicht möglich sind, läßt sich das angestrebte Verhalten in Angriff und Verteidigung möglicherweise nicht oft genug anwenden.
Welche Spielstärke der Gegner bei den Vorbereitungsspielen haben sollte, ist im Grunde Ansichtssache. Nach meiner Auffassung nutzen Spiele gegen Mannschaften mit deutlich geringerem Leistungsniveau wenig. Zum einen kann man die gewünschte Taktik gegen solche Gegner meist ohnehin nicht spielen. Zum anderen besteht die Gefahr, daß die Spieler unbewußt zu unkonzentriert agieren. Auch geben solche Spiele wenig Informationen für die optimale Mannschaftszusammensetzung. Günstiger erscheint mir, zunächst ein oder zwei Spiele gegen etwas schwächere Gegner auszutragen und danach erst gegen annähernd gleichstarke oder stärkere. Wichtig ist aber, daß zu Beginn der Phase, in der Vorbereitungsspiele durchgeführt werden, **genügend Trainingszeit** zwischen den Spielen garantiert sein muß, um Fehler und Defizite aufzuarbeiten, die in diesen Spielen auftreten. Wer zu früh von Turnier zu Turnier eilt, läuft Gefahr, seine Spieler zu verunsichern, wenn sie - mangelns Trainingszeit dazwischen - keine Gelegenheit haben, auftretende Schwachpunkte zu beseitigen.
Manchmal kann es auch vorkommen, daß der Spielplan zuerst zwei oder drei Spiele beschert, bei denen der Trainer absolut sicher ist, daß sie gewonnen werden. In einem solchen Fall kann er diese Spiele noch als Vorbereitung unter erschwerten Bedingungen (da es um Punkte geht) einplanen. Er sollte diese Entscheidung aber für sich behalten.

Die Gestaltung der Wettkampfperiode

Weiter oben wurde bereits erwähnt, daß die Taktik im Mittelpunkt dieser Periode steht. Damit ist gemeint, daß das vorhandene Niveau stabilisiert und auch noch ausgebaut werden soll. Wesentliche Aufgabe des Trainers ist es nun, seine Mannschaft auf den (die) nächsten Gegner einzustellen. Hierzu wurden im Kapitel "Taktik" ausführliche Angaben gemacht. Grundsätzlich ist das Training in der WP durch Wettkampf- und Spezialübungen geprägt. Das Training soll sich dabei an den in den Spielen erkannten Defiziten orientieren. Haben sich z.B. unverhältnismäßig viele Ballverluste oder ein schwaches Reboundverhalten gezeigt, wird im Training auf diese Elemente besonders einzugehen sein.
Die konditionellen Elemente werden mit **höherer Intensität**, aber **geringerem Umfang** als bisher berücksichtigt. Allerdings darf auf die aerobe Komponente nicht

völlig verzichtet werden. Diese Auffassung wurde im Kapitel "Kondition" bereits begründet.

Wichtig erscheint mir der Hinweis, daß in der WP mindestens 30 Minuten jeden Trainings dem Wurf vorbehalten sein müssen. Dies kann durchaus in komplexen Übungsformen geschehen, wobei darauf zu achten ist, daß diese Übungsformen späteren Spielsituationen entsprechen. Jeder Spieler sollte bevorzugt von den Positionen werfen, die seinem taktischen Einsatz im Spiel entsprechen. Daß auch Freiwürfe Bestandteil des Wurftrainings sein müssen, braucht nicht besonders hervorgehoben werden.

Bei der Gestaltung der WP ergibt sich das Problem, eine hohe sportliche Form der Spieler über einen sehr langen Zeitraum aufrechterhalten zu müssen. Dies gelingt nur dann, wenn Zwischenetappen eingeschoben werden, die in etwa eine "aktive" Erholung darstellen. Diese Zeiträume sind aber kurz zu halten, damit es nicht zu einem Verlust der sportlichen Form kommt. Sie sind so zu gestalten, daß zunächst allgemeine konditionelle Grundlagen aufgegriffen werden (bei deutlicher Herabsetzung der Intensität) und dann sprunghaft starke Belastungsreize gesetzt werden, um wieder für das nächste Spiel gewappnet zu sein. Die Plazierung solcher Zwischenetappen ist vom Spielplan abhängig. Meist wird es die Weihnachtspause sein, gelegentlich aber auch ein Zeitraum, in dem sogenannte "unwichtige" Spiele liegen. Die letztgenannte Möglichkeit stellt freilich ein schwer kalkulierbares Risiko dar. Geht es schief, ist der Trainer sicherlich in Begründungsnot. Er muß plausibel machen, daß er - an sich richtigerweise - auf die wichtigen Spiele hin periodisiert hat, aber versehentlich ein "unwichtiges" verloren hat. Grundsätzlich stellen die Zwischenetappen allerdings eine Notwendigkeit dar, in denen technische und taktische Elemente sogar noch vervollkommnet werden können.

Die Gestaltung der Übergangsperiode

Die Funktion der ÜP wird in der aktiven Erholung und dem (notwendigen) zeitweiligen Verlust der sportlichen Form gesehen. Mit Erholung ist auch eine **psychische Regeneration** gemeint.

Obwohl die ÜP eine wichtige Funktion hat, wird sie oft recht stiefmütterlich behandelt. Bei vielen Mannschaften gerät sie zu kurz oder fehlt fast völlig (Urlaub, Vereinswechsel von Spielern und Trainern, internationale Aufgaben usw.). Mit KÄSLER (vgl. KÄSLER/NEUMANN 1986) bin ich der Meinung, daß der ÜP eine **große Bedeutung** für die Leistungsentwicklung einer Mannschaft zukommt. Wertet man die Sportspielliteratur und Auffassungen von Trainern aus, werden im wesentlichen **drei Merkmale** der ÜP genannt:

1. "Aktive" Erholung bei Erhaltung eines gewissen Niveaus der physischen Fähigkeiten.
2. Ausübung anderer Sportarten, um sich auch psychisch zu entspannen.
3. Beschäftigung mit individuellen Schwächen einzelner Spieler (kann übergehen bis in die erste Phase der VP).

Zu diesen Merkmalen sind **einige Anmerkungen** zu machen:
Zu 1.: Übliche Periodisierungsschemata für die konditionelle Vorbereitung im Leistungsbereich sind unter den spezifischen Bedingungen eines Sportspiels zu sehen. Man könnte die konditionelle Vorbereitung relativ unabhängig von der Gestaltung der ÜP vornehmen. Auch eine völlige Trainingspause von einigen Wochen läßt sich durchaus noch kompensieren, wie nicht zuletzt die Praxis bei amerikanischen Profi-Mannschaften zeigt. Allerdings hängt die Formentwicklung dann entscheidend von der Länge und Art und Weise der VP ab.

Zu 2.: Es ist richtig, daß die Spieler auch eine psychische Erholung brauchen. Allerdings müssen sie sich weniger vom Basketballspiel an sich entspannen. Die Probleme liegen vielmehr in den Bedingungen, unter denen das Spiel in der Vorbereitungs- und Wettkampfperiode und dann im Wettkampf selbst betrieben wurde. Die lange Saison hat u.U. zu Verschleißerscheinungen zwischen den Spielern geführt. Sehr häufiges und "erzwungenes" Zusammensein von Spielern und Trainern (in manchen Mannschaften mehr als 30 Pflichtspiele bei einigen "englischen Wochen", tägliches Training von Montag bis Freitag, Reisen usw.) führen ganz zwangsläufig zu Spannungen, die es nun zu lösen gilt. Natürlich eignen sich dafür andere Sportarten. Übt man jetzt diese anderen Sportarten aus, so müssen aber auch die bisher gegebenen Bedingungen verändert werden. So ist zum Beispiel die häufig geübte Praxis von Basketballtrainern (das trifft auch für den Autor zu), in der ÜP das Fußballspiel zur Entspannung einzusetzen, nicht problemlos. Es läßt sich leicht vorstellen, daß ein Spieler von weit mehr als 2 Meter Körpergröße wahrscheinlich große Schwierigkeiten bei der fußballerischen Betätigung haben wird. Aus der eigenen Trainingspraxis wissen wir, daß einige Spieler (nicht nur die "Langen") unter sehr hohem psychischem Druck standen, wenn sie Fußball spielen mußten.
Dieses Beispiel sollte zeigen, daß ein Austauschen der Sportarten allein nicht ausreicht, sondern daß man vor allem die Bedingungen verändern muß, die vor der ÜP gegeben waren.

Zu 3.: Wenn es in neun bis zehn Monaten nicht gelungen ist, die individuellen Schwächen einzelner Spieler zu beheben, wie soll dies dann in der ÜP geschehen? Grundsätzlich wird in der VP und WP an der individuellen Technik und am individual- und gruppentaktischen Verhalten gearbeitet. Eine Behebung von Schwächen einzelner Spieler kann in der ÜP nur durch die **Veränderung** der zielgerichteten **allgemeinen** und **speziellen Ausbildung** erfolgen. Man kann durchaus behaupten, daß die meisten Spieler Schwächen haben, die im zu spezialisierten Bewegungsrepertoire des Basketballspiels begründet sind. Früher betrieben viele Spieler wettkampfmäßig noch andere Sportarten und hatten dadurch ein insgesamt breiteres Bewegungsrepertoire. Dies ist durch die heute erforderliche Spezialisierung kaum mehr möglich.

Aus den Anmerkungen zu 1. - 3. lassen sich einige **Folgerungen** ziehen:
Man sollte die ÜP zur Erweiterung des Bewegungsverhaltens nutzen. Dabei müssen basketballübergreifende Strukturen gesucht werden, also nützliche Bewegungsformen, die nicht primär an das Basketballspiel gebunden sind. Die Ausübung anderer Sportarten soll daher auch unter dem Gesichtspunkt gesehen werden, verlorengegangenes Bewegungsverhalten der Spieler neu zu beleben.
Neben der Veränderung der Inhalte geht es in der ÜP auch darum, von Verkrampfungen wegzukommen, die sich in einer langen Spielzeit eingestellt haben können. Das Training soll in der ÜP in einer **gelösten Atmosphäre** stattfinden. Dazu gehört auch, daß es zu einer veränderten Trainerrolle kommen kann. Der Trainer vergibt sich nichts, wenn er jetzt zum "Mitspieler" wird.
Was für die Gestaltung der ÜP gesagt wurde, gilt für Mannschaften auf mittlerem und niedrigem Leistungsniveau nicht im gleichen Maße. Hier sind die Anforderungen im Training und die psychischen Belastungen einer langen Spielzeit nicht so ausgeprägt, daß andere Reizsetzungen zwingend geboten wären. Daher können in diesem Bereich möglichst viele (der ohnehin nicht so zahlreichen) Trainingseinheiten mit Technik- und Taktikarbeit gefüllt werden.

Die Planung von Trainingseinheiten

Eine Trainingseinheit muß im Zusammenhang mit den übergeordneten Zielen der jeweiligen Periode gesehen werden. Daraus werden Konsequenzen für das Training über einen Zeitraum von mehreren Wochen (Mesozyklen), dann für einen Wochentrainingsplan (Mikrozyklus) und schließlich für eine einzelne Trainingseinheit abgeleitet. Dies bedeutet auch, daß die Planung über die verschiedenen Perioden bis hin zur einzelnen Trainingseinheit immer feiner wird.

Im folgenden werden Hinweise zur **Gestaltung von Trainingseinheiten** gegeben. Der Trainer muß dabei beachten, daß die einzelne Trainingseinheit im Zusammenhang mit dem Wochenplan gesehen werden muß. "Ein Mikrozyklus muß grundsätzlich in seiner Gesamtheit geplant werden. Er ist als Kette aufzufassen, deren Glieder ineinanderfassen und nicht voneinander getrennt werden dürfen... Die Inhalte und Schwerpunkte und damit die Belastungsstruktur sind gut aufeinander abzustimmen, um optimale Trainingswirkungen zu erreichen" (HERZOG/VOIGT/WESTPHAL 1985).

Die nachfolgenden Hinweise können dem Trainer bei der Planung einer Trainingseinheit helfen:

1. Jede einzelne Trainingseinheit muß vorher genau geplant sein. Diese Planung soll jedoch flexibel genug bleiben, um kleinere Pannen auffangen zu können. Treten solche Pannen häufig auf, sind sie meist Beweis für eine unzureichende Planung.

2. Das Aufwärmen soll auf die Schwerpunkte im Hauptteil der Trainingseinheit abgestimmt sein. Dies bedeutet, daß ein immer wiederkehrendes Aufwärmprogramm nicht günstig ist, weil es kein entsprechendes Arbeitsklima schaffen

hilft. Das Aufwärmen kann durchaus schon in Verbindung zu der beabsichtigten Technikschulung stehen. Dabei ist empfehlenswert, zunächst ohne Gegenspieler zu beginnen, damit ein Spieler "Herr seiner eigenen Koordination" ist.

3. Die Belastungskomponenten sind auf die vorgesehenen Schwerpunkte abzustimmen.

4. Die im Training vorgesehenen Übungs- und Spielformen sollen möglichst auf die Zahl der am Training beteiligten Spieler zugeschnitten sein. Es ist schlecht, wenn immer einige Spieler zuschauen müssen, wenn andere üben.

5. Die Übungsformen sollen sich variieren lassen. Wenn auch die technischen Elemente immer wieder geübt werden müssen, so kann man dies auch mit unterschiedlichen Übungsformen tun, mit denen im Grunde das gleiche geübt wird. Variation ist auch deshalb erforderlich, weil es immer wieder vorkommen kann, daß sich sonst bewährte Übungsformen in einer Trainingseinheit plötzlich als ungünstig erweisen. Es wäre dann falsch, wenn der Trainer nur deshalb auf deren Durchführung besteht, weil er keine anderen Möglichkeiten parat hat.

6. Die Übungsformen sollen - wann immer möglich - spielnah gestaltet sein und Entscheidungsspielräume für die Spieler lassen.

   Man sollte den Spielern von Zeit zu Zeit sagen, welchen Zweck bestimmte Übungsformen haben, damit sie deren Sinn für die Verbesserung ihrer Spielfähigkeit erkennen und motiviert mitarbeiten. Unterläßt man dies, kann bei den Spielern das Gefühl aufkommen, sie sollten nur beschäftigt werden.

7. In einer Trainingseinheit sollen Schwerpunkte gesetzt werden. Im allgemeinen können zwei oder drei Schwerpunkte gewählt werden. Es ist nicht empfehlenswert, zu viel in eine Trainingseinheit hineinzupacken, weil dann wenig richtig erledigt wird.

8. Es ist Zeit für die Grundelemente der Technik einzuplanen. Sehr viele Ballverluste im Spiel sind auf sogenannte "leichte" Fehler zurückzuführen.

9. Es ist auch Zeit für das Spiel 3-3 oder 4-4 auf einen Korb einzuplanen. In diesen Spielformen können viele technische und taktische Elemente geübt und stabilisiert werden. Die einzelnen Spieler sind häufiger an Spielaktionen beteiligt als beim Spiel über das ganze Feld und können auch Neues ausprobieren.

10. Der Trainer soll sein Zeitbudget so einteilen, daß er mit den Spielern vor und nach dem Training sprechen kann. Stichwort: in die Mannschaft hineinhören. Spieler spüren selbst am besten, wenn das Training zu hart oder langweilig war. Spieler, die das Training nicht zu "ihrem" Training machen können, sind auf lange Sicht nicht besonders motiviert. Längere Diskussionen sind jedoch nicht während des Trainings zu führen, sondern danach.

11. Die Trainingseinheit soll mit einer "Ausklangsphase" enden, die bereits die Funktion einer beginnenden Erholung erfüllt. Dies ist besonders bei längeren oder anstrengenden Trainingseinheiten vorzusehen. Es gibt freilich immer wieder Spieler, die ein Training nur dann für gut halten, wenn sie sich quasi auf allen Vieren in den Umkleideraum begeben müssen. Gelegentlich wollen Trainer diesem "Anspruch" gerecht werden und beenden das Training fälschlicherweise mit einer besonders intensiven Belastung. Man sollte daher die Spieler von vornherein über die Gesetzmäßigkeiten von Belastung und Erholung informieren.

12. Der Trainer kann sich die Planungsarbeit hinsichtlich der Vor- und Nachbereitung des Trainings erleichtern, wenn er das Training dokumentiert. Dies kann in einfacher Form geschehen. Gute Erfahrungen habe ich mit der Anlage einer Kartei für Übungsformen gemacht, die nach Schwerpunkten geordnet sind. Bei der Vorbereitung einer Trainingseinheit werden die Karteikarten (DIN A 6) durchgesehen und entsprechende inhaltliche Entscheidungen getroffen. Die vorgesehene Trainingseinheit wird in Kurzform auf einer Karteikarte (DIN A 5) vorgegeben und nach dem Training kommentiert. Dabei wird festgehalten, ob und warum die Planung verändert wurde und welche Besonderheiten zu beobachten waren. Der so dokumentierte Trainingsablauf kann bei der Planung der nächsten Trainingseinheiten hilfreich sein. Hat sich diese Verfahrensweise eingespielt, erfordert sie nur einen relativ geringen Zeitaufwand, der sich auf alle Fälle lohnen wird.

Abschließend wird ein **Beispiel** für eine **Trainingswoche** (Mikrozyklus) einer Mannschaft der 1. Bundesliga in der **Wettkampfperiode** gegeben und kurz kommentiert. Die angegebenen Zeiten sind als ungefähre Richtschnur zu verstehen. Sie werden in der Praxis im Einzelfall nach Bedarf etwas unter- oder überschritten. Außerdem sind kleine Zeitspannen zur Erläuterung der jeweils nächsten Schritte erforderlich.

Montag: ca. 120 Minuten.
Die Trainingseinheit hat zwei Schwerpunkte:

a) Wiederholung und Vertiefung eines Spielzugs gegen die Mann-Mann-Verteidigung (hier "Stack").

b) Taktische Einstimmung auf den nächsten Gegner (Samstag). Die Gesamtbelastung ist mittel bis gering.

Aufwärmen:

1. Jeder Spieler hat einen Ball; Dribbling locker durch die Halle, dabei verschiedene Arten verwenden. (ca. 3 Minuten)

2. Vorübung (noch ohne Gegner) für "Stack" gegen die Mann-Mann-Verteidigung. An zwei Körben. Alle Spieler spielen unabhängig von ihrer Position die unterschiedlichen "Stationen" durch (ca. 6 Minuten):

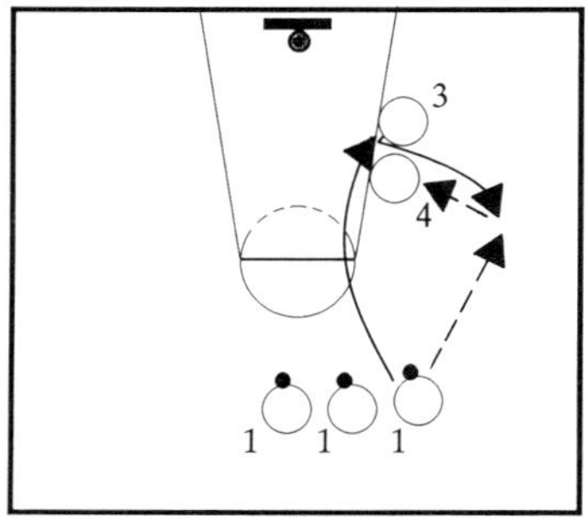

O 3 kommt heraus; Paß von O 1 zu O 3; O 3 zu O 4; O 4 wirft und holt seinen Ball; O 1 läuft in die tiefe Position und O 3 übernimmt die hohe. Es wird flüssig geübt.

3. Stretching. (ca. 10 Minuten)

Hauptteil:

4. Zweierlauf durch die Halle mit Korbwurf (erst locker, dann leichte Steigerung). Auf dem Rückweg (jenseits der Seitenlinie) locker 1-1 ; der Verteidiger weicht betont zurück. Das nächste Paar startet, wenn das erste die Mittellinie überquert hat. (ca. 4 Minuten)

5. 3-2; Verteidiger an der Freiwurflinie. Sie wechseln zwischen Parallel- und Tandemstellung. Angreifer starten an der eigenen Freiwurflinie. Konzentriert: Kein "Wild-West". (ca. 4 Minuten)

6. Werfen von Stack-Positionen. (ca. 8 Minuten)

7. Kurze Vorstellung des bevorzugten Positionsangriffs des nächsten Gegners gegen Mann-Mann-Verteidigung (Tafel). Spielzug wird dann ohne Verteidigung in der "Grobform" durchgelaufen und entsprechend kommentiert. Danach werden erste taktische Maßnahmen gegen diesen Angriff eingeführt und ausprobiert. (ca. 20 Minuten)

8. Schnellangriff 3-2 kontinuierlich (Übungsform im Kapitel "Schnellangriff"). Intensität hoch. (ca. 8 Minuten)

9. Werfen in Serien (Zweiergruppen) - auch Freiwürfe. (ca. 8 Minuten)

10. Spiel 5-5 (Halbfeld).

Eine Mannschaft versucht, den Angriff des nächsten Gegners zu spielen. Die andere Mannschaft spielt Stack (alle Optionen sollen Anwendung finden).

Wechsel von Angriff und Verteidigung nach jeweils 5 Angriffen. (ca. 15 Minuten)

11. Spiel über das ganze Feld.

    Beide Mannschaften spielen Mann-Mann-Verteidigung. Im Angriff: Stack. Nach Korberfolg durch Schnellangriff bleibt die angreifende Mannschaft im Ballbesitz. (ca. 15 Minuten)

Ausklang:

12. Werfen am laufenden Band:

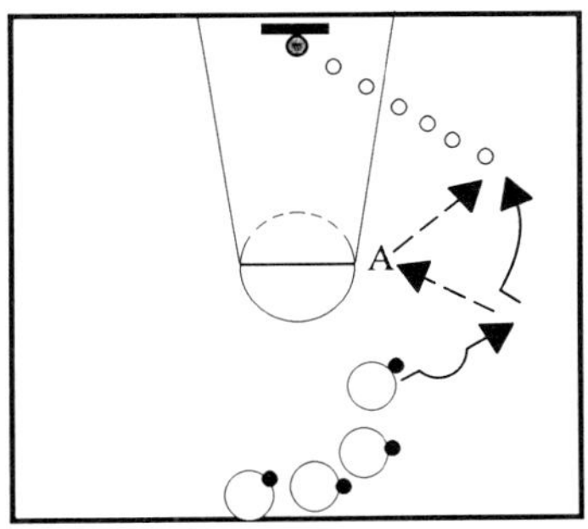

Die Spieler suchen sich eigene Entfernung. Jeder Spieler hat einen Ball, holt ihn nach dem Wurf und dribbelt zur Ausgangsposition usw. A bleibt und wird von Zeit zu Zeit "ausgewechselt", damit auch er werfen kann. Locker, aber zügig. (ca. 6-8 Minuten)

Dienstag: ca. 120 Minuten.

Die Trainingseinheit hat im taktischen Bereich **drei** Schwerpunkte:

a) Wiederholung: Angriff gegen Zonen-Presse.

b) Verteidigungsverhalten gegen den bevorzugten Positionsangriff des nächsten Gegners gegen Mann-Mann (Fortsetzung vom Vortag).

c) Wiederholung: Spielzug gegen ungerade Ball-Raum-Verteidigung (1-2-2 bzw. 3-2).

   Die Gesamtbelastung ist mittel.

Aufwärmen:

1. Je zwei Spieler haben einen Ball. Pässe aus der Bewegung bei freier Hallenaufteilung. (ca. 3 Minuten)

2. Korbleger aus der Auftaktphase gegen Zonen-Presse. Ohne Verteidigung. Erste Dreiergruppe wartet am anderen Ende, bis die letzte durch ist. Dann Rückweg. Vor neuem Lauf Ausgangsposition verändern. Alle Spieler sind beteiligt. Zügig üben. (ca. 3 Minuten):

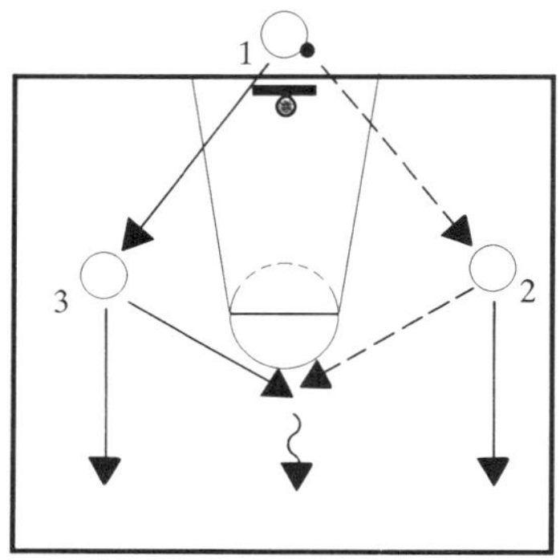

3. Stretching (ca. 10 Minuten)

Hauptteil:

4. 3-2 (Übungsform für Angriff gegen Zonen-Presse). Die beiden Verteidiger (Center) in der Verteidigungshälfte. Die drei Angreifer beginnen mit Auftaktphase wie in 2. (beim Aufwärmen). (ca. 3 Minuten)

5 a) 5-4 (Weiterführung gegen Zonen-Presse). 3 Verteidiger im Rückfeld, 1 Verteidiger in Verteidigungshälfte.

5 b) 5-5 Kompletter Angriff gegen Zonen-Presse. 4 Verteidiger im Rückfeld, 1 Verteidiger in Verteidigungshälfte. Mit Variationen. (ca. 12 Minuten)

6. Werfen unter Belastung. (ca. 7 Minuten)

7. Halbfeld: Vertiefung der Verteidigungsmaßnahmen gegen Positionsangriff des nächsten Gegners (Fortsetzung vom Vortag). Schwerpunkt auf Overplay beim Auftaktpaß zum Flügel und Verschieben der Deckung. Ersten Schritt zum Ball zumachen. (ca. 12 Minuten)

8. Achterlauf "schnell". Hohe Belastung. (ca. 6 Minuten)

9. Werfen aus Positionen von "Dreieck Post" als Einstimmung für Angriff gegen ungerade Zone. (ca. 8 Minuten)

10. Spiel 5-5 Ganzfeld. Verteidigung: Zone. Angriff: Dreieck Post. Eine Mannschaft verteidigt 3-2, die andere Mannschaft 1-2-2. (ca. 15 Minuten)

11. Werfen in Dreiergruppen mit zwei Bällen. Ein Spieler wirft jeweils 8 Würfe und wird von den beiden anderen Spielern "gefüttert". (ca. 7 Minuten)

12. Sprint-Gleitschritte-Sprint (vgl. Kapitel "Kondition"). 3 Durchgänge. Danach 5 mal 2 Freiwürfe an allen Körben. (ca. 6 Minuten)

13. Spiel 3-3 oder 4-4, je nach Teilnehmerzahl) auf einen Korb. Freies Spiel. (ca. 12 Minuten)

Ausklang:

14. Paß-Block-Wurf:

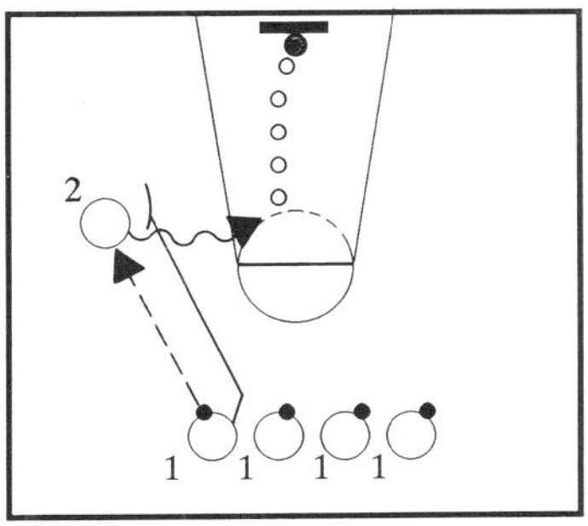

O 1 paßt zu O 2 und stellt Block; O 2 nutz Block, wirft und holt den Ball; O 1 wird nächster O 2 usw. Verschiedene Positionen. Flüssig üben. (ca. 6 Minuten).

Mittwoch: ca. 100-120 Minuten.
"Belastungstag" (alaktazid und laktazid). Zwischen den belastenden Übungsformen werden bekannte Technik- und Taktikteile eingeschoben. Beim Wurftraining viele Freiwürfe. Die Gesamtbelastung ist hoch.

Aufwärmen:

1. Vierergruppen. Jeder Spieler hat seinen Ball. In Längsbahnen locker durch die Halle dribbeln. Verschiedene Arten: rechts, links, hoch, tief, rückwärts usw. (ca. 3 Minuten)

2. Erst Korbleger von rechts, dann von links (bzw. Sprungwürfe nahe am Korb). Flüssig.

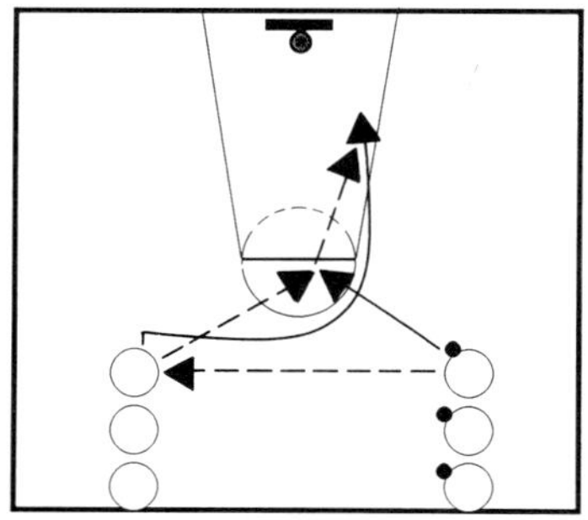

(ca. 4 Minuten)

3. Stretching. (ca. 10 Minuten)

Hauptteil:

4. Korbleger unter Belastung am laufenden Band:

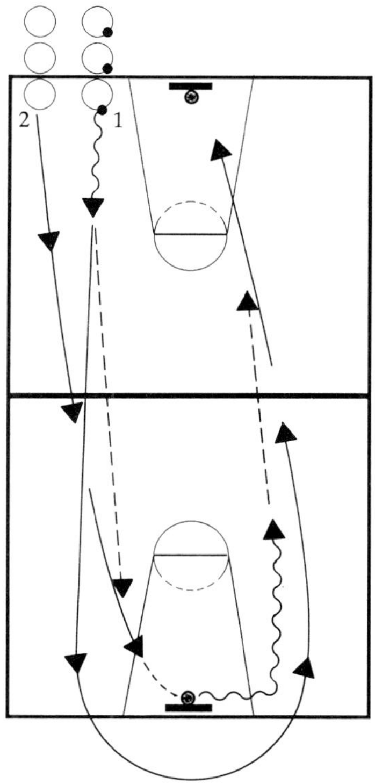

Die Spieler werden in Paare aufgeteilt. O 1 dribbelt, O 2 startet ohne Ball, tritt in Höhe der Mittellinie an, erhält den Ball von O 1 und wirft einen Korbleger. Anschließend holt O 2 sofort seinen Ball. Auf der anderen Spielfeldseite (Rückweg) die gleiche Übung, nur wirft jetzt O 1 und O 2 paßt. Wenn der erste Spieler wirft, startet das nächste Paar usw. Nach etwa 3 Minuten Richtungswechsel, d.h. Korbleger von links. (ca. 5 Minuten)

5. Sprints in Paaren (aus Gründen der Übersichtlichkeit wird jeweils nur der Laufweg eines Spielers eingezeichnet). Start alle drei Sekunden:

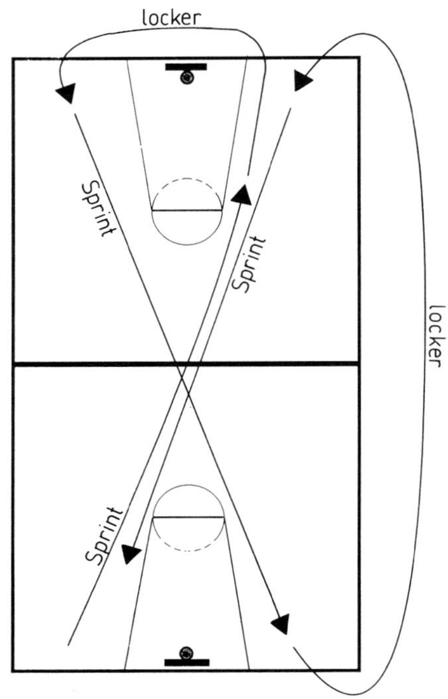

Pro Spieler 5 Durchgänge. Zeitbedarf 3-4 Minuten.

6. Werfen - mit Freiwürfen. (ca. 8 Minuten)

7. Durch die Gasse:

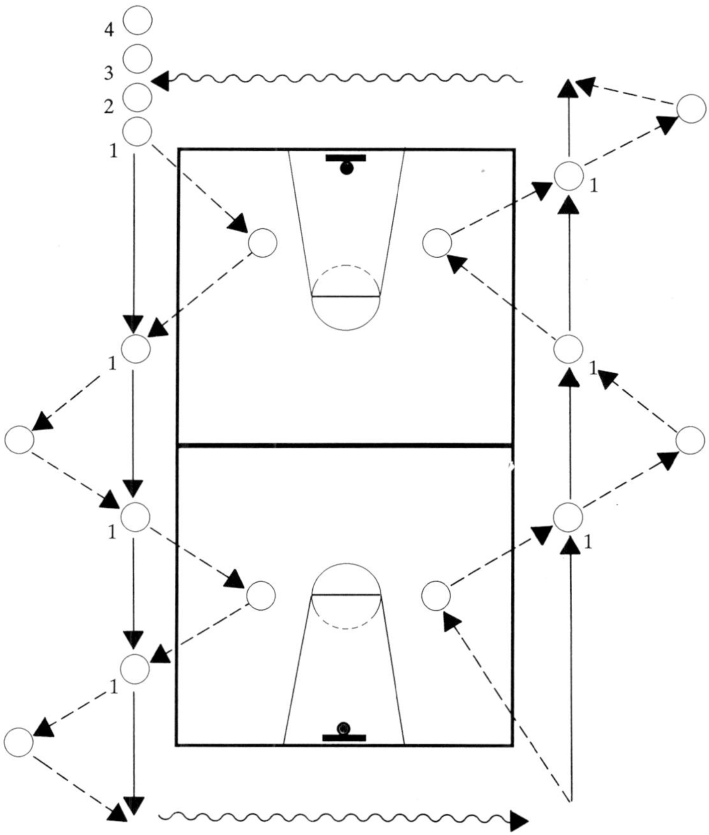

An jeder Seitenlinie wird eine Gasse von jeweils 3-4 Spielern aufgestellt; O 1 durchläuft die Gassen, paßt dabei zu jedem Spieler in der Gasse, erhält den Ball sofort zurück usw. O 2 startet, wenn O 1 beim zweiten Spieler der Gasse ist usw. Hohes Tempo. Der durchlaufende Spieler muß seine Pässe behutsam dosieren, da er aus vollem Lauf paßt. Die Spieler in den Gassen dürfen nicht zuschauen, sondern müssen immer mit dem Paß des nächsten Läufers rechnen.

Nach 5 Durchgängen tauschen Läufer und Spieler der Gassen die Rollen. (ca. 6 Minuten)

8. Werfen: An einem Korb die Center aus Positionen, die dem Angriff "Dreieck Oben" gegen gerade Zonen enspricht. Am anderen Korb die übrigen Spieler aus den ihnen entsprechenden Positionen für "Dreieck Oben". (ca. 6 Minuten)

9. Overplay-Verteidigung 4-4 auf einen Korb. Wechsel nach 5 Angriffen. Die restlichen Spieler 1-1 an den anderen Körben. Zwischendurch werden diese Spieler nach und nach in das 4-4 eingewechselt; die "ausgewechselten" Spieler dann 1-1 an den anderen Körben. (ca. 12 Minuten)

10. 1-1 im Wechsel:

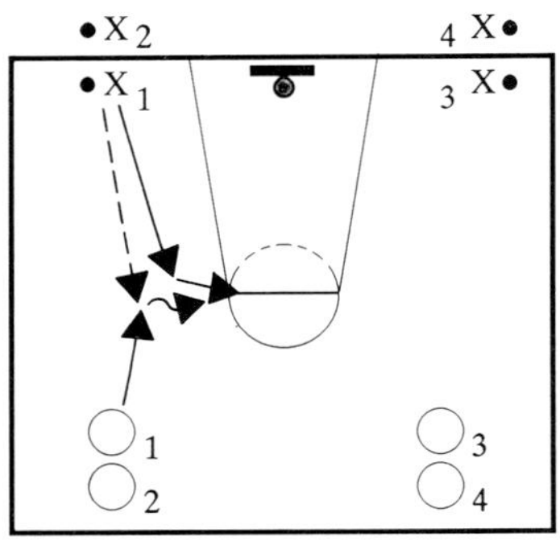

X 1 paßt zu O 1; X 1 kommt heraus und verteidigt gegen O 1; Abschluß innerhalb von max. 5 Sekunden; danach andere Seite. Verteidiger werden anschließend Angreifer und umgekehrt. (ca. 5 Minuten)

11. Positionsangriffe gegen Mann-Mann und Zone werden ohne Verteidigung durchgelaufen. Zunächst die Grundmuster, dann Ansage von Optionen. (ca. 8 Minuten)

12. Eine Mannschaft offensive 1-2-2 Zone (Halbfeld). Die Angreifer passen sich die Bälle nur zu. Verteidiger doppeln an den dafür vorgesehenen Stellen und machen Postspieler zu. Verteidigung mit hoher Intensität. Nach jeweils 60 Sekunden Wechsel zwischen Angriff und Verteidigung. Drei Durchgänge. (ca. 7 Minuten)

13. 5 mal 4 Freiwürfe an allen Körben. (ca. 5 Minuten)

14. Korbleger aus vollem Lauf (Kontinuum):

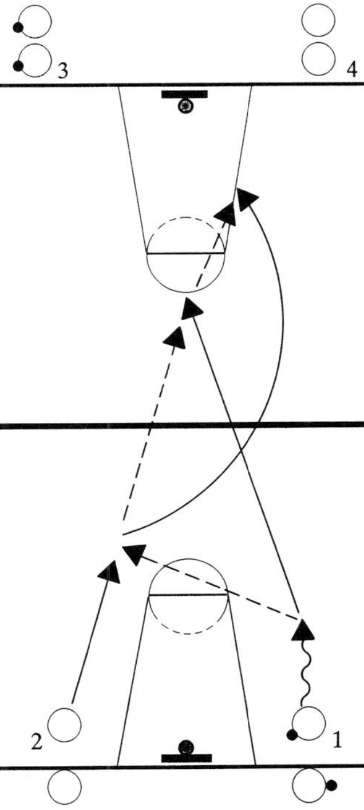

O 1 dribbelt kurz und paßt dann zu O 2; danach startet O 1 zur Birne; O 2 paßt zu O 1, läuft im Bogen zum Korb, erhält Rückpaß von O 1 und wirft. Wenn der Wurf erfolgt, starten O 3 und O 4 und führen die gleiche Übung aus usw. Zu Beginn der Übungsform sind alle Bälle auf der rechten Seite (in Angriffsrichtung). Die Übung wird als Kontinuum durchgeführt. (ca. 6 Minuten)

Ausklang:

15. 21er Spiel:

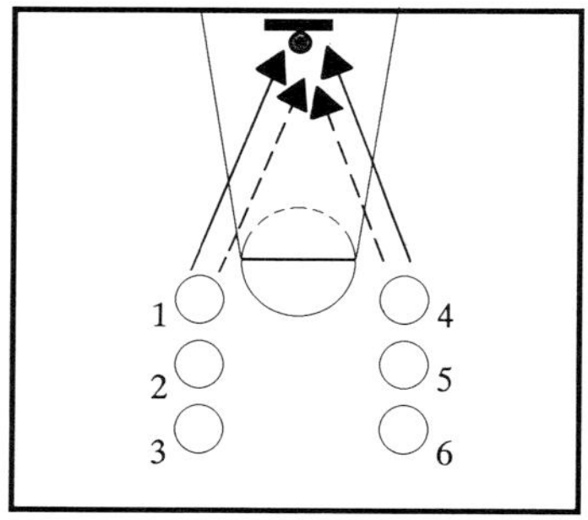

An jedem Korb zwei Gruppen. Jede Gruppe hat einen Ball. Der erste Spieler jeder Gruppe wirft einen Sprungwurf, holt seinen Ball und paßt ihn sofort zum nächsten Spieler seiner Gruppe usw. Jeder erzielte Korb zählt einen Punkt. Die Gruppe, die zuerst 21 erreicht, ist Sieger. "Revanche" von der anderen Seite. (ca. 8-10 Minuten)

Donnerstag: ca. 120 Minuten.

Die Trainingseinheit hat zwei miteinander verbundene Schwerpunkte:

a) Wiederholung der Angriffs- und Verteidigungstaktik in der Spielsituation.

b) Einstimmung auf den nächsten Gegner.

Die Gesamtbelastung ist mittel.

Aufwärmen:

1. Achterlauf mit jeweils 5 Spielern (hin und zurück). Locker. Der Ball soll aber nie auf den Boden kommen. (ca. 3 Minuten)

2. Vorübung für Angriff 2-3 (siehe Angriff gegen die Mann-Mann-Verteidigung):

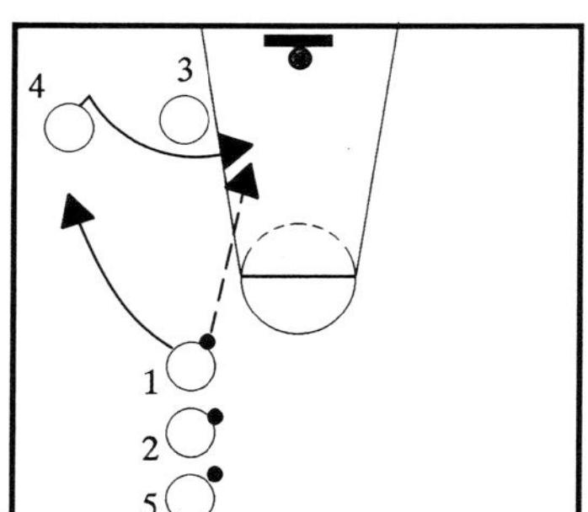

O 4 läuft eng an O 3 vorbei, erhält den Ball und wirft; O 1 wird nächster Werfer; O 4 holt seinen Ball und schließt sich an die Paßreihe an; O 3 bleibt, wird aber von Zeit zu Zeit ausgetauscht. (ca. 4 Minuten)

3. Stretching. (ca. 10 Minuten)

Hauptteil:

4. Achterlauf mit vier Spielern. Auf dem Rückweg 2-2; die beiden Spieler, die zu Beginn der Übung außen waren, werden Verteidiger. (ca. 4 Minuten)
5. Werfen. Zwei Spieler zusammen. Nur ca. 4 Minuten. Die Würfe sollen nur Einstimmung sein für das folgende Spiel über das ganze Feld.
6. Spiel über das ganze Feld. Mannschaft A (nur Einteilungskriterium, keine Qualitätsbezeichnung) spielt 2-3 und dann 3-2 Zone, Mannschaft B verteidigt Mann-Mann. Beide Mannschaften spielen im Angriff die entsprechenden Positionsangriffe. Feinkorrekturen durch Zuruf. Spiel nur unterbrechen, wenn grundsätzliche Fehler zu beobachten sind. (ca. 12 Minuten)
7. Werfen. Center an einem Korb und Würfe von Positionen, die sich aus Positionsangriff 2-3 ergeben. An den anderen Körben Wurfserien in Zweiergruppen. Vor jedem Wurf kleine Positionsveränderung. (ca. 6 Minuten)
8. Spiel übers ganze Feld. Mannschaft A spielt jetzt Mann-Mann, Mannschaft B wechselnde Zonen. Überraschend für Mannschaft A spielt B den Positionsangriff des nächsten Gegners. Nach ca. 5 Minuten wird unterbrochen und das wesentliche Verteidigungsverhalten gegen diesen Angriff für alle Spieler noch einmal verdeutlicht. Danach weiter über das ganze Feld mit den oben beschriebenen Aufgaben. (ca. 14 Minuten)
9. Werfen gegen Behinderung:

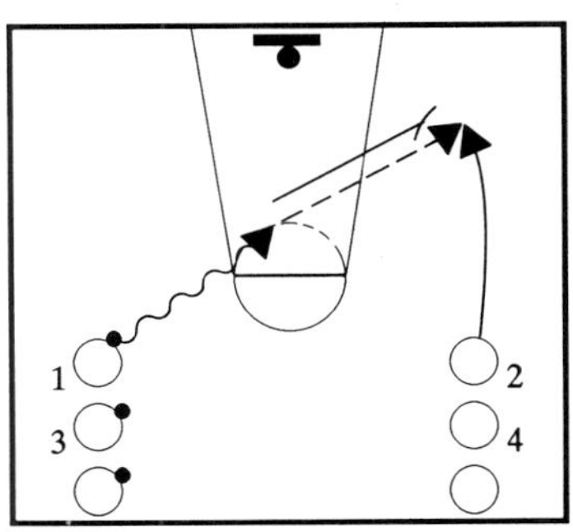

O 1 dribbelt in den Drei-Sekunden-Raum, spielt dann zu O 2, folgt seinem Paß und behindert den Sprungwurf von O 2. O 2 wirft über O 1 oder läßt ihn vorbei-

springen. O 1 darf O 2 nicht berühren. Danach O 3 mit O 4 usw. Flüssig üben. (ca. 4 Minuten)

10. Spiel über das ganze Feld. Mannschaft A spielt nach Korberfolg Zonen-Presse (1-2-1-1) und am eigenen Korb 1-2-2 Zone, ansonsten 1-2-2 Zone. Mannschaft B spielt Mann-Mann mit gelegentlichem "Anpressen" nach Korberfolg. Wird ein Spieler der Mannschaft A gefoult, werden die Freiwürfe ausgeführt, damit die Zonen-Presse entsprechend oft angewendet werden kann. (ca. 10 Minuten)

11. An einem Korb 3-2 mit Start an der Mittellinie. Am anderen Korb Wurfserien. Von Zeit zu Zeit werden die Werfer zu der Gruppe gegeben, die 3-2 spielt und umgekehrt. (ca. 6 Minuten)

12. Ballhalten auf das Halbfeld. Wurfversuch erst nach 30 Sekunden. Jede Mannschaft 5 Angriffe. Korrektur sofort, wenn Fehler auftreten.
    Danach 5 mal 4 Freiwürfe. (zusammen ca. 10 Minuten)

13. Spiel über das ganze Feld. Mannschaft B spielt Zonen-Presse, Mannschaft A verteidigt Mann-Mann mit gelegentlichem "Anpressen" nach Korberfolg. (ca. 10 Minuten)

Ausklang:

14. Würfe aus unterschiedlichen Entfernungen:

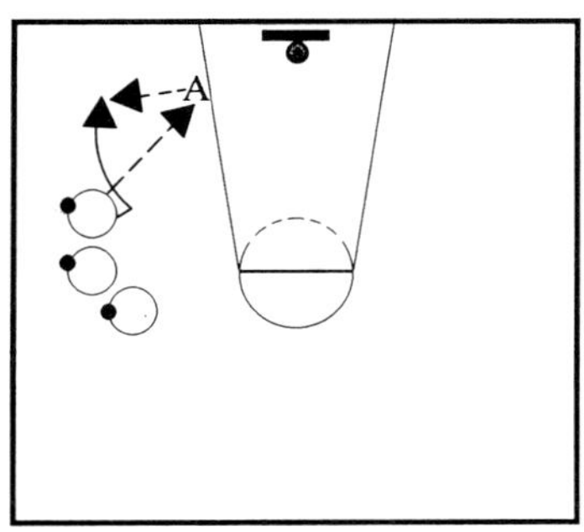

A bleibt; jeder Spieler hat einen Ball. Paß zu A, beliebige Position suchen, Rückpaß von A, Wurf, Ball holen und lockeres Dribbling zum Ausgangspunkt usw. Locker, aber beim Wurf konzentriert. (ca. 4 Minuten)

15. An allen Körben: Freiwürfe. Wer 5 Treffer in Folge (in einer Aufnahme) erzielt, kann das Training beenden.

Freitag: ca. 90 Minuten.

In dieser letzten Trainingseinheit vor dem Spiel soll eine psychische Entspannung gegeben sein. Grundsätzlich wenig Spiel über das ganze Feld; Wurftraining und Spiel 3-3 oder 4-4 auf einen Korb, damit alle Spieler häufig an Spielaktionen beteiligt sind. Gesamtbelastung gering, aber einige kurze Belastungsspitzen.

Aufwärmen:

1. Komplexe Wurfübung (mit zwei Bällen):

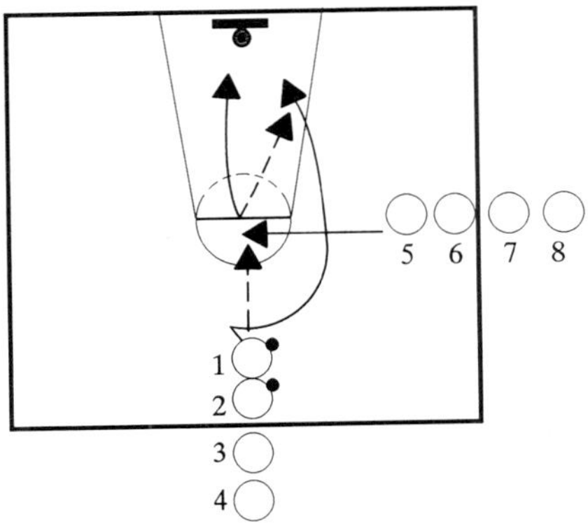

O 4 läuft auf die Freiwurflinie (Rücken zum Korb) und erhält Paß von O 1; O 1 läuft an O 5 vorbei, erhält den Ball und wirft. O 5 holt den Ball und spielt sofort zur Gruppe an der Mittellinie. O 1 und O 5 schließen sich an die jeweils andere Gruppe an. Sofort wenn O 1 geworfen hat, kommt O 6 auf die Freiwurflinie usw.

Variationen: Korbleger links; Sprungwürfe; hoch ans Brett und nachfolgender Post Tip-in oder Rebound und Wurf; verschiedene Pässe des Post zum durchlaufenden Spieler usw. (ca. 6 Minuten)

2. Stretching. (ca. 10 Minuten)

Hauptteil:

3. Tippen ans Brett:

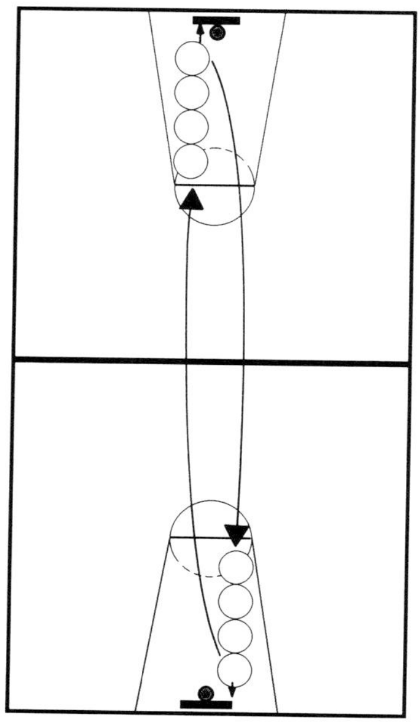

An jedem Korb eine Gruppe mit einem Ball. Auf Signal wirft der erste Spieler jeder Gruppe den Ball hoch ans Brett und läuft sofort zur gegenüberliegenden Gruppe. Der nächste Spieler nimmt den Ball im Sprung an, tippt ihn für den nächsten Spieler hoch ans Brett und läuft ebenfalls zur gegenüberliegenden Gruppe usw. Die beiden Bälle sollen dabei nicht auf den Boden kommen. 45-60 Sekunden, dann eine Minute Pause. 3 Durchgänge. (ca. 6 Minuten)

4. Werfen. (ca. 8 Minuten)

5. Spiel 4-4 oder 3-3 auf einen Korb. Wer eine gute Wurfgelegenheit herausgespielt hat, soll sie nutzen. (ca. 10 Minuten)

6. Schnellangriff 3-2 kontinuierlich. Nur 3 Dreiergruppen (die restlichen Spieler werden fließend gewechselt). Dadurch ist eine hohe Intensität gewährleistet. (ca. 5 Minuten)

7. 21er Spiel. Geworfen wird aus den Ecken. Revanche von der anderen Seite. (ca. 8 Minuten)

8. Schnellangriff 3-2 wie bei 6. Dauer wieder 5 Minuten.

9. Freiwürfe an allen Körben. (ca. 5 Minuten)

10. Spiel 4-4 oder 3-3 auf einen Korb. Aufgabe wie bei 5. Dauer: 10 Minuten.

Ausklang:

11. 21er Spiel. Geworfen wird von der verlängerten Freiwurflinie. (ca. 8 Minuten)

12. Freiwürfe. Wer fünf Würfe in Folge verwandelt, beendet das Training.

Dem Leser wird aufgefallen sein, daß die beschriebenen Trainingseinheiten relativ viele Übungsformen bzw. Aufgaben enthalten. Dabei ist aber zu berücksichtigen, daß es sich überwiegend um solche handelt, die den Spielern in dieser Trainingsphase im Kern bereits bekannt sind. In der Vorbereitungsperiode würde man dann, wenn Technik und Individual- und Gruppentaktik als Schwerpunkte gesetzt werden, mit weniger Unterteilungen arbeiten. Man kann in diesem Fall bestimmte Übungsformen so gestalten, daß sie mit zunehmender Komplexität individual- und gruppentaktisches Verhalten in Angriff und Verteidigung gleichermaßen schulen. Letztlich wird es der Einschätzung des Trainers überlassen bleiben, wann und in welcher Weise er bestimmte Aspekte vertieft.

Literaturverzeichnis

BALLREICH, R./BAUMANN, W.: Einführung in die Forschungsmethoden der Biomechanik des Sports. In: Trainingswissenschaft 1. Frankfurt 1982.

BARTH, B.: Inhalte und Abgrenzung des Leistungsfaktors Strategie und Taktik und Probleme der Objektivierung. In: Theorie und Praxis der Körperkultur 29 (1980) 3.

BRACK, R.: Steuerung, Regelung und Planung des Basketballtrainings. In: Basketball 16, 18, 20 und 22 (1985).

BÜHRLE, M.: Zum Grundkonzept des Kraft- und Sprungkrafttrainings. In: Carl, K./Schiffer, J.(Red.): Zur Praxis des Sprungkrafttrainings. Köln 1986.

COUSY, B./POWER, F.: Basketball Concepts and Techniques. Boston 1970.

HAGEDORN, G./LORENZ, H./MESECK, U.: Die Verteilung spieltypischer Aktivitäten im Basketball. In: Leistungssport 11 (1981) 6.

HAGEDORN, G./NIEDLICH, D./SCHMIDT, G.J. (Hg.): Basketball-Handbuch. Reinbek 1985.

HERZOG, H.-D.: Zur Theoriearbeit im taktischen Training der Sportspiele. In: Wiss. Zeitschrift der DHFK Leipzig (27) 1986 Sonderheft 2.

HERZOG, K./VOIGT, H.-J./WESTPHAL, G.: Volleyball-Training. Schorndorf 1985.

HOSTER, M.: Zum Krafttraining im Basketball. In: Basketball 22 (1983) 24; 23 (1984) 2.

HOTZ, A./WEINECK, J.: Optimales Bewegungslernen. Erlangen 1983.

KÄSLER, H./NEUMANN, H.: Optimierung der Spielfähigkeit im Leistungsbereich unter Berücksichtigung spielübergreifender Strukturen in der Übergangsperiode. In: Andresen, R. (Hg.): Beiträge zur Sportspielforschung. Ahrensburg 1986.

LEHANE, J.: Basketball Fundamentals. Boston 1981.

LETZELTER, M.: Trainingsgrundlagen. Reinbek 1987.

LIEßEN, H.: Schnelligkeitsausdauertraining im Fußball. In: Fußballtraining 1983.

MAHLO, F.: Theoretische Probleme der taktischen Ausbildung in den Sportspielen. In: Theorie und Praxis der Körperkultur 14 (1965), 15 (1966).

MARTIN, D.: Grundlagen der Trainingslehre, Bd.1. Schorndorf 1979.

MARTIN, D.: Probleme des Techniktrainings im Sport. In: Leistungssport 1 (1989).

MEINEL, K./SCHNABEL, G. (Red.): Bewegungslehre (DDR) 1987.

MÜLLER, W./STEINHÖFER, D.: Zur Abhängigkeit von motorischer und technomotorischer Belastung im Sportspiel Basketball. In: Leistungssport 12 (1982) 5.

NEUMANN, H.: Richtig basketballspielen. München 1982.

NEUMANN, H.: Ansteuerung motorischer Anforderungsprofile. In: Basketball 22 (1983) 18.

NEUMANN, H.: Basketball-Grundschule. Einfache und komplexe Übungsformen. Schorndorf 1978.

NIEDLICH, D./CZWALINA, C.: Basketball-Teil 1 - Grundlagen der Technik. Ahrensburg (2.Aufl.) 1979.

NIEDLICH, D./CZWALINA, C.: Basketball-Teil 2 - Grundlagen der Technik im Bild. Ahrensburg 1971.

NIEDLICH, D.: Zum Problem der Elementarisierung des Sportspiels. Ein Beitrag zur Methodik der Spielerziehung des Basketballspiels. Ahrensburg 1978.

NIEDLICH, D.: Spiel 1-1. In: Hagedorn, G./Niedlich, D./Schmidt, G. (Hg.): Basketball-Handbuch. Reinbek 1985.

NITSCH, J./UDRIS, I.: Beanspruchung im Sport. Frankfurt 1976.

NITSCH, J.: Handlungspsychologische Ansätze im Sport. In: THOMAS, A. (Hg.): Sportpsychologie. Ein Handbuch in Schlüsselbegriffen. München 1982.

PÖHLMANN, R.: Motorisches Lernen. Berlin (DDR) 1986.

PÖHLMANN, R.: Möglichkeiten zur Effektivierung sportmotorischer Lernprozesse. In: Körpererziehung (1977).

ROTH, K.: "Wie lehrt man schwierige geschlossene Fertigkeiten?" In: Bielefelder Sportpädagogen: Methoden im Sportunterricht. Schorndorf 1989.

ROTH, K.: Taktik im Sportspiel - Zum Erklärungswert der Theorie generalisierter motorischer Programme für die Regulation komplexer Bewegungshandlungen. Habilitationsschrift (Bielefeld 1987). (Veröffentlichung i.V.)

SCHMIDT, G.: Wahrnehmungs- und Reaktionsleistungen von Sportspielern. Ahrensburg 1987.

SCHMIDTBLEICHER, D.: Neurophysiologische Aspekte des Sprungkrafttrainings. In: CARL, K./SCHIFFER, J. (Red.): Zur Praxis des Sprungkrafttrainings. Köln 1986.

STEINHÖFER, D.: Zur Leistungserfassung im Basketball. Ahrensburg 1983.

STIEHLER, G./KONZAG, I./DÖBLER, H.: Sportspiele. Berlin (DDR) 1988.

VOIGT, H.-F./DE MAREES, H.: Entwicklung und Einsatz eines volleyballspezifischen Laufbandtests. In: DANNEMANN, F. (Hg.): Training und Methodik des Volleyballspiels. Ahrensburg 1988.

WEINECK, J.: Optimales Training. Erlangen 1987.

WESTPHAL, G./GASSE, M./RICHTERING, G.: Entscheiden und Handeln im Sportspiel. Münster 1987 (Trainerbibliothek Bd. 25).

WILLIMCZIK, K./ROTH, K.: Bewegungslehre. Reinbek 1983.

YARR, A.D.: Basketball. In: TAYLOR, A.W. (Hg.): The scientific aspects of sports training. Springfield, Illinois, USA 1975.

Stichwortverzeichnis

U

V

W

Z